Gesegnete Mahlzeit

Gesegnete Mahlzeit

herbst

Die Deutsche Bibliothek – CIP-Einheitsaufnahme
Gesegnete Mahlzeit: die besten Rezepte aus der
Pfarrhausküche / Ursula Goldmann-Posch. – Hamm: Liborius.
ISBN 3-9801261-6-1
NE: Goldmann-Posch, Ursula

Band 3: Herbstgerichte – 1995

© Verlag Liboriusblatt GmbH & Co KG, Hamm, 1995
2. Auflage, 1995
Alle Rechte vorbehalten.
Illustrationen: Hedwig Bläsi
Andachtsbild: Dr. Wilfried Bahnmüller
Gestaltung und Titel: Christine Stehling
Gesamtherstellung: W.A.S. Media Productions, 59063 Hamm
Printed in Germany 1995
ISBN 3-9801261-6-1 (4 Bände im Schuber)

Inhalt

Vorspeisen und kleine Gerichte	Seite 8
Salate	Seite 10
Suppen	Seite 12
Fastenspeisen und vegetarische Gerichte	Seite 19
Fisch	Seite 64
Fleisch und Aufläufe	Seite 33
Desserts und Marmeladen, Weine und Bowlen	Seite 49
Gebäck	Seite 53
Menüs	Seite 63
Bischofsbesuch	Seite 67
Register	Seite 83

Die Abkürzungen in diesem Buch

EL = Eßlöffel (gestrichen)
TL = Teelöffel (gestrichen)
ml = Milliliter (= 1/1000 l)
l = Liter
g = Gramm
kg = Kilogramm
Msp. = Messerspitze
Pck. = Päckchen
ca. = circa
kcal = Kilokalorie
cm = Zentimeter

Zu den Rezepten

Temperaturangaben:
Die genannten Grade beziehen sich auf Elektrobacköfen. Bei Heißluftherden verringert sich die Hitze um etwa 20 Grad.
Mengenangaben:
Sofern nicht ausdrücklich erwähnt, sind die Rezeptzutaten immer für 4 Personen berechnet.
Zutatenangaben:
Unter Sahne (Rahm) ist grundsätzlich süße Sahne zu verstehen. Saure Sahne (Sauerrahm) wird gesondert bezeichnet. Alle weiteren mundartlich gefärbten Ausdrücke sind – wo nötig – in Klammern erklärt.
Statt Vanillinzucker wird Vanillezucker (Bourbonvanille) angeführt, da echte Vanille dem künstlichen Aromastoff vorzuziehen ist.
Werden Eier bei den Zutaten als getrennt ausgewiesen, wird die Eiweiß- und Eigelbmenge in der Rezeptbeschreibung nicht nochmals eigens aufgeführt.
Zubereitungsanleitung:
Daß Gemüse, Obst, Salate und Kräuter bereits gewaschen und geputzt sind, wird in der Rezeptbeschreibung nicht erwähnt, es sei denn, wo es die Zubereitung des Gerichtes erfordert.

Auf die innere Stimme hören

Was brauchen wir
zum richtigen Kochen?
Phantasie und
Technik.
Auch nach über
35 Jahren Küchenalltag
als Pfarrhaushälterin
steht meine Ernährungsweise
unter dem Motto:
Einfachheit ist
Trumpf!
Beim Kochen kommt es auf
die richtige Kombination an.
Genau wie in der Mode.
Jeder muß seinen Stil und seinen
persönlichen Ernährungsrhythmus finden.
Ich koche intuitiv: ich höre auf meine innere Stimme.
In welcher Jahreszeit leben wir?
Was verlangt mein Körper?
Worauf habe ich Appetit?
Wer ißt noch mit mir?
Welche Angebote gibt es?
Was erlaubt der Geldbeutel?
Und wenn es meiner Seele gefällt,
vernehme ich auch noch
die Stimmen von außen,
nämlich das, was „in"
oder was „out" ist.

Elisabeth Linsmayer,
83646 Bad-Tölz

Vorspeisen und kleine Gerichte

Lauchtorte

125 g Vollkornmehl vom Weizen
125 g Margarine
1 Ei
4 EL kaltes Wasser
Salz
750 g Lauch, in Ringen
3 EL Speiseöl
1 Becher saure Sahne
1 EL Speisestärke
2 Eier
1 Eiweiß
125 g gekochten Schinken, kleingeschnitten
Salz, Pfeffer
100 g Reibekäse

1. Mehl, Margarine, Ei, Wasser und Salz zu einem glatten Teig verkneten.
2. Zugedeckt 1 Stunde im Kühlschrank ruhen lassen.
3. Den Teig in eine gefettete Tortenform geben, bei 200 Grad im vorgeheizten Backrohr 20 Minuten vorbacken.
4. Lauchringe in heißem Öl 15 Minuten dünsten, gut auskühlen lassen.
5. Saure Sahne und Speisestärke verquirlen, Eier und Eiweiß dazurühren, Schinkenstückchen, Salz, Pfeffer, 50 g Reibekäse und den Lauch zugeben.
6. Die Masse auf den vorgebackenen Boden verteilen, bei 200 Grad in 30 Minuten fertigbacken. Während der letzten 15 Minuten noch 50 g Reibekäse darüberstreuen.

Waltraut Merkel, 65191 Wiesbaden, Mutter des Pfarrers vom Pfarrverband St. Martin, Gau-Bickelheim

Vorspeisen

Tip Äpel
(Dip-Kartoffeln)

1. Dickmilch, Sahne und saure Sahne verrühren, Zwiebelwürfel und Gurkenraspel untermengen, mit Gewürzen abschmecken. In vier Schälchen füllen.
2. Pellkartoffeln dampfend auf den Tisch bringen. Die Kartoffeln muß einfach jeder selbst pellen und mit der Gabel in den Tip tauchen.

Die Geschichte zum Rezept:
Tip Äpel, eine Spezialität aus dem Mucher Lande, gehört zu den Lieblingsessen meines Bruders, Dechant Franz Esser, den ich seit 35 Jahren als Pfarrhaushälterin betreue. Vor einigen Jahren war hier in Much eine große Goldene Hochzeit. Auch mein Bruder war nach dem Gottesdienst zum Essen geladen. Als ich ihn bei seiner Rückkehr fragte, was es denn als Festmenü gegeben habe, sagte er: „Für den Pastor hatten sie sogar Tip Äpel!"

Sibilla Esser, Pfarrei St. Martinus, 53804 Much/Siegkreis

1 kg Pellkartoffeln, frisch gekocht
1 Tasse Dickmilch
1 Becher saure Sahne
1 Becher Sahne
1 Zwiebel, würfelig geschnitten
1/2 Gurke, geschält, geraspelt
Salz
schwarzer Pfeffer, frisch gemahlen

Essig-Rotwein-Zwetschgen

1. Die nicht zu reifen Zwetschgen abreiben und stupfen (mehrmals einstechen).
2. Essig und Zucker miteinander aufkochen, die Früchte portionsweise im Essigsud aufwallen lassen, mit dem Schaumlöffel herausnehmen und in einen Steinguttopf legen.
3. Zuletzt den Rotwein zum verbliebenen Sud gießen und noch etwa 20 Minuten kochen lassen.
4. Essig-Rotwein über die Zwetschgen im Topf schütten. Topf nach dem Erkalten abdecken und kühlstellen.
Den ganzen Winter über sind diese Zwetschgen eine willkommene Beilage zum Braten oder zur Jause.

Elvira Wallner, Pfarrei St. Johannes, A-6033 Arzl bei Innsbruck/Österreich

2 1/2 kg feste Zwetschgen
1/2 l Essig
1/2 l Rotwein
1 kg Zucker
4 ganze Nelken
5 g Stangenzimt

Salate

Rote-Bete-Apfelsalat mit Sahnemeerrettich

700 g Rote Bete
1 1/2 l Essigwasser
2 säuerliche Äpfel
1 EL Zitronensaft
1/8 l Sahne, steifgeschlagen
1 EL Meerrettich aus dem Glas
1/2 TL Senf
Salz
1 Prise Zucker
1 Bund Schnittlauch, geschnitten

1. Rote Bete am Vortag gründlich säubern und in 1 1/2 l Essigwasser halb garkochen. Abgießen, mit kaltem Wasser abbrausen und schälen.
2. Erkaltete Rote Bete raspeln.
3. Äpfel, entkernen, mit oder ohne Schale dazuraspeln und mit Zitronensaft beträufeln.
4. Meerrettich unter die Sahne heben und mit Senf, Salz, Zucker und den Schnittlauchröllchen abschmecken. Über den Salat geben und untermischen.

Schwester M. Bernhildis erhielt dieses Rezept von Berta Krogmann, Haushälterin des pensionierten Pfarrers Hermann Böhmer, Pfarrei Peter und Paul, 49681 Garrel.

Feldsalat mit Krabben

Für die Marinade:
1 Schalotte, feingehackt
4 EL Pilzfond
3 EL Sherryessig
Salz, Pfeffer
2 EL Sesamöl und Traubenkernöl
1 TL Apfeldicksaft

Für den Salat:
1 EL Sesam
3 EL Sesamöl
2 Knoblauchzehen
175 g Krabben
200 g Austernpilze, in Streifen
150 g Feldsalat
100 g Friséesalat

1. Schalotte mit Pilzfond, Essig, Salz und Pfeffer mischen und die beiden Öle einschlagen.
2. Sesamkörner in einem Pfännchen ohne Fett leicht rösten und herausnehmen.
3. Nun etwas Sesamöl hineingeben und die in dünne Scheiben geschnittenen Knoblauchzehen darin leicht anbraten. Krabben kurz zugeben und wieder herausnehmen.
4. Pilzstreifen in dem Öl anbraten.
5. Feld- und Friséesalat durch die Marinade ziehen (anstelle des Apfeldicksafts kann auch eine kräftige Prise Zucker verwendet werden), auf Tellern anrichten, Knoblauchkrabben und Pilze darauf verteilen. Restliche Marinade darübergießen und mit Sesam bestreuen.

Liesel Stief, Pfarrei St. Josef, 66424 Homburg-Jägersburg

Stoßgebet einer Küchenheiligen

Oh Gott,
Herr über Pfannen, Teller und Töpfe,
die meinen Alltag begleiten.
Ich werde wohl nie
eine Heilige sein,
die an des Meisters Füßen sitzt und meditiert.
Wenn überhaupt, kann ich versuchen
eine Küchenheilige zu werden:

Schau gütig auf mich herab
beim Tellerwaschen
und Tellertrocknen.
Wenn ich am Herd stehe
und die Suppe
vor dem Überlaufen bewahre.

Höre mir geduldig zu,
wenn ich dir manchmal
etwas vorjammere.
Laß mich nicht allein
in Zeiten der Mutlosigkeit.

Segne das Essen,
das ich zu Tisch trage,
und nimm es an.
Denn in jedem meiner Gäste
diene ich auch Dir,
oh Gott.

Anna
Aus: „Familiari del Clero", Monatszeitschrift
der italienischen Pfarrhaushälterin, Januar 1994,
Padua, übersetzt und neu bearbeitet von der Autorin

Suppen

Eifeler Ochsenschwanzsuppe mit Graupen

Für 2 Personen
1 Ochsenschwanz
1 l Wasser
3 Lorbeerblätter
Salz, Pfeffer
100 g Graupen
250 g Möhren, gewürfelt
250 g Sellerie, gewürfelt
500 g Kartoffeln, geschält, gewürfelt
1 Stange Lauch, in feinen Ringen
1/2 Becher Sahne
Mehrkornbrot

1. Den Ochsenschwanz mit Wasser und Lorbeerblättern solange kochen, bis sich das Fleisch von den Knochen löst. Kraftbrühe abseihen und mit Salz und Pfeffer würzen. Fleisch in Würfel schneiden.
2. Möhren-, Sellerie- und Kartoffelwürfel mit den Graupen separat garkochen.
3. Gemüse, Graupen und Fleischwürfel in die Kraftbrühe geben. Lauchringe zufügen und nur 5–8 Minuten mitkochen lassen, damit diese ihre schöne Farbe behalten.
4. Sahne dazugeben und mit einer Scheibe Mehrkornbrot servieren.

Mahlzeit für den Pfarrershund Sago

Ochsenschwanz-knochen
etwas altes Brot
Kraftbrühe

1. Den übriggebliebenen Ochsenschwanzknochen in kleine Stücke hacken und ohne Salz garkochen.
2. Trockenes Brot mit ein wenig heißer Kraftbrühe übergießen.
3. Ochsenschwanzknochen mit Brot und Kraftbrühe vermengen und servieren.
Mit seinen reichen Knorpelschichten und zarten Knochen ist dieses „Abfallprodukt" unserer Ochsenschwanzsuppe eine gesunde und ausgeglichene Hundemahlzeit.

Die Geschichte zum Rezept:
Unser Wolfshund Sago ist sehr kinderfreundlich. Neulich fragte ich einen besonders eifrigen Meßdiener, ob unser Sago, wie wir auch, das Abstinenzgebot am Freitag halten müsse. Nach kurzer Überlegung sagte der: „Sicher doch, das ist ja ein katholischer Hund!". Nach dieser klaren Entscheidung ist es ratsam, die Eifeler Ochsenschwanzsuppe an allen Tagen außer am Freitag anzubieten, damit der Hund keine Abstinenzprobleme bekommt und stets frische, zarte Knochen zu verzehren hat.

Maria Wax, Pfarrhaushälterin, und Dekan Gerhard Wax, Pfarrei St. Johannes Apostel, 54518 Bergweiler/Wittlich

Suppen

Niederbayerische Boanling-Suppe

1. Die Schweinsfüße vom Metzger der Länge nach halbieren lassen.
2. Knochenfleisch mit den Gewürzen und der Zwiebel in so viel kaltem Salzwasser zusetzen, daß alles gut bedeckt ist. Zum Kochen bringen, abschäumen, auf kleiner Stufe zugedeckt langsam, mindestens 2 Stunden weichkochen.
3. Stücke aus dem Sud nehmen, etwas abkühlen lassen, größere Weichteile ablösen.
4. Mit Margarine, Mehl und Zucker eine helle Einbrenne herstellen, unter Rühren mit Knochensud aufgießen, gut durchkochen lassen, abschmecken, abgelöstes Fleisch und Knöcherln zugeben. Der leimhaltige Knochensud, der durch Kälteeinwirkung sofort geliert, ist besonders wertvoll für den Knochenaufbau und Gelenke.
Dazu gibt´s Semmelknödel.

Die Geschichte zum Rezept:
Die Boanling-Suppe ist das Lieblingsgericht meines 93jährigen Pfarrers. In früheren Jahren pflegte er einmal die Woche zum Viktualienmarkt nach München zu fahren. Als er wieder einmal vollbepackt nach Hause kam, stellte er eine ziemlich große, braune Papiertüte auf den Küchentisch und warnte: „Bitte nicht schimpfen!!". Neugierig wie ich nun mal bin, wagte ich sofort einen Blick in die Tüte. Oh, Gott! Was ist denn da drin? Kleine zappelnde weiß-rosa Mäuse!? Ich schreckte zurück. Mich ekelte es. Ich bekam direkt eine Gänsehaut. Der Pfarrer aber fing an zu lachen und ermunterte mich: „Geh schaun´s halt nochmal nach!"
Vorsichtig machte ich die Tüte weit auf. Und was erblickten meine Augen? Lange, kurze, dicke, dünne, kleine, große, glatte, geringelte, rosafarbene, mindestens 30 Stück rosig aussehende – na was denn schon – lauter Sau-Schwanzerln!
Übrigens: Die Sau-Schwanzerln schmecken nicht nur in der Boanling-Suppe, sondern auch als Beigabe zum Schweinebraten oder im Kraut.

Elisabeth Linsmayer, Pfarrei Maria Himmelfahrt, 83646 Bad Tölz

Für 2 Personen
1–2 Schweinsfüße
1 Stück vom Schweinsohrwaschl (Schweinsohr)
1 Sau-Schwanzerl insgesamt 500–600g Knochenfleisch

Für den Knochensud:
1 braune Zwiebel mit Schale
1 Lorbeerblatt
4 Pfefferkörner
Salzwasser
Salz

Für die süßsaure Soße:
30 g Margarine
2–3 EL Mehl
1 TL Zucker
Knochensud
Essig nach Geschmack

Suppen

Kürbissuppe

2 Stangen Lauch, in Ringen
60 g Butter
500 g Kürbisfleisch, kleingeschnitten
300 g mehlige Kartoffeln, kleingeschnitten
1/4 l Milch
125 g Crème fraîche
1/4 l Wasser
Salz
schwarzer Pfeffer, frisch gemahlen

1. Butter im Topf erhitzen, Lauch glasig dünsten.
2. Kürbis- und Kartoffelstücke zum Lauch geben, mitdünsten.
3. Mit Milch und Wasser ablöschen, bei mittlerer Hitze 30 Minuten kochen.
4. Suppe im Mixer pürieren, mit Salz und Pfeffer abschmecken, mit Crème fraîche verfeinern.

Anna Kohler, Pfarrei St. Johannes Nepomuk, 95448 Bayreuth

Suppen

Bayerische Ranensuppe

1. Die gekochten Ranen noch heiß durch den Fleischwolf drehen. In einen Topf geben, mit heißer Fleischbrühe und Essig aufgießen und mit den Gewürzen abschmecken. 10 Minuten köcheln lassen.
2. Inzwischen Mascarpone mit Schlagsahne und Zitronensaft zu einer Creme verrühren. Beim Anrichten 1 EL davon in jede Suppentasse geben.

Hildegard Brunner, Pfarrei St. Andreas, 92421 Schwandorf-Fronberg

5–6 Ranen (rote Bete), gekocht, geschält
1 l Fleischbrühe
1 EL Weinessig
Salz, Pfeffer
Kümmel, Aromat
125 g Mascarpone
125 g Sahne, steifgeschlagen
etwas Zitronensaft

Ostfriesische Kartoffelsuppe

1. Kartoffelstücke und Suppengrün in Salzwasser garkochen, aus dem Wasser heben und im Mixer pürieren. Gemüsewasser aufheben.
2. Zwiebelwürfel in der Butter dünsten, Würfel von Schinkenspeck darin anbraten, mit 1/2 l Wasser aufgießen und alles etwa 15 Minuten zugedeckt leise kochen lassen.
3. Püriertes Gemüse und Gemüsewasser hineingeben, bei Bedarf noch einmal mit Salz abschmecken.
4. Krabben auf vier Suppenteller verteilen, die heiße Suppe darübergießen und jede Portion großzügig mit gehackter Petersilie bestreuen.

Die Geschichte zum Rezept:
Vor vielen Jahren habe ich diese Suppe in dem Buch „Unvergessene Küchen-Rezepte aus deutschen Landen" (Gruner+Jahr, Hamburg) entdeckt und mit Begeisterung im Pfarrhaus nachgekocht. Als Sprecherin der Diözesangemeinschaft der Pfarrhaushälterinnen in meinem Bistum hat dieses Rezept inwischen die Runde gemacht und wird in Pfarrhäusern von der Waterkant bis hin ins Osnabrücker Land gerne erprobt und gegessen.

Agnes Funke, Pfarrei St. Peter und Paul, 49124 Georgsmarienhütte

1 kg Kartoffeln, geschält, geviertelt
2 Bund Suppengrün, geschält, kleingeschnitten
1 l Salzwasser
4 Zwiebeln, gewürfelt
1 EL Butter
375 g Speck, gewürfelt
750 g Granat (Nordseekrabben) mit Schale oder 300 g ohne Schale
1 Bund Petersilie, gehackt

Suppen

Rieslingsuppe mit Eiercroutons

Für die Suppe:
50 g Reis
1 1/4 l Fleischbrühe
6 Schalotten, kleingeschnitten
40 g Butter
1/8–1/4 l Riesling
1 TL grüner Pfeffer, zerdrückt
Fleischextrakt zum Abschmecken
1 TL Zucker
1/4 l Sahne
100 g Crème fraîche
2 Eigelb

Für die Croutons:
Kastenweißbrot, in Würfel geschnitten, (2–3 Scheiben)
1 Ei, mit Salz und Muskat verquirlt
50 g Butter
Petersilie zum Bestreuen

1. Von der Gesamtmenge 1/2 l Fleischbrühe abschöpfen und darin den Reis 30 Minuten köcheln lassen. Mit dem Schneidestab pürieren.
2. Schalotten in der Butter langsam glasig dünsten, mit Wein und der restlichen Brühe auffüllen, köcheln lassen.
3. Reispüree und grünen Pfeffer zugeben, mit Fleischextrakt und Zucker herzhaft abschmecken.
4. Sahne mit Crème fraîche und Eigelb verquirlen und in die heiße, nicht mehr kochende Suppe einrühren.
5. Zur Herstellung der Eiercroutons Weißbrotwürfel in der gewürzten Eimasse wenden und gleich in der aufschäumenden Butter unter stetem Umdrehen langsam goldbraun backen.
6. Suppe in einer Terrine anrichten, die Eiercroutons darübergeben und mit Petersilie bestreuen.

Pfarrhaushälterin Liesel Stief ist Kochbuchautorin und gibt seit 15 Jahren Kochkurse für die Mitglieder ihrer Pfarrei St. Josef, 66424 Homburg-Jägersburg.

Gebackene Grießknödel

Für 8 Knödel
1 Ei
1 EL Milch
4–5 EL Grieß (je nach Eigröße)
1/2 TL Backpulver
1 EL Petersilie, gehackt
Salz
1 l Brühe

1. Grieß mit Backpulver vermischen, Ei, Milch, Petersilie und Salz dazurühren, bis sich ein weicher Teig ergibt.
2. Backrohr auf 200–250 Grad vorheizen, mit nassen Händen Knödel formen, auf ein gefettetes Backblech setzen und 10–15 Minuten backen.
3. In heiße Brühe einlegen und noch 10 Minuten köcheln lassen.

Emma Kern, 86872 Scherstetten, kennt dieses Rezept von der Pfarrköchin Emma Schwarz aus Klimmach.

Suppen

Poetische Leberknödel

Hol' Dir zuerst bei Deinem Bäck'
zehn Semmeln oder Eierweck'!
Doch seien sie vom Tag vorher,
zwei Tag alt höchstens, niemals mehr.

Die schneide fein in dünne Schnitten,
doch nicht in Würfel, muß ich bitten!
Und lege sie in eine Schüssel,
drauf schütte kalte Milch ein bissel,
ein viertel Liter sei's vielleicht.

Dann drücke, daß sie sich erweicht,
die Masse, öfters elegant
zusammen mit der flachen Hand.
Doch, daß die hübsch gewaschen sei
(sonst nennt man's eine Schweinerei).

Laß diesen Brei einstweilen steh'n,
um nach was anderm umzuseh'n.
Auf einem Teller oder Brett
mußt Du nun sauber, fein und nett
ein halbes Pfund der Leber schaben,
wie Ochsen sie im Leibe haben,
und Rindsmilz – etwa 100 Gramm.

Ist dies geschabt und aufmerksam
befreit von Haut und derlei Quark,
tu noch ein Stücklein Ochsenmark
und eine halbe kleine Zwiebel,
sowie von einem gelben Rübel
ein bisserl etwas, das Du fein
geschabt, in das Gemeng hinein.

Auch Petersilie (Kraut und Wurzeln)
laß alles durcheinanderpurzeln,
und sorge, daß es fein zerrieben
noch durch ein Haarsieb wird getrieben,
daß es sich gut vermengen lasse
mit der erwähnten Semmelmasse.

Suppen

Drei Eier seien drangetan,
Salz, Pfeffer, auch noch Majoran
– nur eine Prise – noch zur Würze,
und mische, knete, presse, stürze
die Masse durcheinander wütig.

Dann lasse diese – sei so gütig -
ein kleines Weilchen unbelästigt,
daß sie beruhiget sich und festigt.

Drauf wird von einer, die's versteht,
ein Probeknödel erst gedreht
und in die Suppe, wenn sie siedet,
auf zehn Minuten eingefriedet.

Erweist sich jener dann zu weich,
dann nimm von Semmelbröseln gleich
noch einen Löffel, und knete munter
die in die alte Masse drunter
und modelliere drauf den Rest,
zu schmucken Kugeln, rund und fest.

In zehn Minuten sind sie gar
und schmecken einfach wunderbar!
Wer sie verschmäht mit schnödem Sinn,
verdient Dein Mitleid, Leserin!

*Amalie Ellenrieder, 80jährige Pfarrhaushälterin
in der Pfarrei St. Vitus, 86865 Markt Wald,
erhielt dieses literarische Rezept in ihrer
Jugend von einer Lehrerstochter.*

Fastenspeisen und vegetarische Gerichte

Kraut-Strudel

1. Butter im lauwarmen Wasser schmelzen. Mehl in der Mitte des Backbretts aufhäufeln, salzen und oben eine Mulde bilden.
2. Eiweiß und Butter-Wasser-Mischung nach und nach beigeben und alles zu einem glatten Teig verkneten, mehrfach auf das Brett schlagen und wieder kneten, bis der Teig Blasen wirft und sich von Hand und Brett löst.
3. Teig zugedeckt 30 Minuten ruhen lassen.
4. Krautkopf vierteln, vom Strunk befreien, fein hobeln, kleinhacken, salzen und einige Zeit ziehen lassen. Kraut in einem Tuch gut ausdrücken. Mit der Zwiebel in Öl goldgelb rösten und mit Pfeffer würzen.
5. Ein mit Mehl bestäubtes Tuch auf dem Tisch ausbreiten, Strudelteig darauflegen, ebenfalls mit Mehl anstäuben und mit dem Nudelwalker ausrollen. Mit den Händen über den Handrücken gleichmäßig ausziehen, bis er papierdünn ist.
6. Strudel mit zerlassener Butter bestreichen und die Füllung auftragen.
7. Tuch anheben und von einem Ende zum anderen aufrollen, zuletzt auf das gefettete Backblech gleiten lassen.
8. Mit zerlassener Butter bestreichen und im vorgeheizten Backrohr 45 Minuten bei 180 Grad goldgelb backen.

Anna Staudt, Pfarrei St. Nikolaus in Eggen, I-39050 Birchabruck

Für den Teig:
250 g Mehl
40 g Butter
5 EL lauwarmes Wasser
1 Ei, getrennt
etwas Salz
Mehl

Zum Bestäuben
Mehl

Zum Bestreichen
Zerlassene Butter

Für die Füllung:
1 große Zwiebel, feingehackt
1 kg Krautkopf
Öl, Salz, Pfeffer

Fastenspeisen

Pfarrers Geburtstags-Krautkrapfen

Für den Hefeteig:
500 g Mehl
20 g Hefe
1/4 l Milch, lauwarm
1/2 TL Salz
80–100 g Butter oder Margarine

Für die Füllung:
500 g Sauerkraut
150–200 g geräucherten Bauchspeck, gewürfelt
1–2 Zwiebeln, gewürfelt
Salz, Pfeffer, Kümmel
2 EL Öl
etwas Fleischbrühe zum Garen
Butter zum Fetten der Kasserolle

1. Das Mehl in eine Schüssel sieben, eine Mulde in die Mitte drücken.
2. Milch erwärmen, Hefe darin glattrühren und beides in die Mehlkuhle gießen. Mit einem Tuch bedeckt, an einem warmen Ort 30 Minuten gehen lassen.
3. Salz und weiche Butter hinzufügen und den Teig mit der Hand so lange kneten, bis er glatt ist, Blasen wirft und sich von Hand und Schüssel löst.
4. In der Schüssel gehen lassen, bis er das doppelte Volumen erreicht hat.
5. In der Zwischenzeit Zwiebeln in dem Öl glasig dünsten, Bauchspeckwürfel mitschwitzen lassen, das zerkleinerte Sauerkraut dazugeben und alles leicht rösten.
6. Mit den Gewürzen abschmecken und abkühlen lassen.
7. Inzwischen Backofen auf 200 Grad vorheizen.
8. Hefeteig zu einer Rolle verarbeiten, Stücke abschneiden und zu kleinen Fladen (ca. 10 cm Durchmesser) ausrollen. Füllung so auf den Teig geben, daß man die Fladen zusammenklappen kann. Teigränder fest andrücken.
9. Teigfladen in eine ausgebutterte Kasserolle legen und (ungefähr 2 cm hoch) mit Fleischbrühe oder Wasser auffüllen.
10. In der Röhre 30 Minuten backen.

Die Geschichte zum Rezept:
Im Lehrerkollegium der Grundschule unserer Pfarrei war es eine Zeitlang guter Brauch, daß der Geburtstag von Kolleginnen und Kollegen in der Pause mit Kaffee und Kuchen gefeiert wurde. Doch dem Religionslehrer Eugen Maier konnte man mit all den Süßigkeiten keine Freude bereiten. Mein Pfarrer ist nun mal kein so Süßer. Er verschmäht Schwarzwälderkirschtorte ebenso wie Obstkuchen. Auf die Frage, womit man ihm denn sonst eine Freude machen könne, sagte er: „Krautkrapfen wären mir lieber." Also wurden nach dem oben beschriebenen Rezept Krautkrapfen anstelle einer Geburtstagstorte gemacht, die allen gemundet haben. Seither gibt es zu Pfarrers Geburtstag immer Krautkrapfen.

Anna Fischer, Pfarrei St. Briccius, 72108 Wurmlingen

Fastenspeisen

Zwetschgen-Knödel

1. Alle Zutaten bis auf die Semmelbrösel gut vermengen.
2. Soviele Brösel dazugeben, daß man aus der Masse Knödel formen kann. Vorsicht, die Semmelbrösel quellen sehr auf!
3. Mit diesem Teig 10-12 schöne Zwetschgen überziehen und ins siedende Salzwasser legen.
4. Hitze reduzieren und gut 5 Minuten ziehen lassen.
5. Inzwischen röstet man die Semmelbrösel in etwas Butter kurz an und wälzt die abgetropften Zwetschgenknödel vorsichtig darin.
6. Mit einer Zucker-Zimt-Mischung bestreut, werden sie schließlich zu Tisch gebracht.

Maria Schmittlein, Pfarrhausfrau von Prälat Bernhard Egger, 85354 Freising.

Für den Teig:
250 g Quark
2 EL Mehl
1 Ei
2 EL Zucker
etwas Mandelöl
Semmelbrösel

Zum Wälzen:
1 EL Zucker
2 EL Semmelbrösel
50 g Butter
1/2 TL Zimt

Bayerische Krautkrapfen

1. Aus Mehl, Salz, Eiern und Wasser einen Nudelteig herstellen, indem man das Mehl auf ein Brett gibt, eine Mulde hineindrückt, die übrigen Zutaten hineingibt und alles zu einem geschmeidigen Teig zusammenknetet.
2. Teig zugedeckt 1 Stunde im Kühlschrank ruhen lassen.
3. Den Teig in mehrere Stücke teilen, sehr dünn ausrollen und in jeweils 5 cm breite Streifen schneiden.
4. Zwiebel- und Speckwürfel gut mit dem Sauerkraut vermengen.
5. Füllung auf die Teigstreifen auftragen und zusammenrollen.
6. Schmalz in einem flachen Topf zergehen lassen, Wasser zugeben, salzen und die Krautkrapfen dicht nebeneinander aufrecht hinstellen.
7. Im geschlossenen Topf eine halbe Stunde bei leichter Hitze dünsten.
Das Gericht wird im Topf auf den Tisch gebracht.

Elfriede Bredtl, Pfarrei St. Jakobus, 93458 Eschlkam

500 g Mehl
Salz
2 Eier
4 EL Wasser
200 g geräucherter Bauchspeck, kleingewürfelt
500 g Sauerkraut
2 Zwiebeln, feingehackt
40 g Butterschmalz
Salz
1/4 l Wasser

Gütiger Gott,
auf vielfältige Weise
wird Deine Sorge für uns erfahrbar.
Menschenhände haben für uns gearbeitet
und sich für uns geöffnet,
damit wir uns wieder
sättigen konnten.
Schenke allen,
die uns Gutes
getan haben,
das ewige
Leben.
Amen.

Burgi Brida, I-39042 Brixen/Südtirol

Fastenspeisen

Maisauflauf nach Pfarrfrauenart

1. Milch-Wasser-Gemisch mit Salz aufkochen, Maisgrieß einrieseln lassen und unter ständigem Rühren 10 Minuten kochen (der Maisgrieß muß noch eine breiige Konsistenz haben). Zum Abkühlen beiseite stellen.
2. Margarine, Eigelb und Zucker zu einer cremigen Masse verrühren, Zitronenschale und Mandeln dazugeben und in den lauwarmen Maisbrei einarbeiten.
3. Apfelscheiben, Sultaninen, Zimt, Zitronensaft und 1 EL Zucker miteinander vermengen und ebenfalls unter die Maismasse ziehen.
4. Eiweiß aus den 3 Eiern zu steifem Schnee schlagen, den noch verbliebenen EL Zucker einrieseln lassen und kurz mitschlagen. Schnee vorsichtig unter die Auflaufmasse ziehen und in eine gefettete, feuerfeste Form füllen.
5. Apfelhälften lamellenartig einschneiden und auf der Maismasse verteilen. Mit Butterflöckli bestreuen und bei 180 Grad auf der untersten Rille des vorgeheizten Ofens 40–50 Minuten backen.
Dazu schmeckt Vanillesauce.

Juliana Sievi, Pfarrei St. Johannes, CH-7180 Disentis/Schweiz

Für den Maisbrei:
3/4 l Milch und Wasser, gemischt
1/4 TL Salz
120 g Maisgrieß

Außerdem:
2 EL Margarine
3 Eier, getrennt
6 EL Zucker
abgeriebene Schale von 1 Zitrone
2 EL Mandeln, gemahlen
2 Äpfel, geschält, in Scheiben geschnitten
2 EL Sultaninen
1/4 TL Zimt
Saft von 1/2 Zitrone
2 EL Zucker
Butter für die Form

Für den Belag:
3 – 5 Äpfel, geschält, halbiert
Butterflöckli

Fastenspeisen

Quetschekuche unn Grumbersupp':

Grumbersupp'
(Kartoffelsuppe)

1/2 Zwiebel, in Würfel geschnitten
50 g Butter
1 kg Kartoffeln, roh, geschält, in Scheiben geschnitten
1-2 Gelberüben, in Scheiben geschnitten
1 Stück Sellerie, in Würfel geschnitten
1 Lauch, in Ringe geschnitten
Fleischbrühe (2-2 1/2l)
Pfeffer, Salz, Majoran
1/2 Becher Sahne

1. Zwiebelwürfel in Butter glasig dämpfen. Kartoffelscheiben und das andere zugeschnittene Gemüse hineingeben und alles salzen.
2. Mit Fleischbrühe auffüllen und weichkochen.
3. Die Suppe durch ein Sieb streichen oder mit dem Stabmixer pürieren.
4. Mit Salz, Pfeffer und Majoran abschmecken. Kurz vor dem Auftragen Sahne einrühren.

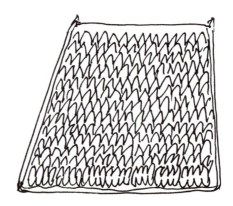

Fastenspeisen

Quetschekuche
(Zwetschgenkuchen)

1. Zerbröckelte Hefe und etwas Zucker in 5 EL lauwarmer Milch auflösen.
2. Das Mehl in eine Rührschüssel sieben, in die Mitte eine Vertiefung drücken, die aufgelöste Hefe hineingeben, zudecken und an einem warmen Ort ca. 15 Minuten gehen lassen.
3. Die restlichen Zutaten in die Rührschüssel geben und alles zu einem glatten Teig verkneten. Zugedeckt an einem warmen Ort noch einmal so lange gehen lassen, bis der Teig etwa doppelt so hoch ist.
4. Auf einem bemehlten Brett den Teig möglichst dünn ausrollen und auf ein gefettetes Blech legen.
5. Die entkernten und zipfelig geschnittenen Zwetschgen in Schuppen auf den Teig legen und mit Zimt bestreuen. Kurz gehen lassen.
6. Bei 180 Grad etwa 40 Minuten knusprig backen.

In der Pfalz steht dieses Essen wenigstens einmal in der Woche auf dem Tisch, zumal in der Erntezeit.

1 Tasse lauwarme Milch
42 g Hefe (1 Würfel)
100 g Zucker
500 g Mehl
80 – 100g weiche Butter
2 Eier
etwas Salz
2 kg reife Zwetschgen
Fett für das Blech
Zimt zum Bestreuen

Das Gedicht zum Rezept:
Im bunten Herbst ist es soweit –
da ist Zwetschgenkuchenzeit.
Auf einem guten Hefeteig
dünstet man die Zwetschgen weich.
Doch es wär kein Mittagessen,
hätten wir die Supp' vergessen.
Grumbersupp' und Quetschekuche,
das muß jeder mal versuchen.
Dieses echte Pfälzer G'richt
ist für jeden ein Gedicht!

Ingrid Müller, Pfarrei St. Gertrud, 76774 Leimersheim

Fastenspeisen

Kartoffel-Zucchini-Gratin

500 g Kartoffeln, am Vortag gekocht
500 g Zucchini, in Scheiben geschnitten
40 g Butter für die Auflaufform
1/2 l Sahne
Pfeffer, Salz
4 EL frische Kräuter, gehackt
300 g Gouda-Käse, gerieben
100 g Butter, in Flöckchen

1. Kartoffeln schälen und in Scheiben schneiden. Abwechselnd mit den Zucchinischeiben dachziegelartig in eine ausgebutterte Form einschichten.
2. Sahne mit Kräutern verrühren, herzhaft salzen und pfeffern, darübergießen. Mit Butterflöckchen bestreuen.
3. Bei 220 Grad im vorgeheizten Backofen insgesamt 20 Minuten garen. Nach 15 Minuten Reibkäse über den Auflauf streuen und fertigbacken.

Alexa Alteköster, Pfarrei St. Johann Baptist, 37671 Höxter

Himmel und Erde

1 kg Kartoffeln, geschält, halbiert
750 g säuerliche Äpfel, geschält, geviertelt, entkernt
1 TL Salz
75 g Butter
1 EL Zucker
50 g Semmelwürfel

1. Kartoffeln in Salzwasser fast garkochen, Äpfel dazugeben und zusammen weichkochen.
2. Noch heiß zu Mus stampfen.
3. Butter mit Zucker zum Schmelzen bringen, Semmelwürfel darin braun rösten und über das Mus streuen.
Dieses Gericht schmeckt besonders gut als Beilage zu Hasenbraten, Sauerbraten, gebratener Ente oder Leber.

Magdalena Hollweck, Pfarrhaushälterin i.R., 85051 Ingolstadt, bekam dieses Rezept von ihrer Hauswirtschaftslehrerin, der Eichstätter Bischofsschwester Maria Brems.

Fastenspeisen

Kartoffel-Pudding

1. Kartoffeln schälen, in Stücke schneiden und in Salzwasser weichkochen. Durch die Kartoffelpresse drücken.
2. Butter schaumig rühren, Eidotter hineingeben und die durchgedrückten Kartoffeln hineinrühren. Salzen, pfeffern und mit Muskatblüte würzen.
3. Eiweiß zu festem Schnee schlagen und leicht unter die Masse heben.
4. Eine Kochpuddingform mit Butter ausstreichen und mit Semmelbröseln bestreuen. Kartoffelmasse einfüllen. Form zudecken, in eine mit Wasser gefüllte Reine stellen und im Backrohr 60 Minuten bei 170 Grad garen.
5. Aus dem Ofen nehmen, leicht abkühlen lassen und auf eine vorgewärmte Platte stürzen.
6. In der Zwischenzeit Butter in einem Pfännchen zerlassen, die feingewiegte Petersilie und 1 EL Wasser dazugeben, schwenken, bis die Soße dick zu werden beginnt, und den Pudding damit übergießen.

Anna Wiesmeth, 92271 Freihung, hat dieses Gericht nach einem Rezept der Pfarrhofsköchin Anna Huber nachgekocht, die vor mehr als 100 Jahren in der Oberpfalz gelebt hat und Verfasserin eines Kochbüchleins mit Fastenspeisen war.

Für den Teig:
6 große mehlige Kartoffeln
Salzwasser
125 g Butter
6 Eier, getrennt
Salz, weißer Pfeffer
1 Prise Muskatblüte
Butter zum Ausstreichen der Form
Semmelbrösel zum Bestreuen

Für die Buttersoße:
80 g Butter
1 EL Wasser
1 Bund Petersilie

Fastenspeisen

Purbacher Türkenstrudel

Für den Teig:
250 g Mehl
40 g Öl
5 EL Wasser, lauwarm
1 Ei, getrennt
Salz

Für die Füllung:
8 Semmelscheiben, kleingewürfelt
1 kg weiße Bohnen, gekocht
2 kleine Zwiebeln, gehackt
Öl zum Abrösten
Salz, Pfeffer, Majoran
Mehl zum Ausrollen

1. Mehl hügelartig auf ein Brett sieben und in die Mitte eine Mulde drücken.
2. Öl, Eiweiß und Wasser hineingeben, Dotter und Salz hinzufügen.
3. Alle Zutaten von außen nach innen zu einem glatten Teig verarbeiten. Etwa 15 Minuten kneten, bis der Teig seidig glänzt und sich vom Brett und von den Händen löst. Zugedeckt eine halbe Stunde rasten lassen.
4. Inzwischen für die Füllung Zwiebeln und Semmelwürfel in Öl anrösten, mit Salz, Pfeffer und Majoran würzen.
5. Strudelteig mit Händen und Handrücken hauchdünn ausziehen, auf einem bemehlten Brett oder Küchentuch ausbreiten.
6. Semmel-Zwiebel-Mischung und Bohnen darauf verteilen und einrollen.
7. Von dem Strudel 10 cm breite Ziegel abschneiden, an den Teigrändern festdrücken und in heißem Fett herausbacken.

Die Geschichte zum Rezept:
Man schrieb das Jahr 1683. Beim zweiten Türkensturm auf Wien, bei dem Ungarn und Siebenbürgen an Österreich fielen, desertierte ein junger Türke und versteckte sich in Purbach am Neusiedler See in einem Kamin. Unglücklicherweise blieb er darin stecken. Er schrie um Hilfe, bis ihn die verwunderten Hausbesitzer aus dem Schornstein zogen. Gastfreundlich wie die Burgenländer schon immer waren, verköstigten sie den „Asylanten" mit einem Ziegel Bohnenstrudel, der fortan „Purbacher Türkenstrudel" hieß. Aus Dankbarkeit blieb der junge Mann seinen Lebensrettern als Knecht erhalten. An diese Begebenheit erinnert heute noch ein Türke aus Stein, der aus dem Kamin herausschaut.

Rosa Lehner, Pfarrei St. Margarethen, A-7062 St. Margarethen/Österreich

Fastenspeisen

Apfeltaschen aus dem Pfarrhaus

1. Mehl in eine große Schüssel geben, in die Mitte eine Mulde machen und einen Vorteig bereiten: Hefe hineinbröckeln, mit Zucker (1 TL) und lauwarmer Milch (3 EL) zu einem Brei anrühren. Ein wenig Mehl daruntermischen, leicht mit Mehl bestäuben und warm stellen. Teig zugedeckt 30 Minuten gehen lassen, bis er die doppelte Größe erreicht hat.
2. Restliche Zutaten in den Teig einkneten und den Teig so lange schlagen, bis er glänzt und sich vom Schüsselboden löst.
3. Den Teig mit einem Tuch bedeckt nochmals 30 Minuten gehen lassen.
4. Teig auf bemehltem Backbrett 1/2 cm dick ausrollen und Teigstücke in Größe einer Untertasse ausstechen. Auf die eine Hälfte Apfelmus geben, die andere Hälfte darüberklappen. Tasche fest an den Rändern zusammendrücken.
5. Apfeltaschen mit Milch bestreichen, mit Zimt und Zucker bestreuen und auf gefettetes Backblech legen. Bei 180 Grad für etwa 20 Minuten im vorgeheizten Ofen backen.

Für den Hefeteig:
500 g Mehl
100 g Zucker
42 g Hefe
1 Pck. Vanillezucker
1/2 TL Salz
1/4 l Milch, lauwarm
1 Ei

Für die Füllung:
250 g Apfelmus
6 EL Milch
1 TL Zimt
2 EL Zucker

Waltraud Liefländer, 59759 Arnsberg, hat dieses Rezept von ihrer Cousine Theresia Wannemüller, seit über 35 Jahren Pfarrhaushälterin in der Pfarrei St. Nikolaus in Natzungen-Borgentreich.

Fettfreier vegetarischer Gemüsetopf

1. Zwiebel und Karotte in Scheiben schneiden, das restliche Gemüse in Streifen. Alles miteinander vermischen und in einen mit Olivenöl ausgestrichenen Schlemmertopf geben. Wenig salzen, mit gehacktem Thymian und 2 EL gekörnter Suppenwürze bestreuen.
2. In der geschlossenen Tonform ca. 60 Minuten bei 250 Grad garen.

Karin Fangmann, Pfarrei St. Peter und Paul, 49692 Cappeln/Oldenburg

100 g Zwiebel
100 g Lauch
100 g Karotten
100 g Sellerie
100 g Tomate, enthäutet
100 g Paprika, rot
100 g Paprika, grün
2 EL Suppenwürze
frischer Thymian
etwas Kräutersalz
Olivenöl

Fastenspeisen

Getreide-Pastete im Blätterteig

300 g Blätterteig, frisch vom Bäcker oder tiefgefroren
100 g Weizen, geschrotet
100 g Roggen, geschrotet
2 Zwiebeln, kleingewürfelt
1/2 l Wasser
1 TL Extrakt von Gemüsebrühe
250 g Champignons, feinblättrig
2 Eier
70 g Vollkornbrösel
2 EL Haferflocken
Salz, Pfeffer, Thymian
200 g Rosenkohl
200 g Möhren
1 Ei zum Bestreichen

1. Grobes Weizen- und Roggenschrot in einem Topf unter ständigem Rühren kurz rösten, mit Wasser aufgießen. Gemüsebrüheextrakt und Zwiebeln unter die heiße Masse rühren. 15 Minuten quellen lassen, abkühlen.
2. Champignonblätter, Eier, Vollkornbrösel und Haferflocken vermischen, mit den Gewürzen abschmecken und unter den Schrotbrei mengen.
3. Die Rosenkohlröschen und Möhren im Ganzen in Salzwasser vorgaren.
4. Den Blätterteig (möglichst aus Vollkornmehl) auf leicht bemehlter Arbeitsfläche zu einer Platte von 20 x 30 cm ausrollen. Sechs Streifen von 1 1/2 cm Breite zur Verzierung abschneiden.
5. Die Hälfte der Pastetenmasse in die Mitte der Teigplatte geben und so verteilen, daß 3–4 cm vom Teigrand frei bleiben. Rosenkohlröschen und Möhren in Längsrichtung auf die Masse geben und leicht eindrücken, die restliche Pastetenmasse daraufgeben.
6. Den Blätterteig erst von den Schmalseiten, dann von den Längsseiten über die Füllung klappen. Backofen auf 220 Grad vorheizen.
7. Die Pastete mit der Naht nach unten auf ein mit kaltem Wasser abgespültes Backblech legen und mit den zurückgelegten Streifen diagonal oder rautenförmig verzieren.
8. Das Ei mit der Gabel verquirlen und die Pastete damit bestreichen. In den Ofen schieben und etwa 40 Minuten backen.
Dazu passen vegetarische Köstlichkeiten wie „Rohe Senfsoße" oder „Walnußmayonnaise" und ein erfrischender „Fenchel-Cocktail" aus meiner Küche (siehe nachstehende Rezepte).

Rohe Senfsauce

1 großer Apfel, geschält, geviertelt,
8 EL saure Sahne
4 EL Senf
2 hartgekochte Eier
1/2 Zwiebel, geschält, geviertelt
Kräutersalz, Pfeffer

1. Saure Sahne, Senf und die in Viertel geteilten Eier im Mixer pürieren.
2. Nach und nach Apfel- und Zwiebelviertel dazugeben, pürieren und abschmecken.

Fastenspeisen

Fenchel-Cocktail

1. Fenchelknollen der Länge nach halbieren, den Keil herausschneiden und dünn hobeln.
2. Orangensaft über den gehobelten Fenchel gießen.
3. Aus saurer Sahne, Salz, Pfeffer, Fenchelpulver (Fencheltee mit der Kaffeemühle mahlen) und Honig ein Dressing rühren und mit dem Fenchel und den Orangenstücken vermischen.
4. Cocktailschale mit dem Eissalat auslegen und den Fenchelsalat darauf verteilen.
5. Mit feinen Orangenschalenstreifen, den gehackten Walnußkernen und Fenchelgrün garnieren.

300 g Fenchel, feingehobelt
1 Orange, gepreßt
2 Orangen, gewürfelt
200 g saure Sahne
1 TL Honig
Salz
schwarzer Pfeffer
1-2 EL Fencheltee

Zum Garnieren:
Eissalatblätter
Streifen von Orangenschalen
50 g Walnußkerne, gehackt
Fenchelgrün

Walnußmayonnaise

1. Senf und Sahne im Mixer verquirlen.
2. Nach und nach die auf Kräutersalz zerdrückte Knoblauchzehe und alle weiteren Zutaten zugeben und pürieren.

Ursula Peiter arbeitet halbtags als Pfarrhausfrau im Pfarrverband St. Martin/ St. Michael, 76865 Rohrbach-Steinweiler.

1/8 l Sahne
2 EL Walnüsse, gemahlen
Schnittlauchröllchen
1 EL Zitronensaft
1 TL Senf
1 TL Paprika
Kräutersalz
1 Knoblauchzehe

Fastenspeisen

Ohrfeige von 1908

4 große Eier, getrennt
1 gehäufter EL Stärkemehl
1/8 Maß (=156 ml) lauwarme Milch, mit etwas Wasser vermischt
1 Msp. Muskatblüte (oder abgeriebene Zitronenschale)
1 Prise Salz
1 Msp. pulverisiertes Hirschhornsalz
Butter zum Ausbacken
Eingemachtes zum Bestreichen
Zimt-Zucker-Mix zum Bestreuen

1. Dotter, Mehl und Wassermilch zu einem stark geschlagenen Teig mischen.
2. Kurz vor dem Backen, Eiweiß zu festem Schaum schlagen, Hirschhornsalz mit dem Eiweißschaum durchmischen und unter den Teig heben.
3. Einen flachen Topfdeckel auf eine heiße Platte legen und erhitzen.
4. Bei sehr schwacher Hitze wenig Butter in der Pfanne zergehen lassen, die Schaummasse hineingeben und den heißen Deckel darauflegen. Und weiter geht´s im Originaltext: „Nun backe man die Ohrfeige nur auf einer Seite, ohne die Pfanne zu schütteln, und zwar so lange, etwa 10 Minuten, bis sie oben trocken und auf der unteren Seite gelb geworden ist, während man die Pfanne zuweilen dreht."
5. „Darnach bestreiche man die Ohrfeige mit beliebigem Eingemachten, Mus oder Gelee, schlage sie zusammen, schiebe sie auf eine passende Schüssel, bestreue sie mit Zimt und Zucker. Auch kann man dieselbe, je nachdem, wem die Ohrfeige gegeben werden soll, inwendig und oben mit Zucker und Zimt bestreuen und mit einer Wein-, Frucht- oder Rum-Soße zur Tafel geben. Sehr angenehm dazu ein gutes Kompott von frischen Johannisbeeren, welches auch zum Zwischenstreichen angewandt werden kann."

Die Geschichte zum Rezept:
Meine Mutter, Maria Runte geb. Lohmann, lernte 1908 im Pfarrhaus von Bochum-Riemke kochen. Den Namen des Hochwürden kann ich leider nicht mehr in Erfahrung bringen, da meine Mutter schon lange nicht mehr lebt. In Erinnerung geblieben sind mir nur noch ihre Schilderungen, daß Hochwürden einen „Schuh-Tick", wie man heute sagen würde, gehabt hat. Er hatte unendlich viele Paar Schuhe. Und einen Drachen als Haushälterin. In dieser Zeit hat meine Mutter das Kochbuch meiner Großmutter fortgeführt und uns somit diese „Ohrfeige" hinterlassen.

Clementine Busche, 58802 Balve-Garbeck

Fleisch und Aufläufe

Ramperpansch

1. Die am Vortag gekochten Kartoffeln werden gerieben oder zerstampft und mit Salz gewürzt.
2. Soviel Mehl zugeben, bis beim Kneten ein fester Teig entsteht, der in mehrere Teigrollen von 8 cm Durchmesser aufgeteilt wird.
3. Teigrollen schräg in ca. 2 cm breite Stücke teilen und in kochendes Salzwasser geben. Sobald sie an der Oberfläche schwimmen, herausnehmen und in eine große Schüssel legen.
4. Gleichzeitig wird das Sauerkraut mit dem Apfelwein 10 Minuten gegart. Honig und Distelöl zugeben und solange kochen, bis die Flüssigkeit verdunstet ist.
5. Sauerkraut zu den Teigstücken in die Schüssel geben.
6. Zwiebel in Margarine anrösten und über das Kraut geben.
7. Blutwurstwürfel kurz anbraten und dem Gericht beifügen.
8. Alles in der Schüssel gut „durcheinanderpanschen" und servieren.

500 g Kartoffeln, gekocht
Mehl nach Bedarf
1 Prise Salz
250 g Sauerkraut
1/8 l Apfelwein
1 EL Honig
1 TL Distelöl
1 kleine Zwiebel, feingehackt
Margarine
250 g Blutwurst, in kleine Würfel geschnitten

Maria-Luise Ruhlig, Haushälterin bei Dompfarrer Reinhard Hauke, 99084 Erfurt

Linsentopf aus dem Dompfarrhaus

1. Kartoffeln und zugeschnittenes Gemüse mit den Nelken in der Fleischbrühe 20 Minuten kochen.
2. Linsen zugeben und weitere 10 Minuten kochen.
3. Fett erhitzen, Zwiebelwürfel hell darin anbräunen, Hackfleisch vom Rind (nach Belieben auch mit Schweinehack gemischt) hinzufügen und kurz braten, zur Suppe geben und bei geringer Hitze 5 Minuten garen.
4. Die Soße (Fertigprodukt) nach Anweisung einstreuen, eventuell noch aufgießen.
5. Die Essiggurken in kleine Würfel hacken und darunterrühren, mit einem Schuß Essig abschmecken.

500 g Kartoffeln, roh, gewürfelt
1 1/2 l Fleischbrühe
1/2 Stange Lauch, in Ringe geschnitten
1 Karotte, gewürfelt
1 Scheibe Sellerie, gewürfelt
1/2 TL Pfeffer
3 Nelken
1 Dose Linsen
50 g Fett
1 Zwiebel, gewürfelt
300 g Rinderhack
Hackbratensoße
2–3 Essiggurken
Essig nach Bedarf

Elisabeth Türk, Pfarrhaushälterin bei Dompfarrer Norbert Lixenfeld, 65549 Limburg

Fleisch

Lamm-Topf mit Kürbis

750 g Lammkeule, ausgelöst, in Würfel geschnitten
4 EL Öl
250 g Zwiebeln, in Scheiben geschnitten
1 Knoblauchzehe, gepreßt
Salz
weißer Pfeffer, frisch gemahlen
1 l klare Brühe
750 g Kürbis, gewürfelt
250 g Rosenkohl
400 g Kartoffeln, roh, geschält, längsgeviertelt
2 EL Weißweinessig
1 Bund Petersilie

1. Öl in einem großen Topf erhitzen, Fleischwürfel vom Lamm darin portionsweise anbraten und zur Seite stellen.
2. In einer separaten Pfanne Zwiebelscheiben und Knoblauch andünsten, zum Fleisch in den Topf geben, mit Brühe aufgießen, mit Salz und Pfeffer würzen und 40 Minuten garen.
3. Kürbiswürfel, Rosenkohlröschen und Kartoffelstücke zugeben, 20 Minuten mitkochen und mit Essig abschmecken. Vor dem Anrichten mit gehackter Petersilie bestreuen.

Cornelia Vogl, Pfarrei Heilige Familie, 92665 Altenstadt

Russisches Kalbfleisch

Für 6 Personen
1/2 l Apfel- oder Weißwein
1/2 l Wasser
2 EL Butter
1 1/2 kg Schulter vom Kalb, in Würfeln oder Scheiben
weißer Pfeffer, Salz
Mehl zum Wenden
2 Zwiebeln, in feinen Scheiben
Zitronenschale, feingehackt
1 Bund Petersilie, feingehackt

1. Wein und Wasser mit der Butter zum Kochen bringen.
2. Fleisch mit Salz und Pfeffer würzen, in Mehl wenden und in die kochende Flüssigkeit einlegen. Zwiebelscheiben zugeben und 60–90 Minuten köcheln lassen.
3. Bei Garende Fleisch mit dem Schaumlöffel entnehmen und auf einer Platte anrichten. Sauce durchpassieren und über das Kalbfleisch gießen.
4. Zitronenschale und Petersilie miteinander vermischen und über das Fleisch streuen. Mit Salzkartoffeln servieren.

Schwester Ludmilla, Pfarrei Heilige Familie, 01259 Dresden-Zschachwitz, entnahm dieses Rezept einem alten, handgeschriebenen Kochbuch aus der Klosterküche der Nazarethschwestern von Dresden-Goppeln.

Fleisch

Kaninchenrollbraten

1. Das Kaninchen entbeinen und sehr sorgfältig enthäuten.
2. Rückenmitte ca. 3–5 cm breit der ganzen Länge nach abwechselnd mit Brät, Speck und Rohschinken belegen, mit dem restlichen Brät abdecken und alles gut einrollen.
3. Das Netz darüberlegen oder mit einem Faden zunähen.
4. Das Ganze mit Rosmarin und Knoblauch würzen und mit Senf bestreichen.
5. Entweder in Bratfolie im Ofen bei 200 Grad ca. 40–45 Minuten schmoren lassen oder auf einem Backblech mit etwas Öl übergossen und mit einer Zwiebel belegt im Ofen gut anbraten anschließend bei kleiner Hitze 50 Minuten fertig braten lassen.
6. Für die Soße das überschüssige Öl wegschütten und den Bratenrückstand mit Most oder Weißwein vom Boden lösen.
7. Mehl in einer kleinen Pfanne mit kaltem Wasser oder kalter Fleischbrühe anrühren und zusammen kurz aufkochen lassen. Der Rollbraten kann auch kalt aufgeschnitten und mit flüssiger Gelatine überpinselt werden und ist so eine Bereicherung jeder kalten Platte.

1 Kaninchen – wenn möglich vom Pfarrer selbst großgezogen
600–700 g Bratwurstbrät
200–250 g magerer Speck, feingeschnitten
150–100 g roher Schinken oder Bündner Fleisch
1 kleines Schweinenetz
Senf
frischer Rosmarin, kleingehackt
1 Zehe Knoblauch, gepreßt
Bratfolie

Die Geschichte zum Rezept:
Dieses Rezept stammt von der Schweizer Pfarrhaushälterin Marie Schlegel, die in Vilters (Kanton St. Gallen) eine ausgezeichnete, vorbildliche Pfarrhausküche führt. Bei einem unserer vielen Besuche dort überraschte sie uns mit einem Kaninchenrollbraten, der den kulinarischen Höhepunkt des Sonntagsmahls darstellte. Zunächst waren wir uns nicht im klaren, welches Fleisch das Fräulein Marie uns serviert hatte. Kein Vergleich mit dem üblichen Kaninchenfleisch – es war eine Köstlichkeit. Vielleicht lag es daran, daß es ein vom Pfarrer selbst aufgezogenes Tier war. Er betreibt nämlich neben seinem Beruf auch noch eine kleine Landwirtschaft mit Hühnern, Enten und eben auch Kaninchen. Darüberhinaus ist er ein ausgezeichneter Imker. Im Pfarrhaus von Vilters ist die Welt noch ziemlich heil – einen kleinen Einblick darin gibt dieses Rezept.

Doris und Ludwig Valder, 50769 Köln

Fleisch

Rote-Bete-Versöhnung

1 kg Rote Bete, roh, geschält, geraspelt
500 g Kartoffeln, roh, geschält, geraspelt
2–3 Äpfel, geschält, geraspelt
200 g geräucherter Schinkenspeck, in feinen Scheiben
1 EL Margarine
1 TL Gewürze (Kümmel, Senfkörner, Wacholderbeeren), gemahlen
1–2 EL Weinessig
Salz

1. Schinkenspeck in einer großen Pfanne mit der Margarine auslassen, an den Rand schieben.
2. Das in der Küchenmaschine grob geraspelte Gemüse in die Pfanne geben, anbraten, den Speck einrühren, Gewürze darüberstreuen, alles bei kleiner Hitze 10–15 Minuten garen.
3. Kurz vor dem Auftragen Essig unterrühren, bei Bedarf nachsalzen.

Dazu schmeckt selbstgebackenes Gewürzbrot (siehe nachstehendes Rezept).

Helles Gewürzbrot

1 kg Weizenmehl
4 EL Vollkornmehl vom Weizen
2 Beutel Trockenhefe
1 1/2 EL Salz
1 TL Zucker
1 TL Paprikapulver, edelsüß
1 EL Brotgewürz (3 Teile Kümmel, 2 Teile Senfkörner, Wacholderbeeren), gemahlen
3 EL Öl
1 l warmes Wasser (knapp bemessen)

1. In trockenem Zustand alle Zutaten gut miteinander vermischen, Öl und Wasser zufügen und solange rühren, bis keine Mehlklumpen mehr zu sehen sind und der Teig geschmeidig ist. An einem warmen Ort auf doppelte Größe gehen lassen.
2. Einen Bräter mit Öl auspinseln, Teig einfüllen, nochmals eine halbe Stunde gehen lassen.
3. Auf der untersten Schiene 10 Minuten bei 250 Grad, 35 Minuten bei 200 Grad, 15 Minuten bei 150 Grad backen, Herd abschalten und das Brot 5 Minuten ruhen lassen.
4. Brot auf einem längsgefalteten Tuch an die Wand gelehnt auskühlen lassen.

Die Geschichte zum Rezept:
Ich bin zwar Pfarrhausfrau im Nebenberuf, wohne aber im Pfarrhaus. In den Sommerferien füllt sich unser Haus regelmäßig nicht nur mit Nichten, Neffen und Patenkindern, sondern auch mit Theologiestudenten aus Osteuropa, die in den Semesterferien deutsch lernen und einem Ferienjob nachgehen. In dieser Zeit suche ich immer nach Gerichten, bei denen ich einerseits die Früchte des Gartens verwenden kann, andererseits auch den Geschmack der Gäste treffe.
Aber merkwürdig: Jedesmal, wenn der Duft von Rote Bete aus der Küche kam, hatten alle, die sonst fast immer vor Hunger „starben", noch etwas anderes vor. Da kam mir die Idee, Rote Bete – wie bei anderen Gemüsen üblich – im Rohzustand zu schmoren. Gedacht und ausprobiert. Jetzt ist es das sommerliche Lieblingsessen aller Pfarrhausbewohner.

Irma Morawietz, Pfarrei St. Ludgerus, 47170 Duisburg

Wir
wollen
danken
für unser Brot,
wir wollen
helfen
in der Not,
wir wollen
schaffen,
die Kraft gibst
Du,
wir wollen
lieben,
Herr,
hilf
dazu.

*Schwester Ludmilla,
01259 Dresden-Zschachwitz*

Fleisch

Schnitzelpfanne à la Pfarrhaus

6 Schnitzel
Salz, Pfeffer
3 Eier, mit 3 EL Milch verquirlt
Mehl und Semmelbrösel zum Panieren
Fett zum Ausbacken
1/2 Pck. Maggi Würzmischung Nr. 3
200 g gekochten Schinken, in Streifen geschnitten
1–2 Dosen Pilze
1 große Zwiebel, in Ringe geschnitten
4 Becher Sahne

1. Schnitzel klopfen, salzen und pfeffern und in Mehl wenden.
2. Fleischstücke in Eiermilch tauchen, in Semmelbröseln wenden, in heißem Fett auf beiden Seiten goldbraun braten und in eine Auflaufform legen.
3. Würzmischung über die Schnitzel streuen, Schinkenstreifen, Pilze, Zwiebelringe darauf verteilen, Sahne darübergießen.
4. Im Backofen 1 1/2 Stunden bei 180 Grad backen.
Bis auf das Backen kann man dieses Gericht schon Stunden vor dem Essen zubereiten. Dazu passen Salate und Weißbrot.

Roswitha Hambsch, Pfarrei Heilig Kreuz, 76229 Karlsruhe-Grötzingen

Westerwälder Döbbe Kuche

1 kg Kartoffeln, roh, gerieben
200 g Zwiebel, feingehackt
2 Eier
30 g Mehl
125 g Speck, in kleine Würfel geschnitten
Salz
Fett für die Form

1. Die geriebenen Kartoffeln etwas stehen lassen, das sich dabei abgesetzte Kartoffelwasser abgießen.
2. Zwiebelhack, Eier, Mehl, Würfel vom durchwachsenen Speck und Salz unter die Kartoffelmasse mengen.
3. Eine Auflaufform einfetten, Kartoffelmasse einfüllen und glattstreichen. Im vorgeheizten Rohr bei 225–250 Grad ohne Deckel backen.
4. Nach etwa 60 Minuten (wenn die Oberfläche eine knusprige Kruste hat) ist der Döbbe Kuche fertig und kann mit Apfelkompott serviert werden.

Gertrud Kohlhaas, Pfarrei St. Anna, 56249 Herschbach/Westerwald

Fleisch

Kartoffel-Möhren-Brei mit Würstchen

1. Kartoffel- und Möhrenwürfel in kochendem Salzwasser 30 Minuten garen.
2. Öl in einer Pfanne erhitzen. Würstchen 7–8 Minuten goldbraun braten. Zwiebelringe in den letzten 3 Minuten mitbraten.
3. Kartoffel-Möhren-Mischung abgießen und grob zu einem Brei zerstampfen.
4. Milch und saure Sahne vermischen, unter den noch heißen Kartoffel-Möhren-Brei rühren und mit den Gewürzen abschmecken.
5. Kartoffel-Möhren-Brei mit den Zwiebelringen belegen und mit etwas Muskat bestreuen. Nach Belieben mit Petersilie garnieren und mit den Würstchen servieren.

Coletta Full, 97535 Schwemmelsbach, bekam dieses einfache Rezept von Ihrer inzwischen verstorbenen Tante, für die ihr Beruf als Pfarrhaushälterin „eine Lebensaufgabe" war.

500 g mehlige Kartoffeln, geschält, in Würfel geschnitten
500 g Möhren, in Würfel geschnitten
Salzwasser
4 Bratwürstchen (je 80 g)
2 EL Öl
2 kleine Zwiebeln, in Ringe geschnitten
4 EL Milch
2 EL saure Sahne
Muskatnuß
Salz, Pfeffer

Zum Garnieren:
Petersilienblätter

Kartoffel-Auflauf mit Dörrfleisch

1. Kartoffeln jeweils mit 1 Scheibe Dörrfleisch umwickeln.
2. Eine feuerfeste Auflaufform mit Butter und einer Knoblauchzehe ausstreichen und die Kartoffeln senkrecht hineinsetzen.
3. Frischkäse und Sahne bei schwacher Hitze erwärmen, so daß eine cremige Soße entsteht., mit Salz und Pfeffer würzen. Soße auf den Kartoffeln verteilen.
4. Backofen auf 220 Grad vorheizen, Auflaufform abgedeckt auf die mittlere Einschubleiste stellen und die Kartoffeln ca. 30 Minuten im Ofen bräunen.
Dazu reicht man frischen Salat.

Elfriede Schuler, 56424 Moschheim/Westerwald, übt seit acht Jahren Ihren „Traumberuf" als Pfarrhausfrau bei Bezirksdekan Georg Niederberger aus. Frau Schuler ist in der Pfarrei St. Peter/Montabaur tätig.

8 Kartoffeln, gekocht, gepellt
8 Scheiben Dörrfleisch, dünn geschnitten
1 TL Butter
1 Knoblauchzehe
1 große Packung Frischkäse
1/4 l Sahne
Salz, Pfeffer
60 g Gouda, gerieben

Fleisch

Schöpsernes im Römer mit Polenta

750 g Lammfleisch mit Knochen
etwas Olivenöl
1 Zwiebel, gehackt
4 Kartoffeln, roh, geschält, in Scheiben
1 Stange Lauch, in Ringen
je 1 Paprikaschote (gelb, grün, rot), in Streifen
1/4 l Gemüsebrühe
1 EL Thymian

1. Römertopf wässern.
2. Das Lammfleisch (Schöpserne) in Stücke schneiden, mit Zwiebel in Öl kurz anbraten und salzen.
3. Kartoffelscheiben, Lauchringe und Paprikastreifen zur Hälfte in den Römertopf legen, das Lammfleisch draufgeben und mit dem restlichen Gemüse bedecken.
4. Gemüsebrühe darübergießen, salzen und mit frisch gehacktem Thymian würzen.
5. Römertopf mit dem Deckel verschließen und in den kalten Backofen schieben. 90 Minuten bei ca. 200 Grad garen.
Dazu schmeckt Polenta (siehe nachstehendes Rezept).

Polenta

330 g Maismehl, grob gemahlen
1 1/2 l Salzwasser
1 EL Butter
Variante: zusätzlich 1 EL Buchweizenmehl, grob gemahlen

1. Maismehl in einen großen Topf mit kochendem Salzwasser einrieseln lassen. Zunächst mit dem Schneebesen, dann mit dem Holzlöffel, in jedem Fall aber immer rühren, damit die Polenta keine Klumpen bildet und am Boden nicht anhaftet. Ich mische gerne einen Löffel frischgemahlenen Buchweizen unter den „Plent", wie er in Südtirol heißt.
2. Nach 30–40 Minuten Rühren Herdplatte ausschalten und die Polenta etwa 10 Minuten nachquellen lassen. Kurz vor dem Essen Butter unterrühren.
3. Masse auf ein Plentenbrettl stürzen und dampfend auf den Tisch stellen. Die Konsistenz der Polenta sollte so sein, daß sich jeder mit der Gabel einen Teil abstechen und auf seinen Teller legen kann.

Die Geschichte zum Rezept:
Im Herbst helfen wir oft meinen Verwandten bei der Weinlese, beim Wimmen. Manche Weingüter liegen weit entfernt von Haus und Herd, sodaß wir mittags nicht zum Essen heimfahren. Dafür wird im Freien auf offenem Feuer „Plent" gekocht, so wie es im Überetsch und Bozner Unterland früher üblich war, als Ochsen die schweren Maischefuhren vom Kalterersee in die Kellereien nach Kaltern zogen. Bevor wir unsere Polenta essen, singen wir gemeinsam das Tischlied des unvergessenen Volksmusikanten Lois Walder aus Toblach im Pustertal: „Die Speisen, die du heut uns gibst." Das ist für uns „Wimmer" jedesmal ein Erlebnis, in freier Natur, unter einem strahlenden Herbsthimmel, inmitten der gesegneten Weinberge.

Burgi Brida, I-39042 Brixen, ist Pfarrhausfrau bei Kanonikus Peter Zelger, Dompropst zu Brixen.

Fleisch

Gebackene Kammsteaks

4–6 dicke Scheiben Schweinekamm, ausgelöst
2 Becher Sahne
1 Pck. Zwiebelsuppe

1. Sahne in eine Auflaufform gießen und das Fleisch 2 Stunden darin ziehen lassen.
2. Das Pulver von der Zwiebelsuppe über die Sahne streuen und vermischen.
3. Form in den Backofen stellen und ohne Deckel 50 Minuten bei 200 Grad in der Röhre braten.
Dazu paßt gut Stangenweißbrot und jede Art von Salat.

Maria Sachseneder, Pfarrei St. Pius, 84034 Landshut, pflegt die schnelle Küche im Pfarrhaus, damit mehr Raum für das Gespräch mit Gästen bleibt.

Schichtgemüse

1 kg Weißkohl, in grobe Streifen geschnitten
500 g Kartoffeln, roh, in Scheiben geschnitten
1 Gemüsezwiebel (ca. 230 g), in Scheiben geschnitten
400 g gemischtes Hackfleisch (halb Rind, halb Schwein)
1 Ei
Salz, Pfeffer, Curry, Edelpaprika
40 g Margarine
1 TL Kümmel
1 kleine Dose Tomatenmark (70 g)
3/4 l Wasser
3 TL gekörnte Brühe

Zum Bestreuen:
3 EL Petersilie, gehackt
20 g Margarine

1. Das Hackfleisch mit Ei, Salz, Pfeffer, Curry und Edelpaprika mischen.
2. In einem ausreichend großen Topf Margarine zerlassen.
3. Abwechselnd mit dem Hackfleisch die Weißkohlstreifen und die Kartoffel- und Zwiebelscheiben einschichten und mit Kohl beschließen. Die einzelnen Lagen jeweils mit Kümmel, Petersilie und Klecksen aus Tomatenmark würzen.
4. Heißes Wasser mit gekörnter Brühe vermischen und darübergießen. Mit Margarineflöckchen und Petersilie bestreuen.
5. Auf der Herdplatte zugedeckt 1–1 1/2 Stunden bei mittlerer Hitze garen.

Die Geschichte zum Rezept:
Als mein Bruder 1976 seine erste Kaplan-Stelle in der Hamburger Pfarrei St. Elisabeth antrat, war es für uns klar, daß wir in den Sommerferien mit unseren drei Kindern nach Hamburg fahren. Das Pfarrhaus war groß genug, um dort Domizil beziehen zu können. In vielen Küchengesprächen bekam ich von der dortigen Pfarrhaushälterin nützliche Tips für den Haushalt und eine Reihe preiswerter und schmackhafter Rezepte, wie das vom Schichtgemüse. Dieses Rezept hat bis heute in meinem Küchenplan einen festen Platz und wird noch immer gern gegessen.

Anneliese Jacobs, 41366 Schwalmtal

Fleisch

Überbackenes Schweinefilet

1. Filetscheiben leicht mit der Hand andrücken, in 40 g Butterschmalz anbraten, salzen und pfeffern. Die Fleischstücke aus der Pfanne nehmen und in einer feuerfesten Form im Backofen warmhalten.
2. Pilzscheiben (Champignons) im restlichen Butterschmalz andünsten, mit Mehl bestäuben und mit Sahne verrühren. Pilzsoße über die Filets gießen und mit Petersilie bestreuen.
3. Mit Käsescheiben bedecken und bei 200 Grad im vorgeheizten Backrohr so lange überbacken, bis der Käse leicht geschmolzen ist.

Ursula Kunkel, 97848 Neuhütten/Unterfranken, notierte sich dieses Rezept für die schnelle Küche bei Gemeindereferentin Ingeborg Hart, Pfarrei St. Josef, Neuhütten.

600 g Schweinefilet, in dicke Scheiben geschnitten
200 g Käse (Bayerland-Duo), in dicke Scheiben geschnitten
80 g Butterschmalz oder Bratfett
400 g Pilze, feinblättrig geschnitten
1/2 l Sahne
1 EL Mehl
Salz, Pfeffer
1 Bund Petersilie, feingehackt

Spanisch fricco

1. Kartoffelscheiben, Zwiebelscheiben und Fleischstreifen in einzelnen Lagen in eine ausgebutterte Auflaufform schichten.
2. Jede Lage kräftig würzen und mit einer Kartoffelschicht beschließen.
3. Etwa 1/4 l Fleischsuppe über den Auflauf gießen, damit das Gericht nicht trocken wird.
4. Zugedeckt bei 200 Grad etwa 1 Stunde in der Backröhre garen lassen.
Mit Petersilie verzieren und gemischten Salat dazu servieren.

Die Geschichte zum Rezept:
Aus meiner Kindheit hatte ich ein Essen in Erinnerung, das meine Mutter „Spanisch fricco" nannte und nach dem Krieg häufig für uns kochte. Ich mochte es besonders gerne, weil es so herzhaft war. Also habe ich es eines Tages in der Pfarrhausküche einfach „rekonstruiert". Bereits während des Garens merkte ich am Geruch, daß ich es richtig getroffen haben muß (meine Mutter nahm allerdings – der Knappheit wegen – Fleischknochen statt Fleisch). Es vergingen einige Jahre seit jenem Experiment, und wir hatten einen Priestergast aus Westfalen bei uns im Pfarrhaus. Als ich dem meinen Auflauf servierte, sagte er spontan: „Das ist ja Spanisch fricco!". Da war ich einfach platt und richtig glücklich.

Monika Wünsche, Pfarrei Mutterschaft Marien, 99195 Stotternheim

10 mittelgroße Kartoffeln, roh, in Scheiben geschnitten
10 mittelgroße Zwiebeln, in Scheiben geschnitten
600 g Fleisch vom Schwein, in Streifen geschnitten
Salz, Pfeffer, Paprika
1/4 l Fleischsuppe (oder aufgelöste gekörnte Brühe)
Petersilie zum Garnieren
Butter für die Form

Fleisch

Gestürztes Sauerkraut

Für das Sauerkraut:
200 g Speck, geräuchert, kleingewürfelt
250 g Zwiebel, kleingewürfelt
30 g Zucker
1 kg Sauerkraut, kleingehackt
1 EL Essig
Salz

Für den Auflauf:
750 g Erdäpfel (Kartoffeln), gekocht, geschält
400 g Selchfleisch, in kleine Würfel geschnitten
250 g Salami, in kleine Würfel geschnitten
1/4 l Sauerrahm
Butter zum Fetten der Form
Brösel zum Ausstreuen

1. Speckwürfel auslassen und Zwiebelwürfel darin anrösten. Zucker und Sauerkraut zugeben, mit Essig und Salz würzen und 20 Minuten dünsten.
2. Erdäpfel warm durchpressen oder reiben und mit 2/3 dieser Masse fingerdick eine gefettete und gebröselte Auflaufform ausfüttern.
3. Abwechselnd Sauerkraut und Salamiwürfel in das Erdäpfelbett schichten. Zuletzt die restliche Erdäpfelmasse als Deckel über die Sauerkraut-Wurst-Mischung geben.
4. Sauerrahm darübergießen und bei 200–220 Grad solange backen, bis der Auflauf knusprig braun ist. Kurz abkühlen lassen, Ränder mit einem Messer lösen und stürzen.

Rosa Lehner, Pfarrei St. Margarethen, A-7062 St. Margarethen/Österreich

Fleisch

Emmentaler Schinkenpastete

1. Butter und Eier schaumig rühren, Gewürze und Petersilie zugeben, Mehl und Backpulver vermischen und unterrühren.
2. Schinken- und Käsewürfel zufügen, zuletzt die Sahne zugießen und alles zu einer glatten, dicken Masse vermengen.
3. Teig in eine mit Backpapier ausgelegte Kastenform füllen und im vorgeheizten Backrohr bei 175–180 Grad etwa 50 Minuten backen. Heiß servieren.
Dazu schmeckt: ein Apfelsalat (siehe nachstehendes Rezept).

125 g Butter
3 Eier
Salz, Muskatnuß
1 TL Senf
1 EL Petersilie, gehackt
250 g Mehl
1 EL Backpulver
250 g Rohschinken, gewürfelt
150 g Emmentaler, gewürfelt
100 ml Sahne
Backpapier

Apfelsalat pikant

1. Die Äpfel schälen, entkernen, würfeln und mit Zitronensaft beträufeln.
2. Aus Sahne, Ketchup, Senf und den Gewürzen eine Soße anrühren und unter die Äpfel mengen. Vor dem Anrichten mit Paprika bestreuen.

Evi Freudenberg, 82178 Puchheim, erhielt dieses Rezept von der inzwischen verstorbenen Pfarrköchin Käthe Doff, Pfarrei St. Christoph, München.

4 saftige, säuerliche Äpfel
Saft von 1 Zitrone
100 ml Sahne
2 TL Ketchup
1/2 TL Senf
Salz, Pfeffer
1 Prise Zucker
Rosenpaprika

Fleisch

Brätknopf

250 g Kalbsbrät
1/2 l Sahne
4 Eier
20 g flüssige Butter
Petersilie,
Schnittlauch,
Zwiebelrohr
Semmelbrösel
Alufolie
Butter zum
Einfetten der Folie
Salzwasser
Butterschmalz
zum Abbräunen

1. Brät, Sahne und Eier gut verquirlen und nach und nach die flüssige Butter einrühren.
2. Kräuter und Zwiebelrohr feinhacken und dazumengen. Soviel Semmelbrösel zufügen, daß eine mittelfeste Teigmasse entsteht.
3. Alufolie einfetten, Brätteig darin einrollen und 45 Minuten in kochendem Salzwasser ziehen lassen.
4. Brätknopf aus der Folie lösen, in Scheiben schneiden und in Butterschmalz in der Pfanne abbräunen.
Dazu schmecken Kartoffelbrei und grüner Salat.

Renate Pfeiffer, 80797 München, hat dieses alte Rezept von ihrer Großmutter. Sie war Wirtschafterin und Köchin und hat um die Jahrhundertwende ihre Lehrzeit bei den Dominikanerinnen in Bad Wörishofen absolviert.

Quinoa-Topf

1 Bund
Suppengrün,
kleingeschnitten
1 Zwiebel, gehackt
2 Knoblauchzehen,
gehackt
Pfeffer, Kümmel
2–3 EL Öl
500 g Rind- oder
Lammfleisch
1,5 l Wasser
500 g Gemüse
der Saison,
kleingewürfelt
4–5 Kartoffeln,
gewürfelt
200–250 g Quinoa
(Getreideart
der Anden)
Salz
Oregano, Basilikum,
Petersilie

1. Suppengrün, Zwiebel, Knoblauch, Pfeffer und Kümmel in Öl andünsten.
2. Das Fleisch zufügen, anbraten und mit Wasser ablöschen (Vegetarier können auch gleich zu Punkt 3 übergehen).
3. Nach etwa 20 Minuten Gemüsewürfel, Kartoffeln und Getreide dazugeben. 25 Minuten köcheln lassen, bis alles weich ist.
4. Mit Salz und den frischen Kräutern abschmecken und sofort servieren.

Elisabeth Klier, Pfarrei St. Hedwig, 95447 Bayreuth, ist Diözesanvorsitzende von über 400 Pfarrhaushälterinnen im Bistum Bamberg.

Fleisch

Käsestrudel

1. Aus Mehl, Eiweiß, Salz und Milch einen Strudelteig kneten. In Frischhaltefolie 3 Stunden ruhen lassen.
2. Teig auf bemehlter Arbeitsfläche ausrollen und hauchdünn ausziehen.
3. Butter erhitzen, das zerkleinerte Gemüse, die halbierten Pilze (Champignons) und den Knoblauch kurz andünsten. Mit Salz, Pfeffer und Muskat würzen und abkühlen lassen.
4. Hack aus Rind- und Schweinefleisch mit Ei und dem in Milch eingeweichten, ausgedrückten Brötchen vermischen und ebenfalls mit Salz, Pfeffer und Muskat abschmecken.
5. Den Teig mit Tilsiter-Scheiben belegen, Hackfleisch und Gemüse darauf verteilen, fest aufrollen und mit Öl bestreichen.
6. Auf einem gefetteten Backblech im vorgeheizten Backofen bei 180 Grad ca. 30 Minuten backen.
7. Für die Sauce Butter erhitzen, Mehl einstreuen, hellgelb anschwitzen, unter heftigem Rühren mit dem Schneebesen mit Milch aufgießen und aufkochen lassen. Tilsiterstückchen beifügen, schmelzen lassen und den feingehackten Dill in die Sauce geben.
8. Sauce mit Salz, Muskat und Zitronensaft abschmecken, mit Eigelb und Sahne legieren und zugedeckt warmhalten.
9. Den Strudel mit den Tilsiter-Scheiben belegen und nochmals so lange überbacken, bis der Käse geschmolzen ist.

Klaus Starrach, 87437 Kempten, bekam dieses seit langem in seiner Familie beheimatete Rezept aus der Küche eines Allgäuer Ökonomie-Pfarrhofs.

Für den Strudelteig:
175 g Mehl
1 Eiweiß
35 ml Milch
Salz
Öl zum Bestreichen

Für die Füllung:
je 1 rote und grüne Paprikaschote,
in feinen Streifen
1 Karotte,
fein gehobelt
1 Zwiebel, in feine Ringe gehobelt
125 g Pilze,
halbiert
20 g Butter
Salz und Pfeffer
1 Prise Muskat
500 g Hack
1 Ei
1 Brötchen
etwas Milch
1/2 Knoblauchzehe
250 g Tilsiter
in Scheiben

Für die Sauce:
40 g Butter
30 g Mehl
1/2 l Milch
50 g Tilsiter,
in Stückchen
1 Bund Dill
Salz und Muskat
Zitronensaft
1 Eigelb
2 EL Sahne

Zum Überbacken:
100 g Tilsiter
in Scheiben

Fleisch

Falsche Wildsau

*1 kg Schweine-
nacken (Halsgrat)
3 EL Pflanzenfett
1 l Beizflüssigkeit
(siehe Beize)
1 EL Mehl
1/8 l Wasser
20 ml Kirschlikör
1/8 l Rahm
2 EL eingemachte
Preiselbeeren
Alufolie*

*Für die Beize:
1 l Wasser
1/2 l Rotwein
1/4 l Weinessig
Wurzelwerk
(1 Zwiebel, 1 Lauch,
1/2 Sellerieknolle),
grobgeschnitten
Gewürzmischung
(Lorbeerblätter,
Gewürznelken,
Wacholderbeeren,
Pfefferkörner)
4 Zitronenscheiben
Fichten- oder
Tannenzweige*

1. Damit ein Hausschwein zur Wildsau wird, muß man in einem großen Topf eine Beize aus den angegebenen Zutaten bereiten, sie erwärmen, das Fleisch hineinlegen und es mit Fichten- oder Tannenzweigen bedecken. Wer auf eine „Oberwildsau mit Adelsprädikat" Wert legt, wird sich natürlich für eine Edeltanne entscheiden.
2. Topf zudecken, kühlstellen und das Hausschweinerne drei Wochen lang in der Beize liegen lassen.
3. Zur Zubereitung wird das Fleisch aus der Beize genommen, mit Küchenkrepp trockengetupft, in einem Reindl mit heißem Pflanzenfett auf dem Herd scharf angebraten und mit etwas durchpassierter Beizflüssigkeit abgelöscht.
4. Bei 180–200 Grad im Rohr weiterschmoren lassen und von Zeit zu Zeit Beizflüssigkeit nachgießen. Bratzeit etwa 1 Stunde.
5. Das Fleisch wird aus dem Reindl genommen und in Alufolie warmgehalten.
6. In den Bratfond wird ein Mehlteigerl (Mehl mit kaltem Wasser verquirlt) eingerührt und aufgekocht. Mit Kirschlikör und Rahm verfeinern und mit Salz und Pfeffer abschmecken. Dazu gibt´s Preiselbeeren.

Hildegard Berghammer, Pfarrei St. Magdalena, 82256 Fürstenfeldbruck

Desserts und Marmeladen, Weine und Bowlen

Quarkapfelplätzchen

1. Aus Mehl, Backpulver, Salz, Zucker, Eigelb, Quark und Milch einen glatten Pfannkuchenteig rühren.
2. Eiweiß steifschlagen und unterheben.
3. Apfelstückchen in den Teig geben.
4. Masse portionsweise in einem kleinen Pfännchen goldgelb ausbacken.
5. Quarkapfelplätzchen mit Zucker und Zimt bestreuen.
6. Vanillesoße nach Vorschrift zubereiten und zu den Plätzchen reichen.

Hedwig Demmer, Pfarrhaushälterin bei Bischof Reinhard Lettmann, 48143 Münster

150 g Mehl
2 TL Backpulver
1 Prise Salz
2 Eier, getrennt
etwas Milch
2 TL Zucker
250 g Quark
5 bis 6 Äpfel geschält, in Stücke geschnitten
Fett zum Ausbacken
2 Pck. Vanille-Soßenpulver
Zucker und Zimt zum Bestreuen

Milchsuppe

1. Mehl mit etwas Wasser glattrühren.
2. Milch mit 2 EL Zucker und dem Salz zum Kochen bringen.
3. Mehlteiglein unter Rühren in die Milch einlaufen lassen und kochen. Topf vom Herd nehmen.
4. Eiweiß zu steifem Schnee schlagen und dabei 1 EL Zucker einrieseln lassen. Mit einem Löffel Nockerl abstechen, auf die heiße Suppe geben, Topf zudecken und etwas ziehen lassen.

Marlene Beul, 56479 Rehe, entnahm dieses Rezept einem handgeschriebenen Kochbüchlein ihrer Tante aus den Jahren 1931–1932. Diese betreute ihren Bruder an seiner ersten Pfarrstelle in Marienhausen im Westerwald.

1 EL Mehl
etwas Wasser
1/2 l Milch
3 EL Zucker
1 Prise Salz
1 Eiweiß

Desserts

Versoffene Jungfrauen

Für die Nocken:
6 Eier, getrennt
6 EL Zucker
7 EL Mehl
Fett zum Ausbacken

Für die Soße:
1 l Rotwein
1 Stange Zimt
50 g Zucker

1. Eigelb mit Zucker schaumig rühren, Mehl dazusieben und untermengen.
2. Eiweiß zu steifem Schnee schlagen und unterheben.
3. Mit einem Löffel Nocken ins heiße Fett geben, backen, auf Küchenkrepp abtropfen lassen und in eine vorgewärmte Schüssel geben.
4. Wein mit Zucker und der Zimtstange erhitzen und über die Nocken gießen.

Helene Marsmann, 81825 München, ist im Besitz der handgeschriebenen Klosterrezepte ihrer verstorbenen Taufpatin aus der Zeit von 1908-1910, als diese von den Altöttinger Schwestern vom Heiligen Kreuz in die Geheimnisse der Kochkunst eingeführt wurde.

Hagebuttenwein

5 kg Hagebutten
2 1/2 kg Zucker
6 1/2 l Wasser

1. Zucker in kochendem Wasser auflösen und abkühlen lassen.
2. Blumen und Stiel von den Hagebutten entfernen und die Früchte in eine Korbflasche füllen.
3. Zuckerwasser kalt auf die Hagebutten schütten und die Öffnung der Korbflasche mit einem Leinenlappen umwickeln, damit der Korb beim Gärprozeß nicht durchnäßt wird (der Wein gärt 4 – 5 Monate).
4. Während der Gärzeit muß man zuweilen mit Zuckerwasser nachgießen, damit der Krug bis zum Rand gefüllt bleibt.
5. Wenn man den Hagebuttenwein hernach in Flaschen füllt, muß er fest verkorkt werden. Dann hält er sich jahrelang.

Maria Soddemann, 48308 Ottmarsbocholt-Senden, fand dieses Rezept im Kochbuch ihrer verstorbenen Tante, Josefine Peters, die 1924 im Pfarrhaus Ostenfelde für einige Zeit als Küchenpraktikantin tätig war.

Desserts

Köstliche Pfarrhauskonfitüren:

Hagebutten-Orangen-Marmelade

1. Hagebutten waschen, Blüten und Stiele entfernen, knapp mit Wasser bedeckt 20–30 Minuten kochen (eventuell mit Wasser nachfüllen, wenn es verdampft).
2. Fruchtmasse durch ein feines Sieb streichen, so daß nur mehr die Härchen und Kerne zurückbleiben.
3. Fruchtbrei abwiegen und mit Orangensaft und Gelierzucker mischen (1 kg Frucht auf 1 kg Gelierzucker).
4. Unter Rühren 4 Minuten sprudelnd kochen. Die Masse heiß in Gläser füllen und verschließen.

2 kg Hagebutten (möglichst weich)
Wasser
1/4 l Orangensaft (auf 700 g Fruchtbrei)
1 kg Gelierzucker

Weintrauben-Sekt-Gelee

1. Die Weintrauben waschen, abzupfen und mit nur wenig Wasser kochen.
2. Durch ein Sieb pressen und den Fruchtsaft sammeln.
3. Saft und Sekt (insgesamt 1 l) sowie 1 kg Gelierzucker in einen Topf geben.
4. Unter ständigem Rühren 3 Minuten sprudelnd kochen lassen. Noch heiß in Gläser füllen und verschließen.
5. Zur Gelierprobe einen Tropfen Gelee auf einen kalten Teller geben und kühlstellen. Der Tropfen muß nach dem Erkalten fest werden.

1,5 kg blaue Weintrauben
1 kg Gelierzucker
1/8 l Sekt

Die Geschichte zum Rezept:
Beim Zahnarzt fing es an, die Geschichte mit dem „Traubenmarmalad", wie wir in Bayern sagen. Ich saß auf dem Behandlungsstuhl. Der Blick ging durchs Fenster vor mir und ich sah – geradezu eine südländische Vision – in der Sonne Weinranken mit sattgrünen Blättern ums Fenster wachsen. In einer Behandlungspause wagte ich, nach diesem Gewächs da draußen zu fragen, und erfuhr zu meinem Erstaunen, daß es ein gut tragender echter Weinstock sei – mit dunklen Trauben. „Ja gibt's denn sowas auch?" konnte ich noch antworten. Dann hieß es wieder „Mund auf – die Behandlung geht weiter".
Im Spätherbst ließ der Herr Doktor einige Früchte des Weinstocks ins Pfarrhaus bringen. Dort wurde nicht Wein daraus gegoren, wie man es von Trauben eigentlich erwartet, sondern die Pfarrhausfrau machte diese köstlich schmeckende Marmelade daraus.

Hildegard Berghammer, Pfarrei St. Magdalena, 82256 Fürstenfeldbruck

Desserts

Quarkpolster mit Apfelsoße

80 g weiche Butter
200 g Zucker
4 Eier, getrennt
1/2 Zitronenschale, gerieben
1 Prise Salz
1 Pck. Vanillezucker
1 Msp. Zimt
3 EL Haselnüsse, gemahlen
500 g Quark
1/8 l Milch
50 g Kartoffelmehl
Fett und Brösel für die Form

1. Aus Butter, Zucker und Eigelb eine Schaummasse herstellen. Nach und nach die weiteren Zutaten mit Ausnahme der verbliebenen Eiweißmenge hinzugeben.
2. Eiweiß zu festem Schnee schlagen und sorgfältig unter die Masse ziehen.
3. Alles in eine gefettete und gebröselte Form geben und bei 180–200 Grad 60 Minuten backen.

Dazu gibt es Apfelsoße (siehe nachstehendes Rezept).

Apfelsoße

1/2 l naturtrüber Apfelsaft
1 EL Zitronensaft
1 Prise Salz
1/2 Zimtstange
1 TL Vanillezucker
Zucker nach Belieben

Zum Andicken:
2 EL Speisestärke
50 ml Weißwein

1. Apfelsaft mit den angegebenen Geschmacksstoffen zum Kochen bringen.
2. Speisestärke mit Weißwein anrühren und mit dem Schneebesen in die Apfelsoße schlagen, bis sie angedickt ist.

Agnes Menzinger, Pfarrei Heilig Geist, 86163 Augsburg

Gebäck

Apfel-Wein-Torte

1. Aus den angegebenen Zutaten Mürbeteig kneten, Teig in eine Folie wickeln und 60 Minuten im Kühlschrank ruhen lassen.
2. Teig ausrollen und eine gefettete Springform damit belegen.
3. Äpfel schälen, entkernen und in kleine Scheiben schneiden.
4. Vanillepudding mit ein wenig Wasser zu einem glatten Brei anrühren.
5. Apfelscheiben, Wein und Zucker aufkochen, den Pudding unterrühren und nochmals aufkochen.
6. Masse abkühlen lassen, auf den Mürbeteig geben und bei 200 Grad auf der untersten Schiene des Ofens 60 Minuten backen. Aus der Form nehmen und auf einem Kuchengitter einen Tag stehen lassen.
7. Am Tag darauf Sahne mit Sahnesteif schlagen und großzügig auf dem Kuchen verteilen.
8. Butter in einem Pfännchen zerlassen, Zucker einrühren und Mandelstifte darin rösten. Kurz abkühlen lassen, zerbröseln und über den Kuchen streuen.

Gerhardine Vallendar, Pfarrei St. Clemens, 41749 Viersen-Süchteln

Für den Mürbeteig:
250 g Mehl
100 g Zucker
2 Pck. Vanillezucker
100 g Margarine
1 Ei
1 TL Backpulver
Frischhaltefolie

Für den Belag:
1 kg Boskop
2 Pck. Pudding (Vanille)
0,7 l Weißwein
250 g Zucker

Zum Garnieren:
1/2 l Sahne
2 Pck. Sahnesteif
1/2 EL Butter
1/2 EL Zucker
50 g Mandelstifte

Gebäck

Sehr feiner Apfelkuchen

Für den Rührteig:
1 Tasse Mehl
1 Tasse Zucker
1/2 Tasse Öl
1/2 Pck. Backpulver
4 Eier, getrennt

Für den Belag:
1 kg Äpfel, geschält, entkernt, halbiert
150 g Butter, zerlassen
1 Pck. Vanillezucker
150 g Puderzucker

1. Eigelb, Zucker und Öl miteinander verquirlen, Mehl mit Backpulver mischen und daruntermengen.
2. Eiweiß zu steifem Schnee schlagen und sorgfältig unter die Masse heben.
3. Teig in eine gefettete Springform füllen, mit Apfelhälften belegen und im vorgeheizten Rohr etwa 30 Minuten bei 175 Grad backen.
4. Kuchen auskühlen lassen. Den erkalteten Apfelbelag üppig mit zerlassener Butter einstreichen und mit Vanillezucker bestreuen. Wenn die Butter fest ist, Puderzucker darübersieben.

Ingeborg Volfova, Pfarrei Heilig Kreuz, 13053 Hohenschönhausen

Hochfeine Apfeltorte

Für den Biskuitboden:
3 Eier, getrennt
140 g Zucker
40 g Mehl
40 g Speisestärke
1 TL Zitronensaft
1 Prise Salz

Für den Belag:
1 1/2 kg Äpfel (säuerlich)
1 Gläschen Rum
Saft einer halben Zitrone
1 TL Zucker (bei Bedarf)
1/4 l Sahne

Zum Garnieren:
8–12 Merinken (Baiser) vom Bäcker

1. Für den Tortenboden Eiweiß und Salz mit dem Handrührgerät zu Schnee schlagen, Zucker einrieseln lassen und weiterschlagen, bis er sich gelöst hat.
2. Eigelb untermischen, das Mehl, die Speisestärke und den Zitronensaft dazugeben.
3. Masse auf gefetteten und bemehlten Springformboden geben und bei 190 Grad 15–20 Minuten backen. Erkalten lassen.
4. Äpfel schälen, entkernen und grob hobeln.
5. Die Äpfel mit einem Gläschen Rum und Zitronensaft beträufeln. Wenn die Äpfel sehr sauer sind, nach Bedarf mit etwas Zucker vermischen.
6. Die Apfelmasse auf den Tortenboden geben und mit dem Rücken eines Löffels so glattstreichen, daß die Torte in der Mitte leicht erhöht ist.
7. Sofort ungezuckerte Sahne sehr steifschlagen. Mit einem Teil davon die Apfelmasse völlig bedecken, damit die Äpfel nicht braun werden.
8. Merinken schön angeordnet auf die Torte setzen oder grob zerkleinert über die Torte streuen.
9. Die übrige Schlagsahne mit der Spritze auf der Torte verteilen. Im Kühlschrank gut durchziehen lassen.
Diese Torte ist der Star auf allen Pfarrfesten.

Hedwig Bläsi, Pfarrei Herz Jesu, 74906 Bad Rappenau

Gebäck

Käsekuchen auf dem Blech

1. Mit Backpulver vermischtes Mehl, Fett, Eier, Zucker und Vanillezucker zu einem Mürbeteig verkneten. 60 Minuten zugedeckt im Kühlschrank ruhen lassen.
2. Blech einfetten und den Teig darauf verteilen. Den Rand sorgfältig hochziehen.
3. Zucker, Quark, Vanillesoßenpulver, Eier und Vanillezucker verrühren. Öl, Milch und saure Sahne nach und nach zugeben. Belag auf den Teigboden streichen.
4. Mandarinenscheiben gut abtropfen lassen, den Quark damit belegen.
5. Bei 200 Grad in der mittleren Schiene 30 Minuten backen.
6. Aus Mandarinensaft und Tortengußpulver (klar) einen Guß herstellen. Auf dem warmen Kuchen verstreichen.

Isolde Gerke, 58091 Hagen, erbte dieses alte Rezept von der inzwischen verstorbenen Pfarrersköchin Margarete Schiebel aus Heimertingen.

Für den Mürbeteig:
375 g Mehl
2 TL Backpulver
100 g Margarine oder Butter
2 Eier
200 g Zucker
1 Pck. Vanillezucker

Für den Belag:
250 g Zucker
1 kg Quark
2 Pck. Soßenpulver (Vanille)
4 Eier
1 Pck. Vanillezucker
6-7 EL Öl
1/4 l Milch
1 Becher saure Sahne
2 Dosen Mandarin-Orangen

Für den Guß:
1/4 l Dosensaft von Mandarinen
1 Pck. Tortenguß

Gebäck

Käsekuchen

Für den Knetteig:
65 g Butter
1 Ei
65 g Zucker
150 g Mehl
1 TL Backpulver

Für den Belag:
1 kg Quark
1/2 l Milch
4 Eier, getrennt
2 Pck. Pudding (Sahnegeschmack)
Vanillezucker
2 Msp. Backpulver
300 g Zucker
2 TL Zitronensaft

1. Butter und Ei verrühren, Zucker zugeben, Mehl und Backpulver dazumengen, alles gut verkneten, kaltstellen.
2. Quark, Milch und Eigelb miteinander vermischen, Puddingpulver und Vanillezucker, Backpulver und Zucker dazurühren, Zitronensaft zugeben.
3. Eiweiß zu festem Schnee schlagen und vorsichtig unter den Quarkbelag heben.
4. Springform einfetten, mit Knetteig belegen, Rand hochziehen.
5. Belag auf dem Teigboden verstreichen und Form in den kalten Backofen auf die mittlere Schiene schieben. Bei 160 Grad 2 Stunden backen.

Helga Schindler, Altenpflegerin im St. Vinzenz Kloster, 64646 Heppenheim, verdankt dieses Rezept der verstorbenen Pfarrhaushälterin Else Löffler, Pfarrei St. Peter, Heppenheim.

Kartoffeltorte

625 g gekochte Kartoffelmasse
16 Eier, getrennt
400 g Zucker
2 Pck. Vanillezucker
Schale 1 Zitrone, abgerieben
Zitronensaft
125 süße Mandeln, gemahlen
20 g bittere Mandeln, gemahlen
2 EL Kartoffelmehl
Butter und Brösel für die Form

1. Etwa 750 g Kartoffeln kochen. Nach dem Erkalten schälen und reiben.
2. Eigelb mit Zucker und Vanillezucker sehr schaumig rühren. Zitronensaft, Zitronenschale und Mandeln zugeben, Kartoffelmehl darübersieben und sorgfältig unterrühren.
3. Nach und nach die Kartoffelmasse vorsichtig hinzufügen.
4. Eiweiß zu steifem Schnee schlagen und unterziehen.
5. Backofen auf 170 Grad vorheizen. Kartoffelmasse in eine gefettete und gebröselte Springform einfüllen und ohne das Backrohr zu öffnen 90 Minuten backen.

Evi Freudenberg, 82178 Puchheim, erhielt dieses üppige Rezept von der inzwischen verstorbenen Pfarrköchin Käthe Doff, Pfarrei St. Christoph, München.

Gebäck

Pastorentorte

1. Eier mit warmem Wasser, Zucker und Vanillezucker zu einer cremig-weißen Schaummasse rühren.
2. Mehl mit Backpulver und Stärkemehl mischen und darübersieben. Sachte unterziehen.
3. Teigmasse in eine Springform füllen, die nur am Boden gefettet und mit Mehl bestäubt ist, und 40 – 50 Minuten im vorgeheizten Backofen bei 170 Grad backen. Tortenboden auf Kuchengitter auskühlen lassen.
4. Sahne mit Sahnesteif schlagen, Puderzucker, Kaffee und Rum dazugeben, nochmal steifschlagen.
5. Den Tortenboden zweimal durchschneiden. Den unteren Boden mit Sahne-Kaffee-Masse bestreichen. Zweiten Boden daraufsetzen, zuerst mit Sahne-Kaffee-Masse, dann mit Aprikosenmarmelade und wieder mit Sahne-Kaffee-Masse bestreichen. Deckel daraufsetzen.
6. Tortenoberfläche und Tortenrand mit dem Rest der Sahne-Kaffee-Masse bestreichen. Mit Schokoraspeln verzieren, zwei Tage im Kühlschrank durchziehen lassen.

Klara Batke, 58791 Werdohl, hat dieses Rezept von Fräulein Rotkord, ehemals eine der vier Pfarrhaushälterinnen des Ortes.

Für das Biskuit:
4 Eier
2 El warmes Wasser
150 g Zucker
1 Pck. Vanillezucker
150 g Mehl
50 g Stärkemehl
1 TL Backpulver

Für die Füllung:
4 Becher Sahne
5 Pck. Sahnesteif
3 – 4 EL Puderzucker
3 EL Rum
1 Döschen Nescafé
1 kleines Glas Marmelade (Aprikosen), mit 2 EL Aprikosenlikör verrührt
Schokoraspeln zum Verzieren

Radionudeln nach Wienerart

1. Milch mit Butter und Salz aufkochen, das mit Backpulver vermischte Mehl mit einem Mal dazugeben und mit dem Spatel schnell durcharbeiten, bis sich der Brandteig vom Boden löst. Topf vom Herd nehmen.
2. Nach und nach die Eier in den Teig einarbeiten.
3. Mit einem Eßlöffel Nockerl abstechen und in Fett schwimmend ausbacken. Auf Küchenkrepp abtropfen lassen.
4. Nudeln mit der Gabel auf einer Seite aufreißen, mit Marmelade füllen und in Schokospänen wälzen.

Kathi Gmeindl, 83022 Rosenheim, ist seit 61 Jahren Pfarrhaushälterin. Vor ihrem Ruhestand war sie 43 Jahre in der örtlichen Pfarrei St. Nikolaus tätig.

1/4 l Milch
120 g Butter
Salz
140 g Mehl
1 Pck. Backpulver
3 – 4 Eier
Fett zum Ausbacken
Küchenkrepp
Himbeermarmelade zum Füllen
Schokospäne zum Wälzen

Gebäck

Möhrenkuchen

Für den Teig:
300 g Möhren, geraspelt
2 EL Zitronensaft
5 Eier, getrennt
4 EL heißes Wasser
200 g Zucker
1 Pck. Vanillezucker
1 Prise Salz
250 g Haselnüsse, gemahlen
80 g Semmelbrösel
1/2 TL Backpulver
1/2 TL Zimt
1 EL Rum
1 TL Zitronenschale, gerieben

Für den Guß:
200 g Puderzucker
1 EL Kakao
2 EL Rum
4 EL heißes Wasser
Orangenschalen, in Streifen, hauchdünn geschält

1. Sehr fein geraspelte Möhren mit Zitronensaft beträufeln.
2. Eigelb mit heißem Wasser schaumig rühren, nach und nach mit Zucker und Vanillezucker zu einer cremigen Masse verrühren.
3. Eiweiß mit Salz zu festem Schnee schlagen, über die Eigelbmasse geben.
4. Haselnüsse, Semmelbrösel, Backpulver, Zimt , den Rum und die geriebene Zitronenschale darübergeben und alles vorsichtig vermengen.
5. Masse in eine gefettete Springform füllen, bei 160 Grad eine Stunde backen.
6. Aus Puderzucker, Kakao, Rum und heißem Wasser einen cremigen Guß bereiten, Oberseite und den Rand des erkalteten Kuchens dick damit bestreichen.
7. Mit Orangenschalenstreifen (1 mm breit, 2 cm lang) verzieren und mindestens 2 Tage an einem kühlen Ort stehen lassen.

Marianne Kessler, Dekanatsleiterin der Berufsgemeinschaft der Pfarrhaushälterinnen in der Erzdiözese Freiburg, betreut die Pfarrei St. Josef, 68163 Mannheim.

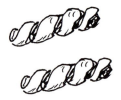

Winzer-Stangen

150 g Mehl
100 g Butter
100 g Gouda, gerieben
4 EL saure Sahne
1 EL Kümmel
1 Prise Salz
1 Eigelb zum Bestreichen

1. Mehl in eine Schüssel sieben, weiche Butter, Käse, saure Sahne, Kümmel und Salz zufügen und gut verkneten. 30 Minuten zugedeckt im Kühlschrank ruhen lassen.
2. Auf einer bemehlten Arbeitsfläche eine 1/2 Zentimeter dicke Teigplatte ausrollen, etwa 1 1/2 cm breite und 12 cm lange Streifen ausschneiden und zu Spiralen drehen.
3. Ein Blech mit Backpapier auslegen, die Stangen mit ein wenig Abstand voneinander daraufsetzen.
4. Eigelb verrühren, die Käseteilchen damit bestreichen und im vorgeheizten Rohr bei 220 Grad etwa 10 Minuten backen.

Maria Kühn, 65599 Dornburg, hat dieses Rezept von Sophie Steinbrech, Pfarrhaushälterin in der örtlichen Pfarrei St. Martin/Frickhofen.

Gebäck

Zwetschgenkuchen von getrockneten Früchten

1. Mehl und Zucker auf einem Backbrett vermischen, Butter in Flöckchen darauf verteilen und mit dem Messer unterhacken. Ei, Salz und saure Sahne zugeben und mit einer Gabel leicht vermischen. Mit kalten Händen rasch zu einem glatten Teig kneten und mit einem Tuch bedeckt über Nacht kaltstellen.
2. Zwetschgen mit Wein, Zucker und Zitronenstückchen aufkochen und im Mixer zu einem Mus pürieren.
3. Den Teig ausrollen und eine kalte Springform damit belegen. Zwiebackbrösel auf den Teig streuen, erkaltetes Zwetschgenmus daraufgeben, mit Zimt bestreuen und im vorgeheizten Ofen 25 Minuten bei 200 Grad backen.

Sofia Huhmann, 33142 Büren, bekam dieses Rezept, anno 1850, von Hedwig Herting, ehemals Pfarrhaushälterin in St. Johannes Baptist, Siddinghausen-Büren.

Für den Teig:
500 g Mehl
2 EL Zucker
265 g kalte Butter
1 Ei
1/2 TL Salz
150 g saure Sahne

Für die Füllung:
500 g getrocknete Zwetschgen, entsteint
0,25 l Rotwein
150 g Zucker
1 Zitronenhälfte, geschält, in kleine Stücke geschnitten
gestoßener Zwieback zum Bestreuen
1 TL Zimt

Eiweißbrot

1. Eiweiß zu Schnee schlagen, Zucker und Mandeln dazugeben und eine Viertelstunde rühren, die zerlassene Butter und das Mehl langsam einrühren.
2. Eine gefettete Kastenform leicht bröseln und Masse einfüllen. Zunächst bei 175 Grad 25 Minuten backen, dann noch etwa 5 Minuten bei 200 Grad fertigbacken.

Marianne Zierer, Pfarrei Maria Himmelfahrt, 90584 Allersberg, notierte sich dieses alte Rezept in ihrem Kochbuch aus den Jahren 1939/40.

6 Eiweiß
280 g Zucker
55 g halbbittere Mandeln, gerieben
55 g halbsüße Mandeln, gerieben
150 g zerlassene Butter
120 g Mehl
Fett und Brösel für die Form

Gebäck

Hefe-Mürbeteig

250 g Mehl
80 g Zucker
125 g kalte Butter
20 g Hefe
1/8 saure Sahne
Salz

1. Mehl auf ein Backbrett sieben, kalte Butter auf dem Mehl zu Stückchen hacken.
2. Mehl anhäufeln und in die Mitte eine Mulde drücken. Zerbröckelte Hefe, Zucker und Salz in saurer Sahne auflösen, in die Mehlmulde schütten, alles zu einem festen Teig verkneten und an einem kühlen Ort 30 Minuten ruhen lassen.
3. Teig ausrollen, mit Obst bestücken, im Rohr bei 175 Grad backen (Hölzchenprobe!).
Variante: Dieser Teig eignet sich zum Beispiel für Äpfel im Schlafrock und – ohne Zucker – als „Verkleidung" für Würstchen oder Gemüse. Mit Dosenmilch bestreichen, Kümmel oder Sesam darüberstreuen, bei 200 Grad backen.

Sofie Devers, Pfarrei Heilig Kreuz, 35781 Weilburg

Grammelpogatscherl

3 EL Weißwein
30 g Germ (Hefe)
500 g Mehl
1/10 l Sauerrahm
50 g Schmalz vom Schwein
1 Prise Zucker
350 g Grammeln (Grieben), feingehackt
1 Ei zum Bestreichen
Salz und Kümmel zum Bestreuen

1. Weißwein erwärmen, Germ darin auflösen und zu einem Weißweindampfl gehen lassen.
2. Mehl auf ein Brett sieben, in die Mitte eine Mulde drücken, das Weindampfl hineingießen, etwas Mehl darübersieben und wieder gehen lassen.
3. Sauerrahm, Schmalz und Zucker zum Mehl geben und zu einem mürben Teig verarbeiten. 1 1/2 Stunden an einem warmen Ortrasten lassen.
4. Den Teig 1 cm dick auswalken und die Grammeln gleichmäßig darauf verteilen.
5. Wie beim Blätterteig üblich, diesen Teig 2–3 mal zusammenschlagen und wieder auswalken, schließlich nochmals 1 cm dick auswalken.
6. Mit einem kleinen Wasserglas Krapferl ausstechen und mit Ei bestreichen. Salz und Kümmel darüberstreuen und bei 190 Grad hellbraun backen.

Rosa Lehner, Pfarrei Sankt Margarethen, A-7062 St. Margarethen/Österreich, bäckt diese kroatische Spezialität besonders gern in der kalten Jahreszeit.

Gebäck

Grödner Kirchtagskrapfen
(Crafons da pavèl)

1. Für das Dampfl (Vorteig) in einer großen Schüssel zerbröckelte Hefe, 3 EL lauwarme Milch, je 1 TL leicht erwärmtes Mehl und Zucker miteinander vermischen (alle Zutaten müssen gleich warm sein). Etwas Mehl darüberstauben und an einem warmen Ort etwa 10–15 Minuten rasten lassen.
2. Flüssige Butter und Rum, das restliche Mehl und den Zucker, Vanillezucker, Salz und Eidotter so schnell wie möglich darunterkneten.
3. Gut abschlagen, bis der Teig geschmeidig ist. Nochmals rasten lassen, bis der Teig die doppelte Menge erreicht hat.
4. In der Zwischenzeit Füllung zubereiten. Milch und Zucker zum Kochen bringen, Mohn und Zitronenschale dazugeben und unter kräftigem Rühren zu einem Brei einkochen.
5. Den Honig einrühren, dann die Masse erkalten lassen.
6. Den Hefeteig auf ein mit Mehl bestreutes, vorgewärmtes Backbrett legen, 1 cm dick ausrollen, Kreise von etwa 10 cm Durchmesser ausstechen.
7. Füllung auf die eine Teighälfte setzen, die andere halbmondförmig darüberschlagen und an den Rändern fest zusammendrücken.
8. Nochmals mit einem Tuch bedeckt kurz gehen lassen.
9. Backfett erhitzen, Krapfen in das heiße Fett legen, auf beiden Seiten etwa 10 Minuten goldbraun backen.
10. Mit der Schaumkelle herausheben, auf Küchenkrepp abtropfen lassen. Reichlich Staubzucker darübersieben.

Mathilde Haas, Pfarrei Zur Erscheinung des Herrn, I-39046 St. Ulrich/Südtirol

Für den Teig:
500 g Mehl
40 g Hefe
80 g flüssige Butter
80 g Zucker
4 Eidotter
1/4 l Milch, lauwarm
Salz
1 Pck. Vanillezucker
1 TL abgeriebene Zitronenschale
1 EL Rum
etwa 800 g Backfett
Staubzucker zum Bestreuen

Für die Füllung:
1/4 l Milch
300 g Zucker
300 g Mohn, gemahlen
1 TL abgeriebene Zitronenschale
4 EL Honig

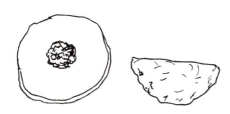

Gebäck

Kirchweihnudeln

Für den Teig:
1 kg Mehl
1 Würfel Hefe (42 g)
1/8–1/4 l Milch
100 g Zucker
2 Pck. Vanillezucker
4–5 Eier
125 g Rosinen
etwas Salz
flüssige Butter
zum Bestreichen

Zum Ausbacken:
Wasser
Butterschmalz
Biskin

1. Mehl in eine Schüssel geben und eine Grube in die Mitte drücken.
2. Milch erwärmen, Hefe darin auflösen und an einem warmen Ort gehen lassen.
3. Den so entstandenen Hefevorteig in die Mehlgrube schütten und untermengen.
4. Zucker, Vanillezucker, Eier, Rosinen und Salz zufügen und zu einem mittelfesten Hefeteig abschlagen. Warm stellen, zudecken und gut gehen lassen.
5. Teig zu Nudeln (Bällchen) formen, zudecken und erneut gehen lassen.
6. Jede Nudel flachdrücken und mit Butter bestreichen. Vom Teigrand her im Uhrzeigersinn 4 Spitzen drehen (siehe Zeichnung). Mit den Spitzen nach unten Nudeln auf ein Tuch legen und zugedeckt nochmals gehen lassen.
7. In einem großen Topf 1 Schöpflöffel Wasser (1/8 l) mit soviel Butterschmalz und Biskin langsam erwärmen, daß der Topf etwa 3 cm hoch gefüllt ist.
8. In das leicht brödelnde Fettgemisch die Teigstücke mit den Spitzen nach unten einlegen und 30 Minuten bei mittlerer Hitze zugedeckt kochen lassen.
9. Nudeln umdrehen und ohne Deckel fertigkochen, bis sie schön braun sind.

Agnes Menzinger, Pfarrei Heilig Geist, 86163 Augsburg

Menüs

Menü für Diabetiker

Salatteller
Weiße Zwiebelsuppe à la Roquefort
Seelachs im Gemüsebett
Apfel-Zwetschgen-Kompott

Salatteller

1. Eine Marinade aus Zitrone, Süßstoff, Salz, Pfeffer und Öl herstellen. Kräftig verrühren.
2. Über Salatstreifen, Tomatenwürfel und Gurke gießen und durchziehen lassen.

600 g Eisbergsalat, in Streifen geschnitten
2 Tomaten, kleingewürfelt
300 g grüne Gurke, geraspelt
Süßstoff, flüssig
4–6 EL Zitronensaft
Salz, Pfeffer
2 TL Öl

Weiße Zwiebelsuppe à la Roquefort

1. Zwiebelringe in heißem Öl anbraten und Knoblauch zu den Zwiebeln geben.
2. Sobald die Zwiebeln glasig sind, die Brühe angießen und etwa 30 Minuten köcheln lassen.
3. Zwei Drittel der Käsewürfel mit den Schnittlauchröllchen nach und nach in die Suppe geben und gut umrühren.
4. Ist der Käse geschmolzen, langsam das verquirlte Ei einrühren. Mit Pfeffer gut abschmecken und den restlichen Käse darüberstreuen.
(Pro Person 310 kcal.)

500 g weiße Zwiebeln, in Ringen
2–3 EL Öl
2 Knoblauchzehen, gepreßt
1 l Fleischbrühe
150 g Roquefort, kleingewürfelt
1 Bund Schnittlauch, in Röllchen
1 Ei, verquirlt
schwarzer Pfeffer

Menüs

Seelachs im Gemüsebett

1 Stange Sellerie, in feinen Streifen
1 Stange Lauch, in feinen Streifen
1 Möhre, in feinen Streifen
1/4 l Wasser
1/8 l Weißwein, trocken
2 Lorbeerblätter
4 Seelachsfilets (jeweils 150 g)
Saft einer halben Zitrone
Salz, weißer Pfeffer
1 – 2 EL Margarine

1. Die verschiedenen Gemüsestreifen in eine feuerfeste Form legen. Weißwein und 1/4 l Wasser zugießen, Lorbeerblätter dazugeben. Den Ofen auf 200 Grad vorheizen.
2. Die Seelachsfilets kalt abwaschen, trockentupfen und mit Zitronensaft beträufeln. Salzen und pfeffern. Seelachsfilets auf dem Gemüse verteilen und die Margarine in Flöckchen daraufsetzen.
3. Deckel auf die Form legen und diese auf den Boden des Backofens stellen. Im vorgeheizten Ofen etwa 20 Minuten köcheln lassen.
4. Mit Salz, Pfeffer und Wein abschmecken.
Als Beilage passen Petersilienkartoffeln besonders gut.
(Pro Person: 240 kcal.)

Apfel-Zwetschgen-Kompott

400 g Zwetschgen, halbiert, entsteint
2 mittelgroße Äpfel, geschält, in Spalten geschnitten
1/4 l Orangensaft
Saft und Schale einer halben Zitrone
1 – 2 Gewürznelken
3 – 4 EL Zucker für Diabetiker

1. Die Zwetschgenhälften und Apfelspalten in Orangensaft mit einem Stückchen Zitronenschale, Nelken, Zucker und Zitronensaft gardünsten. Nach dem Abkühlen Nelken entfernen.
(Pro Person: 140 kcal.)

Die Geschichte zum Rezept:
Vor meinem Ruhestand, den ich erst kürzlich angetreten habe, war ich insgesamt 32 Jahre in Pfarrhäusern bei und in Ost-Berlin tätig. Davon 27 Jahre bei Pfarrer Johannes Masiak in Berlin-Friedrichhain. Mein Pfarrer war Diabetiker, und so kamen für mich längst nicht alle Rezepte in Betracht. Mit der Wende gab es mehr Möglichkeiten, abwechslungsreich zu kochen, und es machte richtig Spaß, bunte Blattsalate anrichten zu können, die speziell für Diabetiker vor dem Mittagsmahl ein Muß sind.

Anna-Maria Garske, Pfarrei St. Pius V., 10243 Berlin-Friedrichhain, ist Vorsitzende der Pfarrhaushälterinnen des Bistums Berlin.

Menüs

Menü zur Erntezeit

Bratwürstchen in Blätterteig
Zucchini-Tomaten-Auflauf
Herrencreme

Bratwürstchen im Blätterteig

1. Die Blätterteigscheiben einzeln auf eine bemehlte Arbeitsfläche legen und auftauen lassen. Rechtecke dünn ausrollen und halbieren.
2. Champignons in Butter anbraten. Salzen, pfeffern und die Petersilie untermischen.
3. Bratwürste ausstreichen, die Masse mit den Champignons gut vermengen.
4. Aus dieser Masse 10 kleine Würstchen formen und jeweils auf die Blätterteigscheiben legen. Den Rand des Teiges mit Wasser bestreichen, an den Seiten zuklappen, aufrollen und sorgfältig andrücken.
5. Den Backofen auf 220 Grad vorheizen.
6. Teigtaschen auf ein mit Backpapier ausgelegtes Blech setzen, mit verquirltem Eigelb bestreichen und auf der mittleren Schiene 15–20 Minuten backen.

1 Pck. Blätterteig, tiefgefroren
200 g Bratwurst
200 g Champignons, feingehackt
1 EL Butter
Salz, Pfeffer
1/2 Bund Petersilie, feingehackt
1 Eigelb, zum Bestreichen
Backpapier

Menüs

Zucchini-Tomaten-Auflauf

2 Zwiebeln, in Würfel geschnitten
2 Knoblauchzehen, kleingehackt
2 EL Olivenöl
500 g Rinderhack
500 g Tomaten, enthäutet, in Würfel geschnitten
1 TL Rosmarin
Salz, Cayennepfeffer
750 g Zucchini, in Scheiben
2 EL Olivenöl
125 g Crème fraîche
50 g Roggen, geschrotet
50 g Gouda, gerieben

Zum Überbacken:
75 g Crème fraîche
Butter für die Auflaufform

1. Rinderhack mit den Zwiebelwürfeln und dem Knoblauch in Öl andünsten.
2. Tomatenwürfel zum Rinderhack geben. Mit Rosmarin und Gewürzen abschmecken.
3. Öl in einem anderen Topf erhitzen und die Zucchinischeiben scharf darin rösten.
4. Crème fraîche, Roggenschrot und Käse unterrühren.
5. In eine gut ausgebutterte Auflaufform lagenweise Zucchini-Masse und Hackfleischsoße einschichten. Die oberste Lage sollte aus Zucchini bestehen. Crème fraîche darüberstreichen und im vorgeheizten Backofen auf der mittleren Einschubleiste etwa 30 bis 35 Minuten bei 200 Grad backen.

Herrencreme

1/2 l Milch
1 Pck. Pudding ohne Kochen (Sahne- oder Vanillegeschmack)
1/2 l Sahne, steifgeschlagen
4 cl Rum oder süßer Sherry
100 g Schokoraspeln

1. Pudding nach Packungsanleitung zubereiten.
2. Schokolade und Rum (oder Sherry) unterrühren.
3. Schlagsahne vorsichtig unterziehen und bis zum Verzehr kühlstellen.

<small>Maria Wenzel, Pfarrhaushälterin bei Pfarrer Franke, Pfarrei St. Johannes Evangelist, 46047 Oberhausen</small>

BISCHOFSBESUCH

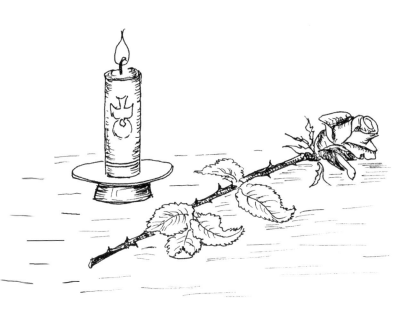

Bischofsbesuch

Sankt-Dionysius-Menü

Artischockenböden mit gebackenen Seezungenfilets
Schnelle Ochsenschwanzsuppe
Coq au vin
Heidelbeercreme
Kaffee

Artischockenböden mit gebackenen Seezungenfilets

8 Artischocken
Zitronensaft
zum Beträufeln
Salzwasser
250 g Champignons,
geviertelt
etwas Butter
500 g Filets von
der Seezunge
Olivenöl
zum Dünsten
und Ausbacken
Küchenkrepp
Pfeffer
Salz
500 g Kartoffeln,
in Scheiben
Zitronenscheiben
zum Garnieren

1. Stiele der Artischocken abbrechen und äußere Blätter entfernen. Artischocken mit Zitronensaft beträufeln und 10 Minuten in Salzwasser blanchieren. In kaltem Wasser abschrecken.
2. Artischocken aus dem Wasser nehmen, kopfüber abtropfen lassen und alle Blätter abzupfen, bis nur mehr der Artischockenboden übrigbleibt.
3. Die so gewonnenen Artischockenböden in Streifen schneiden, in Olivenöl andünsten und würzen. Auf Küchenkrepp abtropfen lassen.
4. Seezungenfilets salzen und pfeffern, ebenfalls in feine Streifen schneiden und in Olivenöl ausbacken.
5. Die rohen Kartoffelscheiben zu Pilzformen ausstechen und wie Pommes frites in sehr heißem Olivenöl ausbacken. Auf Küchenkrepp zum Entfetten legen.
6. Geviertelte Champignons leicht in Butter ausdünsten.
7. Alles auf einer Platte anrichten und nach Belieben mit Zitronenscheiben garnieren.

Bischofsbesuch

Schnelle Ochsenschwanzsuppe

1. Die Ochsenschwanzstücke in einem Schnellkochtopf gut in Fett anbraten.
2. Zwiebelwürfel und Karottenraspeln hinzufügen und kurze Zeit mitdünsten.
3. Mit heißer Fleischbrühe und trockenem Rotwein ablöschen.
4. Lorbeerblatt, Nelken, Wacholderbeeren, Salz, Pfeffer und Rosmarin zugeben.
5. Schnellkochtopf schließen und auf dem dritten Deckelring ziemlich genau 16 Minuten garen lassen.
6. Ochsenschwanz aus der Brühe nehmen und Fleisch von den Knochen lösen.
7. Brühe abseihen.
8. Mehl in der Margarine goldbraun rösten, mit der Brühe ablöschen und das kleingeschnittene Ochsenschwanzfleisch wieder dazugeben.
9. Mit Tomatenmark und trockenem Sherry verfeinern.

500 g Stücke vom Ochsenschwanz
10 g Bratfett
100 g Zwiebeln, gewürfelt
100 g Karotten, geraspelt
3/4 l Fleischbrühe (oder Würfel)
1/8 l Rotwein
1 Lorbeerblatt
2 Nelken
3 Wacholderbeeren
Salz, Pfeffer, Rosmarin
40 g Mehl
40 g Margarine
30 g Tomatenmark
1/4 l Sherry

Bischofsbesuch

 ## Coq au vin
(Hahn in Rotwein)

1 Hahn (1,6 kg), küchenfertig
1–2 Knoblauchzehen
Salz
75 g Butter
1/3 Weinglas edler Cognac
schwarzer Pfeffer, frisch gemahlen
2 Zwiebeln, feingewürfelt
2 Möhren, feingewürfelt
0,7 l Beaujolais
1 Lorbeerblatt
1 Zweig Thymian, kleingehackt

Für die Soße:
25 g Butter
25 g Mehl

Zum Garnieren:
25 g Butter
2 Scheiben Toastbrot

1. Den Hahn halbieren und Brüste und Keulen in je 2 Stücke schneiden, damit 8 Teile entstehen. Diese salzen und pfeffern.
2. Knoblauchzehen mit dem Messer zerdrücken, Salz darüber streuen und nochmals zerreiben.
3. Geflügelteile in heißer Butter ringsum anbraten, Weinbrand oder Cognac darübergießen, sofort anzünden (Achtung, hohe Flamme!) und abbrennen lassen.
4. Zwiebeln- und Möhrenwürfel zugeben und 5 Minuten zugedeckt dünsten.
5. Knoblauch, Wein, Lorbeerblatt und Thymian hinzufügen, salzen und zugedeckt bei milder Hitze 45 Minuten schmoren.
6. Für die Soße Butter mit Mehl verkneten, zuletzt einrühren und noch einmal aufkochen lassen.
7. Lorbeerblatt und Thymian herausnehmen.
8. Für die Garnitur Toastbrot in Herzform schneiden und in Butter rösch braten. Den angerichteten Coq au vin damit belegen. Dazu wird dieselbe Weinsorte getrunken. Als Beilage eignen sich Kroketten.

Bischofsbesuch

Heidelbeercrème

1. Die Sahne mit Sahnesteif, Puderzucker und Vanillezucker schlagen, den Quark unterrühren.
2. Heidelbeeren gut abtropfen lassen (ein paar zum Garnieren zurückbehalten), unter die Masse geben, in Schälchen füllen und nach Belieben verzieren.

250 g Sahnequark
2 Becher Sahne
2 Pck. Sahnesteif
50 g Puderzucker
1 Pck. Vanillezucker
1 Glas Heidelbeeren

Die Geschichte zum Rezept:
Dieses Festmenü zu Ehren von Sankt Dionysius tischte ich an einem 9. Oktober auf. Das ist das Namensfest des Heiligen, erster Bischof von Paris und Patron unserer Düsseldorfer Pfarrei.
Mein Pfarrer, Hochwürden Theodor Zeyen, lud zu diesem Anlaß ein paar geistliche Kollegen aus Frankreich zu einem festlichen Mahl ein. Es war klar, daß ich französisch kochen sollte, und zwar vom Feinsten. Ganz nach dem Motto:

Zum Patronatsfeste
für die hohen Herren nur das Beste.
Als einfaches Kind vom Lande
ich weder Artischocken noch Coq au vin kannte.
Doch probieren
geht über studieren.
Ich hatte viel Mut,
und es wurde gut.
Die zehn Herren zeigten sich sichtlich zufrieden,
denn täglich war ihnen kein Französisch-Menü beschieden.

Erna Meder, 52152 Simmerath-Rur /Eifel

Bischofsbesuch

Pfarrers Namenstags-Menü

Kaiserschöberlsuppe
Wiener Tafelspitz mit Schnittlauchsoße
und Apfelkren
Kartoffelplätzchen
Rohe Orangencreme

Kaiserschöberlsuppe

60 g Butter
3 Eier, getrennt
2 EL Milch
80 g Mehl
Salz, Muskat
50 g Reibkäse
Butter und Mehl
für das Backblech

1. Butter schaumig rühren. Nacheinander Eigelb, Milch und Mehl zugeben und gut miteinander verrühren.
2. Mit Salz und Muskat würzen und Reibkäse untermischen.
3. Verbliebenes Eiweiß zu festem Schnee schlagen und diesen unter die Masse heben.
4. Backblech buttern und mehlen, die Schöberlmasse 1 cm dick aufstreichen und im vorgeheizten Rohr bei 200–250 Grad goldgelb backen. Erkaltet in Würfel oder Rauten schneiden.
Diese Suppeneinlage mit der gut abgeschmeckten Brühe vom Tafelspitz übergießen.

Bischofsbesuch

Wiener Tafelspitz

1. Warm abgespülte Rinderknochen 30 Minuten in Salzwasser kochen, Schaum mit einer Kelle abschöpfen und das Fleisch mit dem Suppengrün in die kochende Brühe geben. Bei kleiner Hitze 1 1/2 -2 Stunden sieden lassen.
2. Gekochtes Fleisch aus der Suppe heben und in Alufolie wickeln.
3. Zum Garnieren die hier angegebenen Gemüsestifte etwa 4 Minuten in wenig Fleischbrühe und Butter garen.
4. Tafelspitz (am besten mit dem Elektromesser) gegen den Faserlauf in fingerdicke Scheiben schneiden und mit dem Gemüse auf einer vorgewärmten Platte anrichten. Mit ein wenig Suppe begießen.
Dazu gibt es Schnittlauchsoße, Kartoffelplätzchen und Apfelkren (siehe nachstehende Rezepte).

1200 g Tafelspitz
500g Knochen vom Rind
2 l Salzwasser
Suppengrün, zerkleinert
Alufolie

Zum Garnieren:
1 große Möhre, in Stifte gehobelt
1 Lauch, in feine Streifen geschnitten
1 kleines Stück Sellerie, in Stifte gehobelt
1 TL Butter
1 kleine Tasse Fleischbrühe

Schnittlauchsoße

1. Weißbrot in kalter Milch einweichen und gut ausdrücken.
2. Eigelb mit dem Weißbrot vermischen.
3. Unter ständigem Rühren Öl in kleinem Strahl beigeben, bis eine sämige Soße entsteht.
4. Mit Gewürzen abschmecken, Schnittlauchröllchen erst kurz vor dem Servieren unterrühren.

50 g Weißbrot, entrindet
6 EL Milch
2 Eigelb
100 ml Öl
Pfeffer und Salz
Zucker und Essig
2 Bund Schnittlauch, in Röllchen

Bischofsbesuch

Kartoffelplätzchen

500 g Pellkartoffeln, vom Vortag
Butterschmalz zum Ausbacken
etwas Salz

1. Kartoffeln schälen und grob reiben.
2. Kartoffelraspeln zu kleinen Plätzchen formen und im heißen Butterschmalz ausbacken.
3. Salzen und im Backofen warmhalten.

Apfelkren

Meerrettich, frisch gerieben
Apfelmus
Sahne, steifgeschlagen

1. Meerettich und Apfelmus zu gleichen Teilen vorsichtig unter die Schlagsahne heben.

Rohe Orangencreme

2 ungespritzte, saftige Orangen
2-3 Stück Würfelzucker
100 g Zucker
1/4 l Orangensaft
4 Blatt Gelatine
1/4 l Sahne, steifgeschlagen

Zum Garnieren:
Orangenspalten und Schlagsahne

1. Beide Orangen mit heißem Wasser waschen. Die Schale von einer Orange mit Würfelzucker abreiben und unter den Zucker mischen.
2. Orangensaft darübergießen und Zucker unter ständigem Rühren auflösen.
3. Saftorangen schälen und filetieren, das Fruchtfleisch in kleine Würfel schneiden und dazugeben.
4. Gelatineblätter 10 Minuten in kaltem Wasser einweichen, ausdrücken, tropfnass in einen Topf geben und unter Rühren erwärmen, bis sich die Gelatine gelöst hat.
5. Gelatine lauwarm unter die Orangenmasse schlagen. Sobald die Masse zu steifen beginnt, gut durchrühren.
6. Schlagsahne unterziehen, in Gläser füllen und kalt stellen. Steifen lassen und mit den Orangenspalten und dem Schlagrahm verzieren.
Tip: Sie können die Creme auch in ausgehöhlte Orangenhälften füllen.

Agnes Menzinger, Pfarrei Heilig Geist, 86163 Augsburg

Segne,
o Gott,
dieses Mahl,
das wir aus den
Gaben Deiner Schöpfung
bereitet haben, auf daß uns
Kraft und Fröhlichkeit
daraus erwachse.
Segne unsere
Tischgemeinschaft,
damit aller Unfriede fernbleibe
von denen, die Du
in diesem Hause
wohnen läßt.
Schenke uns
das rechte Maß
und denke
derer,
die Hunger
und Durst
leiden.
Laßt uns
den Herrn
loben,
den Geber
aller Gaben.
Amen.

*Anna Hagn,
92676 Eschenbach i.d.OPf.*

Bischofsbesuch

 ## Kardinal Galens Buchweizenpfannkuchen

500 g Mehl vom Buchweizen
2 TL Salz
3/8 l Wasser
3/8 l kalter Kaffee
20 sehr dünne Speckscheiben
Schmalz
zum Backen

1. Das Buchweizenmehl mit dem Salz in einer Rührschüssel vermischen.
2. Wasser und Kaffee zusammengießen und nach und nach mit einem Schneebesen zum Mehl geben, bis ein dünner Teig entsteht. 6 Stunden ruhen lassen.
3. Jeweils vier Scheiben Speck in etwas Schmalz in der Pfanne ausbraten.
4. Mit einem Schöpflöffel etwas Teig langsam über den Speckscheiben verteilen und hellbraun backen, vorsichtig wenden und fertig backen.
5. Je mehr Löcher in dem Pfannkuchen sind, desto schmackhafter wird er.

Zu den Pfannkuchen wird Schwarzbrot gegessen. Köstlich schmecken dazu Rübenkraut, Preiselbeeren oder grüner Salat.

Die Geschichte zum Rezept:
Es war Ende des Jahres 1945, als unser großer, verehrter Bekennerbischof von Münster, Clemens August Kardinal von Galen, einem Nonnenkloster im Rheinland einen Besuch abstattete. Alle waren wegen der großen Ehre hocherfreut. Die Mutter Oberin erkundigte sich nach seinen besonderen Wünschen zum Abendessen. Einen Buchweizenpfannkuchen, den mag ich besonders, sagte er ganz spontan. Die Mutter Oberin war überrascht und mußte zugeben, von solchen Pfannkuchen noch nie gehört zu haben. Ob es hier keine Schwester aus dem Münsterland gäbe, schmunzelte der hohe Gast. Natürlich, sogar zwei, antwortete die Oberin, Errettung aus der Verlegenheit ahnend, und beeilte sich, die beiden Schwestern zu holen. Denen war der gewünschte Buchweizenpfannkuchen als einfaches Gericht ihrer Heimat seit Kindheit vertraut. Freudig eilten sie in die Küche und machten sich daran, das Lieblingsgericht des Bischofs zuzubereiten.
Doch zunächst mußte Buchweizenmehl herangeschafft werden, was auf gewisse Schwierigkeiten stieß. Als der Pfannkuchen fertig war, kam die Mutter Oberin, um zu sehen, was ihre Schwestern da angerichtet hatten. Ein wenig beschlichen sie immer noch Zweifel, ob man dem hohen Gast aus Münster so etwas überhaupt anbieten könne. Kardinal Galen aber verzehrte den Pfannkuchen mit großem Appetit und bedankte sich ganz herzlich bei den beiden Schwestern aus dem Münsterland. Den übrig gebliebenen Pfannkuchen wünschte sich der Kardinal am nächsten Morgen zum Frühstück, aufgewärmt mit einem Spiegelei oben drauf.

Maria Ostendarp, 48712 Gescher, erfuhr Anekdote und Rezept in einem Nonnenkloster am Rhein.

Bischofsbesuch

Reisbirnen auf Bischofssauce

1. Milch mit Salz und Zitronenschale zum Kochen bringen, Reis einstreuen und zu einem dicken Brei kochen. Abkühlen lassen.
2. Aus dem erkalteten Reisbrei Birnen formen, in Ei und Semmelbröseln wenden und in Fett schwimmend ausbacken. Mit Zimtzucker bestreuen.
Dazu gibt es Bischofssauce (siehe nachstehendes Rezept).

1 l Milch
1 Prise Salz
etwas abgeriebene Zitronenschale
200 g Milchreis
1–2 Eier, verquirlt
Semmelbrösel
Fett zum Ausbacken
Zimtzucker zum Bestreuen

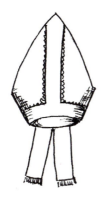

Bischofssauce

1. Kartoffelmehl mit 4 EL kaltem Rotwein glattrühren und beiseitestellen.
2. Restlichen Rotwein mit Johannisbeergelee, Zitronen- und Orangenschale, Zucker und Gewürzen kurz aufkochen lassen, durch ein Sieb schütten und wieder zum Kochen bringen.
3. Angerührtes Kartoffelmehl in die Flüssigkeit einrühren und zur Sauce binden. Warm auf Dessertteller gießen und die Reisbirnen daraufsetzen.

Marlene Beul, 56479 Rehe, entnahm dieses Rezept einem handgeschriebenen Kochbüchlein ihrer Tante aus den Jahren 1931–1932. Diese betreute ihren Bruder an seiner ersten Pfarrstelle in Marienhausen im Westerwald.

3/4 l Rotwein
2 EL Kartoffelmehl
8 EL Gelee von Johannisbeeren
1/2 Zitronenschale, abgerieben
1/2 Orangenschale, abgerieben
75 g Zucker
je 1 Msp. Zimt, Nelkenpulver, Muskatblüte, Kardamom, Ingwerpulver

Bischofsbesuch

Maria Sonntags Gugelhupf

6 Eier
6 eischwer Zucker
4 eischwer Mehl
2 eischwer Butter
Semmelbrösel
für die Form

1. Die Eier mit Schale abwiegen, um das exakte Gewicht der übrigen Zutaten bestimmen zu können.
2. Eier nach und nach schaumig rühren und dabei den Zucker löffelweise einrieseln lassen.
3. Gesiebtes Mehl ebenfalls löffelweise hinzufügen.
4. Die zerlassene Butter (keine Margarine) langsam in den Teig einträufeln lassen und dabei immer wieder rühren.
5. Teig in die gefettete und mit Semmelbröseln ausgestreute Gugelhupfform einfüllen und im vorgeheizten Ofen bei 180 Grad 45 Minuten backen.
6. Nach dem Erkalten mit Puderzucker bestreuen.
Das Gelingen des Gugelhupfs hängt wirklich davon ab, daß er gut gerührt wird.

Die Geschichte zum Rezept:
Meine längst verstorbene Nachbarin, Maria Sonntag, war viele Jahre Pfarrhaushälterin in Weiler im Allgäu. Sie gab mir dieses Rezept eines Gugelhupfs ohne Backpulver. Dabei erwähnte sie, daß dieser Kuchen immer nur gebacken wurde, wenn der Bischof kam.

Rita Güntner, 87764 Legau

Bischofsbesuch

Münchner Himmelsbrot

1. Butterflöckchen in eine Schüssel geben.
2. Eigelb und Puderzucker zur Butter geben und sehr schaumig rühren (mit der Hand 30 Minuten, mit dem Handrührgerät entsprechend weniger).
3. Eiweiß mit Salz, Vanillezucker und Kristallzucker steifschlagen und unter den Teig ziehen.
4. Kandierte Früchte, Rosinen, Korinthen, Pistazien, Walnüsse und Datteln nach und nach vorsichtig unter den Teig mengen.
5. Mehl langsam in die Masse einrieseln lassen und mit dem Rum zu einem geschmeidigen Teig verrühren.
6. Backpulver-Mehl-Mischung unter den Teig geben und die Masse in eine gefettete Kastenform einfüllen. Im vorgeheizten Ofen 1 1/4–1 1/2 Stunden bei 170 Grad backen.

Evi Freudenberg, 82178 Puchheim, erhielt dieses Rezept von der inzwischen verstorbenen Pfarrhaushälterin Käthe Doff, Pfarrei St. Christoph, München.

Für 6 Personen
200 g Butter, in Flöckchen
125 g Puderzucker
125 g Kristallzucker
1 EL Vanillezucker
1 Prise Salz
8 Eier, getrennt
40 g Orangeat, in Würfel geschnitten
40 g Zitronat, in Würfel geschnitten
40 g Rosinen
40 g Korinthen
40 g Pistazien, gehackt
40 g Walnüsse, gehackt
2 Datteln, entkernt, kleingeschnitten
2 EL Rum
300 g Mehl
1/4 TL Backpulver, mit 1 EL Mehl vermischt
Butter zum Fetten der Form
Puderzucker zum Bestreuen

Bischofsbesuch

Wiener Schokoladentorte

Für den Teig:
100 g Butter
100 g Zucker
4 Eier, getrennt
50 g Mehl
1/2 Pck. Backpulver
100 g Haselnüsse, frisch gemahlen
100 g Schokolade, gerieben
1 TL Zimt

Für die Tortenfüllung:
1 1/2 Becher Sahne
1 Pck. Sahnesteif
1 Pck. Vanillezucker
1 große Dose Ananasringe
etwas Ananassaft zum Tränken
Schokospäne zum Bestreuen

1. Butter und Zucker schaumig rühren, Eigelb hinzugeben und das zu festem Schnee geschlagene Eiweiß unterheben.
2. Mehl mit Backpulver mischen und auf die Masse sieben. Nüsse, Schokolade und Zimt dazugeben und alles vorsichtig unterheben.
3. Bei etwa 175 Grad 35 Minuten backen (Hölzchenprobe!).
4. Torte auf einem Kuchengitter erkalten lassen und einmal quer durchschneiden.
5. Sahne mit Vanillezucker und Sahnesteif zu einer festen Creme schlagen. Ananasringe gut abtropfen lassen und in sehr feine Stücke schneiden. 1/3 der Sahne zum Bestreichen des Tortendeckels beiseite stellen, die restliche Sahne mit den Ananasstückchen vermischen.
6. Schnittfläche mit etwas Ananassaft tränken und mit Sahne-Ananas-Creme bestreichen. Torte zusammensetzen.
7. Tortenrand und Tortendeckel mit Sahne bestreichen und mit Schokospänen bestreuen.

Die Geschichte zum Rezept:
Freunde von uns bekamen dieses Rezept vor über 30 Jahren von einer betagten, inzwischen längst verstorbenen Pfarrhaushälterin in Laer im Münsterland. Sie arbeitete bei einem Pfarrer, der viele Jahre seines Lebens in Chile tätig war und später in Laer seinen Lebensabend verbrachte. Einmal haben wir diese Torte, von unseren Freunden „Pastorentorte" genannt, bei ihnen kosten dürfen und das Rezept gleich mitgenommen. Seither servieren wir diese Torte regelmäßig Freunden und Verwandten, die immer voll des Lobes sind, oft mit der Bemerkung: „Die Pastoren leben gar nicht so schlecht."

Christine Dreyer, 47800 Krefeld

Gebet einer Pfarrhaushälterin

Herr Jesus Christus!
Wie in den Tagen Deiner öffentlichen Wirksamkeit
in Judäa und Galiläa dienen Dir auch heute Frauen
in verschiedenen kirchlichen Berufen.

Als Pfarrhaushälterin weiß ich mich von Dir gerufen.
Du hast mich an die Seite eines Priesters gestellt,
damit er durch meine Arbeit freier wird für die Seelsorge.
Ich danke Dir, Herr, daß ich Dir und der Kirche dienen darf.

Du weißt aber auch, daß es mir manchmal
zuviel wird und ich mutlos und verzagt bin.
Du weißt, Herr, von meiner Sorge um
die Zukunft der Kirche und des priesterlichen Dienstes.

Du weißt aber auch um meine glücklichen Stunden,
wenn meine Arbeit von Dir gesegnet ist
und von den Mitmenschen anerkannt wird.
Ich bitte Dich um das Bewußtsein, daß
Du mir immer nahe bist!

Gib mir Geduld, Ausdauer und ein frohes Herz,
damit ich die Widrigkeiten des Alltags leichter ertrage
und auch anderen Mut und Zuversicht weiterschenken kann.
Laß mich meine Dienste so verrichten, daß
darin Dein Geist zu spüren ist.

Laß mich immer wieder neu aufbrechen zu Dir,
zur frohen und unverzagten Mitarbeit
im Pfarrhaus und in der Pfarrgemeinde
und zur Liebe, die das Herz und
die Seele eines Pfarrhauses sein soll.

Ich bitte Dich auch
für die alleinstehenden Pfarrhaushälterinnen.
Nimm sie in Deine gütige Hand und gib ihnen
ein tapferes Herz in den Bedrängnissen des Alters.

Ich bitte Dich für
die kranken Pfarrhaushälterinnen.
Lindere ihre Leiden
und schenke ihnen wieder die Gesundheit.

Nimm die Verstorbenen auf
in Deinen ewigen Frieden und laß sie
teilhaben am Glück derer, denen du sagen kannst:
Kommt her, ihr Gesegneten meines Vaters.
Amen.

*Aus: „St. Verena" Nr.3/1991, Zeitschrift für die Frau im katholischen Pfarrhaus,
St. Ulrich Verlag, Augsburg*

Register

Vorspeisen und kleine Gerichte Seite

Artischockenböden mit gebackenen Seezungenfilets	68
Bratwürstchen in Blätterteig	65
Essig-Rotwein-Zwetschgen	9
Lauchtorte *	8
Tip Äpel	9

Salate

Apfelsalat pikant	45
Feldsalat mit Krabben	10
Fenchel-Cocktail	31
Rote-Bete-Apfelsalat mit Sahnemeerrettich	10
Salatteller	63

Suppen und Suppeneinlagen

Bayerische Ranensuppe	15
Eifeler Ochsenschwanzsuppe mit Graupen *	12
Gebackene Grießknödel	16
Kaiserschöberlsuppe	72
Kürbissuppe	14
Niederbayerische Boanling-Suppe	13
Ostfriesische Kartoffelsuppe	15
Poetische Leberknödel	17–18
Rieslingsuppe mit Eiercroutons	16
Schnelle Ochsenschwanzsuppe	69
Weiße Zwiebelsuppe à la Roquefort	63

Register

Fastenspeisen und vegetarische Gerichte   Seite

Apfelkren	74
Apfeltaschen aus dem Pfarrhaus	29
Bayerische Krautkrapfen	21
Fettfreier vegetarischer Gemüsetopf	29
Getreide-Pastete im Blätterteig	30
Helles Gewürzbrot	36
Himmel und Erde	26
Kardinal Galens Buchweizenpfannkuchen *	76
Kartoffel-Pudding	27
Kartoffel-Zucchini-Gratin	26
Kartoffelplätzchen	74
Kraut-Strudel	19
Maisauflauf nach Pfarrfrauenart	23
Ohrfeige von 1908	32
Pfarrers Geburtstags-Krautkrapfen	20
Polenta	40
Purbacher Türkenstrudel	28
Quetschekuche unn Grumbersupp' *	24-25
Rohe Senfsauce	30
Schnittlauchsoße	73
Walnußmayonnaise	31
Zucchini-Tomaten-Auflauf	66
Zwetschgen-Knödel	21

Fisch

Seelachs im Gemüsebeet *	64

Fleisch und Aufläufe

Brätknopf	46
Coq au vin *	70
Emmentaler Schinkenpastete	45
Falsche Wildsau *	48
Gebackene Kammsteaks	42
Gestürztes Sauerkraut	44
Käsestrudel *	47
Kaninchenrollbraten	35
Kartoffel-Auflauf mit Dörrfleisch	39
Kartoffel-Möhren-Brei mit Würstchen	39
Lamm-Topf mit Kürbis	34

Register

Linsentopf aus dem Dompfarrhaus	33
Quinoa-Topf	46
Ramperpansch *	33
Rote-Bete-Versöhnung	36
Russisches Kalbfleisch	34
Schichtgemüse	42
Schnitzelpfanne à la Pfarrhaus	38
Schöpsernes im Römer mit Polenta	40
Spanisch fricco	43
Überbackenes Schweinefilet	43
Westerwälder Döbbe Kuche	38
Wiener Tafelspitz mit Schnittlauchsoße	73

Desserts und Marmeladen, Weine und Bowlen

Apfel-Zwetschgen-Kompott	64
Hagebutten-Orangen-Marmelade	51
Hagebuttenwein	50
Heidelbeercrème	71
Herrencreme	66
Milchsuppe	49
Quarkapfelplätzchen	49
Quarkpolster mit Apfelsoße	52
Reisbirnen auf Bischofssauce	77
Rohe Orangencreme	74
Versoffene Jungfrauen	50
Weintrauben-Sekt-Gelee	51

Gebäck

Apfel-Wein-Torte	53
Eiweißbrot	59
Grammelpogatscherl	60
Grödner Kirchtagskrapfen	61
Hefe-Mürbeteig	60
Hochfeine Apfeltorte *	54
Käsekuchen	56
Käsekuchen auf dem Blech	55
Kartoffeltorte	56
Kirchweihnudeln	62
Maria Sonntags Gugelhupf	78
Möhrenkuchen	58
Münchner Himmelsbrot	79

Register

Pastorentorte	57
Radionudeln nach Wienerart	57
Sehr feiner Apfelkuchen	54
Wiener Schokoladentorte	80
Winzer-Stangen	58
Zwetschgenkuchen von getrockneten Früchten	59

Menüs

Menü für Diabetiker	63 – 64
Menü zur Erntezeit	65 – 66
Pfarrers Namenstags-Menü	72 – 73
Sankt-Dionysius-Menü	68 – 71

Bischofsbesuch

Apfelkren	74
Artischockenböden mit gebackenen Seezungenfilets	68
Coq au vin	70
Heidelbeercrème	71
Kaiserschöberlsuppe	72
Kardinal Galens Buchweizenpfannkuchen	76
Kartoffelplätzchen	74
Maria Sonntags Gugelhupf	78
Münchner Himmelsbrot	79
Reisbirnen auf Bischofssauce	77
Rohe Orangencreme	74
Schnelle Ochsenschwanzsuppe	69
Wiener Schokoladentorte	80
Wiener Tafelspitz mit Schnittlauchsoße	73

* Die mit einem Sternchen gekennzeichneten Gerichte wurden bei dem Rezeptwettbewerb „Gesegnete Mahlzeit" ausgezeichnet.

Gesegnete Mahlzeit

Gesegnete Mahlzeit

Die Deutsche Bibliothek – CIP-Einheitsaufnahme
Gesegnete Mahlzeit: die besten Rezepte aus der
Pfarrhausküche / Ursula Goldmann-Posch. – Hamm: Liborius.
ISBN 3-9801261-6-1
NE: Goldmann-Posch, Ursula

Band 4: Wintergerichte – 1995

© Verlag Liboriusblatt GmbH & Co KG, Hamm, 1995
2. Auflage, 1995
Alle Rechte vorbehalten.
Illustrationen: Hedwig Bläsi
Andachtsbild: Dr. Wilfried Bahnmüller
Gestaltung und Titel: Christine Stehling
Gesamtherstellung: W.A.S. Media Productions, 59063 Hamm
Printed in Germany 1995
ISBN 3-9801261-6-1 (4 Bände im Schuber)

Inhalt

Vorspeisen und kleine Gerichte	Seite 8
Salate	Seite 12
Suppen	Seite 14
Fastenspeisen und vegetarische Gerichte	Seite 23
Fisch	Seite 48
Fleisch und Aufläufe	Seite 30
Desserts und Marmeladen, Weine und Bowlen	Seite 38
Gebäck	Seite 43
Menüs	Seite 48
Pfarrherrliches zur Weihnachtszeit	Seite 52
Bischofsbesuch	Seite 67
Die „Bischofssuppe" ist gelöffelt, der „Nonnenauflauf" verspeist. Und wer wäscht ab?	Seite 82
Register	Seite 84

Die Abkürzungen in diesem Buch

EL = Eßlöffel (gestrichen)
TL = Teelöffel (gestrichen)
ml = Milliliter (= 1/1000 l)
l = Liter
g = Gramm
kg = Kilogramm
Msp. = Messerspitze
Pck. = Päckchen
ca. = circa
kcal = Kilokalorie
cm = Zentimeter

Zu den Rezepten

Temperaturangaben:
Die genannten Grade beziehen sich auf Elektrobacköfen. Bei Heißluftherden verringert sich die Hitze um etwa 20 Grad.
Mengenangaben:
Sofern nicht ausdrücklich erwähnt, sind die Rezeptzutaten immer für 4 Personen berechnet.
Zutatenangaben:
Unter Sahne (Rahm) ist grundsätzlich süße Sahne zu verstehen. Saure Sahne (Sauerrahm) wird gesondert bezeichnet. Alle weiteren mundartlich gefärbten Ausdrücke sind – wo nötig – in Klammern erklärt.
Statt Vanillinzucker wird Vanillezucker (Bourbonvanille) angeführt, da echte Vanille dem künstlichen Aromastoff vorzuziehen ist.
Werden Eier bei den Zutaten als getrennt ausgewiesen, wird die Eiweiß- und Eigelbmenge in der Rezeptbeschreibung nicht nochmals eigens aufgeführt.
Zubereitungsanleitung:
Daß Gemüse, Obst, Salate und Kräuter bereits gewaschen und geputzt sind, wird in der Rezeptbeschreibung nicht erwähnt, es sei denn, wo es die Zubereitung des Gerichtes erfordert.

Rezepte aus Zeiten der Not

Das Aufstöbern von Traditionsrezepten aus der Pfarrhausküche ist eine verdienstvolle Aufgabe, die jedoch nur in Zeiten der Sättigung möglich ist. Als ich 1947 bei Herrn Professor Dr. Müller in Magdeburg anfing, galt es in erster Linie, satt zu werden. In Berlin gab es fast das doppelte an Zuteilung als in der Zone. Da ich von Berlin kam, mußte ich mich sehr umstellen. Wenn es keine Butter oder Margarine für eine Dekade (10 Tage) gab, bekamen wir Öl, was ja auch gut war. Aber mindestens zweimal habe ich erlebt, daß es Senf dafür gab, und das war sehr bitter! Wir Haushälterinnen haben Gerichte erfunden, eines besser als das andere. Von dem zugeteilten Öl kochten wir mit Mehl und Majoran sogenanntes „Schweinefett". Oder wenn es mal Salzheringe gab, kochten wir die Köpfe und Abfälle als Brotaufstrich aus. Wenn es ganz schlimm kam, drehten wir rohe Kartoffelschalen durch den Wolf, den damals jeder Haushalt hatte, und buken davon mit Gewürzen „Knäckebrot". Leider haben wir die gesammelten Rezepte weggeworfen, als es besser wurde.

Berta Scholz, 04157 Leipzig

Vorspeisen und kleine Gerichte

Herzhafte Rosenkohltorte

Für den Teig:
250 g Mehl
125 g Butter
1/2 TL Salz
2 EL Wasser
1 Eigelb

Für den Belag:
1 kg Rosenkohl
Salzwasser
200 g Speck, geräuchert, in Würfel geschnitten
2 EL Butter
1/8 l Milch
4 Eier
Salz, Pfeffer
Muskatnuß, gerieben
Alufolie

1. Knetteig herstellen. Damit eine gefettete Springform von 26 cm Durchmesser so belegen, daß ein schöner Rand entsteht.
2. Rosenkohlröschen putzen, in wenig Salzwasser 6–8 Minuten garen, abtropfen lassen.
3. Speckwürfel in Butter goldgelb braten.
4. Milch und Eier verquirlen, mit Salz, Pfeffer und Muskat abschmecken.
5. Rosenkohl und Speckwürfel vermischen, in die mit Teig belegte Form füllen und die Eimasse darübergießen.
6. Mit Alufolie bedeckt bei 170–190 Grad 50 Minuten backen. Folie abnehmen und noch 10 Minuten fertigbacken. Unbedingt heiß servieren.
Dazu paßt sehr gut ein Riesling.

Die Geschichte zum Rezept:
Mit dieser Rosenkohltorte habe ich manchen Gast im Pfarrhaus zum Rosenkohl bekehrt. Auch ich war Rosenkohl-Muffel, bis ich zu dieser Torte fand.

Maria Dahl, Pfarrei St. Johannes, 66368 Rohrbach/Saarland

Vorspeisen

Orangenkörbchen „Natanga"

1. Die Jaffa-Orangen auf 2/3 Höhe durchschneiden und das Fruchtfleisch sorgfältig mit einem Gemüsemesser aushöhlen.
2. Entkerntes Orangenfleisch aus den Bindehäuten schneiden und zerkleinern.
3. Schalen reinigen und einzacken.
4. Reis in kochendes Salzwasser geben, garkochen, absieben und kalt abspülen.
5. Das gekochte Huhn mit dem Orangenfleisch, dem gekochten Reis, den Champignons, der Mayonnaise, dem Cognac, der Sahne und dem Currypulver binden. Mit Salz und Pfeffer abschmecken.
6. Den Geflügelsalat in die Schalen füllen.
7. Eischeiben zusammen mit den Oliven und je einem Orangenstreifen aus der verbliebenen Orangenschale nach Belieben garnieren.

4 Jaffa-Orangen
1/2 Huhn, gekocht, entbeint, in Scheiben geschnitten
50 g Reis
1/2 l Wasser
1 Msp. Salz
50 g Champignons aus der Dose, in Scheiben geschnitten
4 EL Mayonnaise
40 ml Cognac
1 Becher Sahne
1/2 TL Currypulver
Salz und Pfeffer

Zum Garnieren:
1 gekochtes Ei, in Scheiben geschnitten
4 grüne Oliven
4 Streifen aus der restlichen Orangenschale

Die Geschichte zum Rezept:
Mit diesem Rezept verbinde ich Erinnerungen an unsere Adventsabende im Pfarrhaus Bad Ems. In früherer Zeit gab es im Radio – Fernsehen kannten wir damals noch nicht – eine Sendung mit dem Titel „Tröstliche Botschaft". Immer wenn es wieder einmal soweit war, trat der Hochwürdige Herr Dekan auf den Flur im ersten Stock und rief nach oben: „Die tröstliche Botschaft kommt, kommt herunter".
Da erschienen die Kapläne, sofern sie nicht in den Vereinen waren, im Wohnzimmer, um die erbaulichen Worten zum Advent im Radio zu hören. Nach der Sendung besprachen die Herren ihr Programm für den nächsten Tag. Die ersten Plätzchen wurden probiert, auch der Hund Tajo erwischte so manches aus Herrchens Hand. Es gab Südfrüchte und die Orangenkörbchen „Natanga". Wenn es sehr kalt war, servierte ich Glühwein oder Feuerzangenbowle. Ich saß am unteren Ende des Tisches und besserte die Wäsche aus, stopfte Strümpfe oder beschäftigte mich mit einer Handarbeit. Die Herren wurden rund um die Uhr versorgt im Pfarrhaus, so wollte es der Hochwürdige Herr Dekan haben. Es war ihr Zuhause.
Manchmal klingelte an solchen Abenden auch das Telephon zu einem Versehgang. Oder es kam noch ein verspäteter Bettler an die Türe. Der Abend mit der „Tröstlichen Botschaft" war immer ein fester und familiärer Bestandteil unseres Lebens im Pfarrhaus Bad Ems.

Gertrud Leukel, Pfarrhaushälterin i.R., 56130 Bad Ems

Vorspeisen

Wildpastete

Für 8–10 Personen

Für den Teig:
500 g Mehl
200 g Butter
2 Eier
15 g Salz
200 ml lauwarmes Wasser
Klarsichtfolie
Alufolie

Für die Füllung:
300 g gekochtes Wildfleisch
(Reh oder Hase)
200 g weiße, dünne Speckscheiben, ungesalzen
200 g gekochtes Kalbfleisch
150 g gekochtes Schweinefleisch
150 g Kalbsleber
2 gedünstete Äpfel, geschält, entkernt
1/2 kleine Zwiebel, gehackt
50 g Butter
200 ml Sahne
1 TL Pastetengewürz
20 ml Weinbrand
20 ml Madeira
Salz

1. Die vorher kalt gewässerte Leber mit Küchenkrepp abtupfen, in Scheiben schneiden und mit den Zwiebelwürfeln in Butter anrösten.
2. Mit den anderen gekochten Fleischsorten und den Äpfeln dreimal durch die feine Lochscheibe des Fleischwolfs drehen.
3. Der gut durchkühlten Masse werden unter ständigem Rühren Sahne, Weinbrand, Madeira, das Pastetengewürz und Salz beigefügt.
4. Diese Pastetenfüllung abgedeckt 24 Stunden im Kühlschrank durchziehen lassen.
5. Alle Zutaten für die Pasteteneinlage in eine separate Schüssel geben, mit Weinbrand und Trüffelsaft beträufeln und ebenfalls über Nacht zugedeckt kühlstellen.
6. Am nächsten Tag auf dem Backbrett einen geschmeidigen Pastetenteig aus den angegebenen Zutaten kneten, in Klarsichtfolie wickeln und etwa 2–3 Stunden kühl rasten lassen.
7. Teig auf bemehltem Brett dünn ausrollen und eine mit Butter bestrichene Pastetenform damit ausfüttern.
8. Teigrand soll so abgeschnitten werden, daß er etwa 2 cm übersteht. Übrigen Teig wieder zusammenkneten und kühlstellen.
9. Teigboden und Teigwände mit den Speckscheiben belegen und 1/3 der zubereiteten Füllung in die Form geben.
10. Einen Teil der marinierten Pasteteneinlage in die Mitte legen und abwechselnd mit der Füllung so lange fortfahren, bis die Form schwach voll ist. Mit dünnen Speckscheiben abschließen und überstehenden Teigrand einklappen.
11. Verbliebenen Teig auswellen, einen der Pastetenform angepaßten Deckel ausschneiden und in der Mitte des Teigdeckels ein Dampfloch in Größe einer Silbermünze (ca. 2,5 cm Durchmesser) ausstechen.
12. Teigrand der Pastetenform leicht anfeuchten, mit Teigdeckel belegen und vorsichtig andrücken. Aus doppelt gefalteter Alufolie einen „Kamin" von ca. 4 cm Höhe formen und in das Dampfloch stecken.

Vorspeisen

13. Die Pastete mit verquirltem Eigelb bestreichen und im vorgeheizten Backofen bei 200 Grad 60–90 Minuten backen. Die Pastete ist fertig, wenn durch die Öffnung eine klare Brühe erkennbar ist.
14. Pastete 3 Stunden auskühlen lassen. In der Zwischenzeit ein gut abgeschmecktes Aspik (Gelee) herstellen.
15. Dazu verquirlt man die kalte, entfettete Suppe mit den zwei Eiklar, läßt alles unter ständigem Rühren mit dem Schneebesen langsam aufkochen, bis das Eiklar gerinnt.
16. Zugedeckt zur Seite stellen, bis das geronnene Eiklar an der Oberfläche eine dicke Schicht bildet.
17. Langsam durch ein Leinentuch in eine Schüssel seihen, so daß eine klare Suppe gewonnen wird.
18. Gelatine gut ausdrücken und in der heißen Suppe auflösen. Madeira und Salz einrühren.
19. Ausgekühlte Pastete vorsichtig von den Rändern lösen und aus der Form heben. Die leicht abgekühlte Gelierflüssigkeit durch den Kamin in das Dampfloch gießen. Damit soll der beim Garen der Pastete entstandene Leerraum unter dem Teigdeckel ausgefüllt werden.
20. Pastete in den Kühlschrank stellen, bis das Aspik erstarrt. In Scheiben geschnitten servieren.

Dazu schmecken Johannisbeersauce und geröstete Weißbrotscheiben mit Butter.

Schwester Maria Bernarda Edler und Schwester Assunta Untermarzoner sind Küchenchefinnen im Mutterhaus der Tertiarschwestern des Heiligen Franziskus, I-39042 Brixen/Südtirol.

Für die Einlage:
100 g ungesalzener Spickspeck, in Streifen geschnitten
150 g Pökelzunge vom Rind, gewürfelt
30 g Pistazienkerne, feingehackt
30 g Trüffel, gewürfelt
4 EL Trüffelsaft (Flüssigkeit zur Konservierung)
4 EL Weinbrand
1 Msp. Gewürz für Pasteten
Butter zum Ausfetten der Form
1 Eidotter zum Bestreichen

Für das Aspik (Gelee):
1/2 l kräftige Rindsuppe, entfettet
2 Eiklar
4 Blatt Gelatine, in kaltem Wasser eingeweicht
20 ml Madeira
Salz

Salate

Knoblauch-Couscous-Salat

Saft 1 Zitrone
1/4 l Tomatensaft
2 EL Olivenöl
5 Knoblauchzehen
180 g Couscous
1 kleine Salatgurke, kleingewürfelt
1 grüne Paprika, kleingewürfelt
3 Stiele vom Stangensellerie, kleingewürfelt
Salz
schwarzer Pfeffer
Paprikapulver
1 Bund Petersilie

1. Zitronensaft mit Tomatensaft mischen und Olivenöl einrühren. Gepreßten Knoblauch daruntermengen.
2. Diese Marinade über den Couscous-Gries gießen und 30 Minuten quellen lassen.
3. Würfel von einer geschälten Gurke, Paprika und Stangensellerie unter den gequollenen Couscous mischen und mit Salz, Pfeffer und Paprika abschmecken. Petersilie von den Stengeln zupfen und untermischen. Kalt servieren.

Liesel Stief, Pfarrei St. Josef, 66424 Homburg-Jägersburg

Salate

Salat der vierten Jahreszeit

1. Salat gründlich waschen. Mit den Birnen, Walnüssen und dem Trianon-Käse in einer Glasschüssel anrichten.
2. Zur Zubereitung der Salatsoße Walnußöl mit Essig und Wasser anrühren, mit Salz und Pfeffer abschmecken, über den Salat gießen und vorsichtig untermengen.

Maria K.J. Halsband, 33178 Alfen, lernte diese Köstlichkeiten aus Frankreich vor 15 Jahren anläßlich eines Besuches bei Pfarrer Liedmann in ihrer Gemeinde kennen.

Für den Salat:
300 g Feldsalat
6 frische Birnen, geschält, entkernt, kleingeschnitten
50 g Walnüsse, gehackt
250 g Trianon-Käse, gewürfelt (Weichkäse-Spezialität aus Frankreich)

Für die Soße:
5 EL Walnußöl
3 EL brauner Balsamessig
2 EL Wasser
Jodsalz und Pfeffer

Suppen

Fränkische Mostsuppe

60 g Butter
1/2 Karotte, kleingewürfelt
1/4 Zwiebel, kleingewürfelt
1/8 Sellerieknolle, kleingewürfelt
1/4 Stange Lauch, in kleinen Streifen
40 g Mehl
3/4 l Bouillon
Salz und gekörnte Brühe
1/4 l Frankenwein
2 Eidotter
1/8 l Sahne
2 Scheiben Toast, in Würfel geschnitten
1 EL Margarine
1 EL Zimt

1. Butter in einem Suppentopf zergehen lassen. Die Gemüsewürfel dazugeben. Wenn sie glasig sind, mit dem Mehl bestäuben und eine Einbrenne machen.
2. Unter Rühren mit heißer Bouillon aufgießen, den Wein langsam zugeben und mit Salz und gekörnter Brühe abschmecken.
3. Die Legierung (in Form von mit dem Schneebesen verquirlten Eidottern und Sahne) unterrühren, Suppe nicht mehr kochen lassen.
4. Toastbrotwürfel in Margarine anrösten und kurz vor dem Servieren mit Zimt bestäuben.
Die Suppe in der Tasse anrichten und mit den Zimtwürfeln garnieren.

Luise Mai, Pfarrei St. Maximilian Kolbe, 97422 Schweinfurt, ist Sprecherin der Berufsgemeinschaft der Pfarrhaushälterinnen der Diözese Würzburg.

Pfeffersuppe

2 Scheiben Kochschinken (je 50 g), kleingewürfelt
1 Selleriescheibe, kleingewürfelt
30 g Butter
30 g Mehl
1 TL Curry
3/4 l Brühe
1/8 l Weißwein
Tabasco

1. Schinken- und Selleriewürfel in heißer Butter anbraten, Mehl und Curry mitrösten.
2. Mit Brühe auffüllen und gut durchschmoren lassen.
3. Wein zugeben und mit Tabasco abschmecken.

Hildegard Greiling, Pfarrei St. Barbara, 47226 Duisburg-Rheinhausen

Suppen

Soljanka

1. Fleisch mit Speck in Fett anbraten, Zwiebelwürfel dazugeben und glasig dünsten, mit Tomatensaft ablöschen, mit Salz, Pfeffer und Paprikapulver würzen und 30 Minuten kochen lassen.
2. Gewürzgurken und Paprikastreifen zugeben, mit Fleischbrühe aufgießen und so lange kochen, bis das Fleisch weich ist. Mit Tabasco abschmecken, nach Geschmack Gurken- und Paprikaflüssigkeit zugießen.
3. Vor dem Servieren in jeden Teller eine Zitronenscheibe, 1 EL saure Sahne und Petersilie geben und die heiße Suppe darübergießen. Bei Tisch die Zitronenscheibe mit dem Löffel ausdrücken und die Suppe umrühren.

Marga Wehner, Pfarrei St. Gertrud, 40229 Düsseldorf-Eller

400 g mageres Schweinefleisch, kleingewürfelt
100 g Speck, kleingewürfelt
30 g Butter oder Margarine
2 mittlere Zwiebeln, kleingewürfelt
3/4 l Tomatensaft
1/4 l Fleischbrühe
3 EL Gewürzgurken, kleingewürfelt
3 EL Paprikastreifen (aus dem Glas), kleingewürfelt
Salz, Pfeffer, Paprika, Tabasco
1 saure Sahne
3 EL Petersilie, feingehackt
1 ungespritzte Zitrone in Scheiben

Suppen

Bunte Fischsuppe

*2 Zwiebeln,
in kleinen Würfeln*
40 g Margarine
20 g Mehl
1 l Fleischbrühe
*250 g Wurzelwerk,
in kleinen Würfeln*
*2 Tomaten,
enthäutet,
in kleinen Würfeln*
1 TL Senf
1 EL Ketchup
Salz
*1 TL Kapern,
gehackt*
500 g Fischfilet
Weißbrotscheiben
Butter zum Abrösten
4–6 EL saure Sahne
2 EL Petersilie
4 EL Dill

1. Zwiebeln in Margarine goldgelb dünsten, mit Mehl kurz durchrösten und unter Rühren mit Fleischbrühe aufgießen.
2. Gemüsewürfel zugeben, mit Senf, Ketchup, Salz und Kapern würzen, 5 Minuten ziehen lassen.
3. Fischfilet (nach Belieben) in grobe Würfel schneiden und auf kleiner Flamme ungefähr 15–20 Minuten in der Brühe ziehen lassen.
4. Weißbrotscheiben in wenig Butter goldbraun rösten.
5. Suppe mit saurer Sahne, feingewiegter Petersilie und feingehacktem Dill abschmecken und mit Weißbrotscheiben bedeckt servieren.

Anna-Maria Garske, Pfarrei St. Pius V., 10243 Berlin-Friedrichhain

Suppen

Schwäbische Brotsuppe

1. Suppenwürfel in heißem Wasser auflösen. Kartoffel- und Gemüsewürfel mit Pilzen und Gewürzen darin garkochen (ohne sie zu stampfen oder zu passieren). Mit Salz und flüssiger Speisewürze abschmecken.
2. Schwarzbrotwürfel in Butter goldbraun rösten und bei Tisch über die Suppe streuen.

Barbara Götz, Dompfarrei, 86152 Augsburg

1 Suppenwürfel
2 l Wasser
500 g festkochende Kartoffeln, in Würfeln
3 Gelberüben, in Würfeln
1/2 Sellerieknolle, in Würfeln
1 Zwiebel, in Würfeln
1 EL Pilze, getrocknet
Kümmel, Majoran, Salz, Pfeffer, flüssige Speisewürze
3 Scheiben schwarzes Brot vom Vortag, in Würfeln
50 g Butter

Vater,
wir leben
von deinen Gaben,
segne das Haus,
segne das Brot,
gib uns die Kraft
von dem,
was wir haben,
denen zu geben
in Hunger und Not.

*Elisabeth Dreiling,
99096 Erfurt*

Suppen

Zwei Einlagen für die Sonntagssuppe:

Rahmschöberl exquisit

1. Eiweiß steifschlagen, Eigelb mit der sauren Sahne 10 Minuten gut schaumig rühren.
2. Salz, Zitronenschale, Eischnee und das mit Backpulver vermischte Mehl leicht unterheben.
3. Masse in kleine, gut gefettete und mit Mehl bestäubte, feuerfeste Förmchen (6–8 cm Durchmesser) füllen und bei 180 Grad etwa 10 Minuten backen.
4. Herauslösen, in kleine Würfel schneiden, in Suppentellern verteilen und mit heißer Fleischbrühe übergießen.

Mein Tip: Diese Suppeneinlage kann schon am Tag vorher gebacken oder eingefroren werden und eignet sich deshalb besonders gut als Sonntagssuppe im Pfarrhaus.

5 EL saure Sahne
1 Ei, getrennt
5 EL Mehl
Salz
abgeriebene Zitronenschale
1 Msp. Backpulver
Butter für die Förmchen

Käsebällchen

1. Butter sorgfältig schaumig rühren.
2. Alle anderen Zutaten nach und nach zufügen.
3. Kleine Bällchen formen, in die kochende Fleischbrühe einlegen und 8–10 Minuten ziehen lassen.

40 g Butter
2 Eier
Salz
50 g Semmelbrösel
60 g geriebener Emmentaler

Maria Schmittlein, Pfarrhausfrau von Prälat Bernhard Egger, 85354 Freising, ist Vorsitzende der Pfarrhaushälterinnen der Erzdiözese München-Freising.

Suppen

Scharfe Sauerkrautsuppe

100 g Dürrfleisch, kleingeschnitten
500 g Gulasch vom Schwein
500 g Rindergulasch
2 Zwiebeln, kleingeschnitten
50 g Butterschmalz
1 l klare Fleischbrühe
schwarzer Pfeffer, Cayennepfeffer
Salz
scharfer Paprika
1 Pfefferschote, kleingeschnitten
2 Lorbeerblätter
500–600 g rohe Kartoffeln, geschält, gewürfelt
1 Dose Sauerkraut
3 Cabanossi, in feinen Scheiben
2 EL Tomatenmark

1. Dürrfleisch, Gulasch und Zwiebeln scharf in Butterschmalz anbraten, mit Brühe auffüllen und 1 Stunde kochen lassen.
2. Mit den angegebenen Gewürzen scharf abschmecken, rohe Kartoffelwürfel hinzugeben und weitere 60 Minuten garen.
3. Das Sauerkraut zufügen und noch etwa 1 Stunde leicht vor sich hinköcheln lassen.
4. Die Cabanossi-Scheiben dazugeben, das Tomatenmark in die Flüssigkeit hineinrühren und ungefähr 30 Minuten ziehen lassen. Nochmals abschmecken, denn die Suppe muß heiß und scharf sein!

Sigrid Mangold, Pfarrei St. Marien, 96125 Dudweiler, ist Vorsitzende der Berufsgemeinschaft der Pfarrhaushälterinnen im Bistum Trier.

Käsesuppe für den Abend

400 g Hackfleisch vom Schwein
2 Lauch, in dünne Ringe geschnitten
Fett zum Anbraten
1 l Fleischbrühe
2 Kräuterschmelzkäse (à 200 g)
3–4 EL Mehl zum Binden
Salz und Pfeffer

1. Das Hackfleisch mit etwas Fett garen und Lauchringe ungefähr 10 Minuten mitschmoren.
2. Mit Brühe auffüllen, zerkleinerten Käse dazugeben und bei mittlerer Hitze 20 Minuten kochen lassen.
3. Mehl mit ein wenig kaltem Wasser zu einem glatten Brei vermischen und unter die Suppe geben. Unter Rühren nochmals kurz aufkochen lassen, mit Salz und Pfeffer abschmecken und sofort servieren.

Marlies Burghardt, Pfarrei St. Jakobus, 02826 Görlitz

Suppen

Andivien-Supp'n

A Supp'n, des is die Vorred vom Ess'n,
die kannst net entbehren und derfst net vergess'n.

Andivie zum Beispiel, dees war grad net schlecht,
du wiagst'n Andivie und dampfst'n na recht
in Butter mit Zwiebel, und staubst'n mit Mehl,
dees hast wohl scho g'sehn, da gehst nimma fehl.

Na löscht du´n mit Fleischsupp'n ab, bis is gnua,
auf d'letzt kimmt a Eidotter a no dazua.

Jetzt, bal halt der Pfarrer de Supp'n net möcht,
na machst eahm a neue am andern Tag z'recht.

*Dieses Rezept stammt aus dem handgeschriebenen Kochbuch meiner Tante Sofie.
Sie war Köchin und kam 1945 im Alter von 80 Jahren durch Bomben um.*

Sofie Devers, Pfarrei Heilig Kreuz, 35781 Weilburg

Suppen

Gebackene Butterknödel

Für 20 Nockerl
65 g Butter
4 Eier
250 g Semmelbrösel
Salz
Muskat
etwas geriebene
Zitronenschale
Fett zum Backen
1 l Brühe

1. Butter und Eier mindestens 1 Stunde vor der Zubereitung aus dem Kühlschrank nehmen.
2. Butter sehr schaumig rühren, nach und nach die Eier dazugeben und zu einer schönen Masse aufschlagen.
3. Semmelbrösel und Gewürze unterrühren, Nockerl formen und schwimmend in heißem Schmalz ausbacken (es geht auch sehr gut in der Friteuse).
4. Vorsichtig in die kochende Fleischbrühe geben und mindestens noch 10–15 Minuten köcheln lassen.

Nach Belieben kann man Petersilie oder kleingewürfelten Schinken unter die Butternockerlmasse mischen.

Renate Pfeiffer, 80797 München, hat dieses Rezept von ihrer Großmutter. Diese war Wirtschafterin und Köchin und hat ihre Lehrzeit bei den Dominikanerinnen in Bad Wörishofen absolviert.

Fastenspeisen und vegetarische Gerichte

Gebackene Klöße

1. Noch heiße Kartoffeln pellen, durch eine Presse drücken und mit den Semmeln vermengen.
2. Die Masse mit heißer Milch übergießen und nochmals vermischen.
3. Zwiebeln und Petersilie in Butter glasig dünsten und zur Kartoffel-Brotmasse geben.
4. Eier verquirlen, mit Salz, Pfeffer, Muskat und Majoran kräftig würzen und ebenfalls hinzufügen. Der Teig sollte geschmeidig sein (zu weiche Masse mit Zugabe von Semmelbröseln korrigieren).
5. Mit nassen Händen kleine Knödel formen, etwas flachdrücken und in Butter ca. 30 Minuten bei nur geringer Hitze vorsichtig backen. Man kann nur mit mäßiger Hitze arbeiten, da die Knödelchen sonst sehr schnell schwarz werden.
Besonders passend als Beilage zu Wild, z.B. Reh oder Hase.

Lore Schwarz, 91174 Spalt, hat dieses Rezept von zwei alten Damen aus dem Ort, die beide ihren „geistlichen Bruder" versorgten.

1 kg mehlige Kartoffeln, frisch gekocht
6 altbackene Semmeln, feingeschnitten
1/4–1/2 l heiße Milch
2 Zwiebeln, feingewürfelt
1 EL Petersilie, feingehackt
80 g Butter
3–4 Eier
Salz, Pfeffer
Muskat, frisch gemahlen
1 TL frischen Majoran, feingehackt
Butter zum Ausbacken

Nudelsauerkraut

1. Bandnudeln bißfest kochen und sofort mit kaltem Wasser abbrausen.
2. In einer großen, tiefen Bratpfanne Schmalz zerlassen und das Sauerkraut darin zugedeckt etwa 20 Minuten schmoren lassen.
3. Nudeln dazugeben, mit dem Sauerkraut vermischen und zugedeckt nochmals 10–20 Minuten anbacken lassen.

Elisabeth Dreiling, Pfarrhaushälterin in 99096 Erfurt, betreut im dortigen „Josefshaus" zwei Theologen mit Lehrauftrag am Philosophisch-Theologischen Studium in Erfurt. Elisabeth Dreiling ist Sprecherin der Pfarrhausfrauen in der Diözese Erfurt.

400 g breite Bandnudeln
600 g Sauerkraut (vom Faß oder aus der Dose)
60 g Schmalz vom Schwein
Salz
schwarzer Pfeffer, frisch gemahlen

Fastenspeisen

Vollkorn-Lasagne mit Gemüsefüllung

300 g Vollkorn-Lasagne-Blätter
Salzwasser

Für die Füllung:
2 Karotten, gewürfelt
1 Scheibe Sellerie, gewürfelt
1 Stange Lauch, feingeschnitten
2 große Zwiebeln, gewürfelt
2 Knoblauchzehen, feingehackt
2 EL Öl
4–5 Tomaten, gewürfelt
Extrakt von Gemüsebrühe
1/8 l Rotwein
4 EL Tomatenpüree
Pfeffer, Paprika, Kräutersalz
Herbes de Provence

Für die Béchamel:
50 g Butter
2 EL Vollkornmehl
1/2 l Milch
1 Becher Sahne
Kräutersalz, Muskat

Zum Überbacken:
150 g Reibkäse

1. Lasagneblätter in Salzwasser bißfest kochen, nebeneinander auf ein Tuch legen und abtropfen lassen.
2. Zwiebeln und Knoblauch in heißem Öl andämpfen und das in kleine Würfel geschnittene Gemüse - bis auf die Tomaten - mitdünsten lassen.
3. Tomaten zufügen, mit Gemüsebrüheextrakt würzen.
4. Mit Rotwein ablöschen, Tomatenpüree zugeben, mit Pfeffer, Paprika, Kräutersalz und Kräutern würzen und eine halbe Stunde zugedeckt leicht köcheln lassen.
5. Zur Herstellung der Béchamel-Sauce Butter erhitzen, Vollkornmehl leicht darin anrösten, mit Milch langsam und unter ständigem Rühren ablöschen, damit dabei keine Klümpchen entstehen.
6. Lasagneblätter, Füllung und Sauce abwechselnd in eine gefettete Auflaufform schichten, mit Sauce abschließen.
7. Bei 225 Grad 45 Minuten im Backofen backen.
8. Reibkäse darüberstreuen und weitere 10 Minuten backen.

Ursula Peiter, Pfarrverband St. Martin/St. Michael, 76865 Rohrbach-Steinweiler

Dir
sei, oh Gott,
für Speis und Trank,
für alles Gute
Lob und Dank.
Du gabst,
Du wirst auch
künftig geben,
Dich preise
unser ganzes Leben.

Mathilde Haas,
I-39046 St. Ulrich/Gröden

Fastenspeisen

Kartoffelgratin als Hauptgericht

60 g Butter
300 g Zwiebeln, würfelig geschnitten
1,2 kg Kartoffeln, roh, geschält, in Scheiben gehobelt
600 g Sahne
Salz, Pfeffer, gekörnte Brühe
Butter zum Ausfetten der Form

1. Butter in einem Topf leicht erhitzen und die Zwiebelwürfel darin andünsten.
2. Kartoffelscheiben zu den Zwiebeln geben und mit Sahne aufgießen. Abschmecken und kochen, bis die Flüssigkeit leicht sämig ist.
3. In eine gefettete Form füllen und bei 200 Grad etwa 30 Minuten backen.
Mit Broccoli oder einem anderen Gemüse ergibt dies ein feines, fleischloses Essen.

Agnes Menzinger, Pfarrei Heilig Geist, 86163 Augsburg

Schupfnudeln

Für den Nudelteig:
500 g Mehl
eine Prise Salz
lauwarmes Wasser nach Bedarf
2 l Salzwasser

Außerdem:
8 Pellkartoffeln, am Vortag gekocht
Griebenfett zum Rösten
Salz zum Abschmecken

1. Aus Mehl, Salz und Wasser einen ziemlich festen Nudelteig herstellen und daraus halbfingerlange, bleistiftdicke Nudeln drehen.
2. Nudeln in kochendes Salzwasser geben, einmal aufwallen lassen, in ein Sieb gießen und kalt abschrecken.
3. Kartoffeln schälen, in Scheiben schneiden und in Griebenfett rösten. Die Schupfnudeln dazugeben, untermischen und mitbraten. Mit Salz abschmecken.
Die Schupfnudeln werden mit gut gewürztem, gekochtem Sauerkraut gegessen.

Agnes Menzinger, Pfarrei Heilig Geist, 86163 Augsburg, hat dieses alte Rezept von ihrer Mutter bekommen.

Fastenspeisen

Sterz-Variationen aus dem Burgenland

1. Mehl in einer trockenen Pfanne unter ständigem Rühren heißmachen, ohne daß es anbrennt. Nach und nach Salzwasser zugeben und mit einer Gabel so lange verrühren, bis größere und kleinere Brocken entstehen.
2. Schmalz, Speckwürfel oder ausgelassene Grammeln zum Sterz geben und untermengen.

Eine burgenländische Weisheit sagt: soviel Schmalz darüber, daß der Sterz zittert.

400 g Mehl
3/4 l Salzwasser
150 g Speck oder Grammeln, ausgelassen
reichlich flüssiges Schweineschmalz

Variation: Erdäpfel-Sterz

1. Zubereitung wie oben mit Ausnahme eines Zusatzes im Salzwasser: 150 g gekochte, erkaltete Kartoffeln werden geschält, in kleine Würfel geschnitten und dem Salzwasser beigegeben.
2. Dann fortfahren, wie beschrieben.

150 g Kartoffeln, gekocht, in kleine Würfel geschnitten

Variation: Bohnensterz

1. Zubereitung wie oben mit Ausnahme eines Zusatzes im Salzwasser: 150 g weiße Bohnen werden gekocht und dem Salzwasser beigegeben.
2. Dann fortfahren, wie beschrieben.

150 g weiße Bohnen

Rosa Lehner, Pfarrei St. Margarethen, A-7062 St. Margarethen/Österreich

Fastenspeisen

Pfarrers Trost

1,5 kg mehlige Kartoffeln, in der Schale gekocht
80 g Butterschmalz
1 Lauch, halbiert, in dünne Scheiben geschnitten
2 Knoblauchzehen
150 g Mehl
2 EL Petersilie, feingehackt
3 TL Kümmel
Salz
schwarzer Pfeffer

Zum Begießen:
1/2 l Bratensoße

1. Kartoffeln heiß schälen und zerstampfen.
2. Schmalz erhitzen, Lauchscheiben und den feingehackten Knoblauch anschwitzen, Kartoffelmasse hineingeben und nach und nach Mehl, Gewürze und Petersilie beifügen.
3. Den Kartoffelschmarrn unter häufigem Umrühren und Wenden etwa 10 – 15 Minuten backen.
4. Mit einer Schmarrnschaufel kleine Vierecke abstechen, in eine erwärmte Schüssel legen und mit Bratensoße begießen.

Die Geschichte zum Rezept:
Als ich das Rezept von der inzwischen verstorbenen Pfarrersköchin Fräulein Philomena aus der Pfarrei Sankt Martin, Zorneding, erhielt, konnte sie mir nicht schlüssig erklären, warum denn der Pfarrer bei diesem kalorienhaltigen Gericht so trostbedürftig sei. Die Bezeichnung „Pfarrers Trost" kommt wahrscheinlich daher, daß einmal der Braten des Fräulein Philomena nicht ganz so reichlich ausgefallen war, dafür aber die Beilage deftig genug war, um rundum zu sättigen.

Anna Danner, 80634 München

G´schnittne-Bratne-Nudeln mit G'stöckelter

500 g Mehl
2 ganze Eier
2 Eigelb
Salz
Butter
G'stöckelte (Dickmilch) nach Bedarf

1. Mehl auf das Nudelbrett geben, in die Mitte eine Mulde drücken, alle übrigen Zutaten hineingeben und kräftig verkneten, bis ein geschmeidiger Teig entsteht.
2. Nudelteig 30 Minuten zugedeckt ruhen lassen.
3. Teig in kleinere Portionen teilen, dünn ausrollen, in breite Nudelstreifen schneiden, die man auf dem Blech ein wenig trocknen lassen muß.
4. Nudeln in eine gefettete Reine legen, Dickmilch und etwas Butter daraufgeben.
5. Bei 220–250 Grad braten, bis die Milch eingezogen ist.
Meine beiden Herren mögen scho a guats Fleischerl dazu!

Elfriede Bredtl, Pfarrei St. Jakobus, 93458 Eschlkam

Fastenspeisen

Spätzle-Sauerkraut-Auflauf

1. Brühwürze in heißem Wasser auflösen und das Sauerkraut darin 20 Minuten kochen lassen.
2. Spätzle nach Anleitung in Salzwasser kochen und in einem Sieb gut abtropfen lassen (man kann auch selbstgemachte Spätzle verwenden).
3. Zwiebelwürfel glasig dünsten, Speckwürfel ausbraten.
4. Speck mit Ausbratfett, Zwiebel, Spätzle und Sauerkraut gut vermengen.
5. Eine reichlich gefettete Auflaufform abwechselnd mit einer Schicht Spätzle-Sauerkraut-Masse und einer Lage Käse befüllen. Mit Käse abschließen.
6. Im vorgeheizten Backofen bei 175 Grad etwa 30 Minuten backen.

1 kleine Dose Sauerkraut
150 g magerer Bauchspeck, gewürfelt
1 Packung Spätzle (250 g)
400 g Käse (Gouda), gerieben
1 mittelgroße Zwiebel, gewürfelt
2 TL Brühwürze
200 ml heißes Wasser

Irmgard Maria Niß, 58099 Hagen, bekam dieses Rezept von einer schwäbischen Pfarrhaushälterin, die sie während ihres Kuraufenthalts am Bodensee kennengelernt hatte.

Blumenkohl auf besondere Art

1. Blumenkohl in größere Röschen zerteilen, 5 Minuten in Salzwasser bißfest garen.
2. Blumenkohlröschen in Mehl wenden, durch die mit Salz und Muskat abgeschmeckte Eimasse ziehen und in den Semmelbröseln panieren.
3. In brauner Butter (oder Palmin) knusprig braun backen.

2 mittlere Blumenkohl
Salzwasser
Mehl
2 Eier, verquirlt
Salz, Muskat
Semmelbrösel
Butter (oder Palmin) zum Ausbacken

Die Geschichte zum Rezept:
Dieses Rezept stammt von der Mutter meines Pfarrers, der es an mich weitergegeben hat. In der Familie des Pfarrers gab es 8 Kinder, und 3 bis 4 Blumenkohlköpfe waren im Nu verputzt. Auch heute noch gehört dieses Blumenkohlgericht zu den Lieblingsessen des Pfarrers. Dieser Blumenkohl eignet sich als Beilage zum festlichen Braten genauso wie als Bestandteil einer Gemüseplatte oder - wie hier - als fleischloses Hauptgericht.

Katrin Heinicke, Pfarrei St. Joseph, 06808 Holzweißig

Fleisch und Aufläufe

Pfundstopf

500 g Rindfleisch, in Würfel geschnitten
500 g Schweinefleisch, in Würfel geschnitten
500 g Rauchfleisch, in Würfeln
500 g Hackfleisch
500 g Zwiebeln, kleingeschnitten
500 g Paprika, rot und grün, kleingeschnitten
3 Knoblauchzehen, kleingehackt
2 Flaschen Mexico-Soße
500 g Sahne
Öl zum Fetten der Form

1. Alle Zutaten wie beschrieben vorbereiten, in einen mit Öl ausgepinselten Bräter oder in eine Reine schichten und zugedeckt im Rohr bei 200 Grad 2–2 1/2 Stunden garen.
2. Kurz vor Garende Mexico-Soße und Sahne unter den Pfundstopf rühren.
Mit Reis oder Baguette servieren.

Gertrud Kohlhaas, Pfarrei St. Anna, 56249 Herschbach/Westerwald

Fleisch

Westfälisches Schinkenbegräbnis

1. Reste vom Schinken und Schwarten über Nacht in kaltem Wasser einweichen.
2. Wasser abgießen. Schinkenreste in frischem Wasser mit den Zwiebelhälften aufsetzen und garkochen.
3. Schinken und Zwiebeln durch den Fleischwolf drehen, Schinkenbrühe beiseite stellen. Essig mit Speisestärke anrühren und in die Schinkenbrühe einrühren. Mit Salz abschmecken.
4. Gekochte Kartoffeln in Scheiben schneiden. Eine feuerfeste Auflaufform mit Butter ausfetten und im Wechsel, mit den Kartoffelscheiben beginnend, Kartoffeln und Schinkenmasse einschichten. Über jede Lage etwas von der angedickten Schinkenbrühe gießen und mit Butterflöckchen bestreuen.
5. Über die oberste Lage 2 verquirlte Eier gießen, Butterflöckchen darübergeben und mit geriebenem Zwieback oder Käse bestreuen. Bei 180 Grad im vorgeheizten Ofen 60 Minuten backen.
Dazu reicht man Apfelmus oder Salat.

8 mittelgroße Kartoffeln, gekocht, gepellt
400 g Reste vom Westfälischen Schinken
250 g Schwarten vom Schinken
etwa 1/2 l Wasser
4 Zwiebeln, geschält und halbiert
1 EL Speisestärke
3 EL Essig
1 Prise Salz
Butter für die Form
Butterflöckchen
2 Eier, verquirlt
50 g Zwieback oder Käse, gerieben

Die Geschichte zum Rezept:
Ich erinnere mich noch gut an den Pfarrer meiner Kindheitsjahre. Pfarrer Erlemeier lebte mit seiner Schwester Paula, der 98 Lebensjahre gegönnt waren, in dem stattlichen Pfarrhaus bei uns in Hirschberg. Pfarrer Erlemeier hatte sogar eine Kuh im Stall. Und auch den Garten versorgte er selbst, grub den Kuhmist unter die Erde, damit die Beete immer gut in Schwung waren und viel Ertrag brachten. Ein weißbraun gefleckter Hund namens Rex begleitete den Pfarrer auf Schritt und Tritt. Seine Schwester, von der dieses alte Rezept überliefert ist, versorgte ihn vorbildlich.

Antonia Schrewe, 59581 Warstein-Hirschberg

Fleisch

 ## Brotauflauf

*150–200 g Brot,
in Würfeln*

*4–6 EL
Kräuterbutter*

1–2 EL Öl

*2 Zwiebeln,
kleingeschnitten*

*250 g kleine Pilze,
feinblättrig
geschnitten*

*80 g Salami,
in Würfeln*

*125 g Schinken,
in Würfeln*

Salz, Pfeffer

*3–4 EL frische
Kräuter, gehackt*

3 Eier

*200 g Quark
mit Kräutern
(Fertigprodukt)*

50 g Reibkäse

1. Kräuterbutter in einer Pfanne zerlassen und die Brotwürfel darin goldbraun anbraten.
2. Zwiebelwürfel in heißem Öl glasig dünsten, Pilze, Salami- und Schinkenwürfel zugeben und dünsten lassen, mit Salz und Pfeffer herzhaft würzen.
3. Vom Herd nehmen, die Brotwürfel zugeben (einige zurückbehalten) und die Kräuter untermengen.
4. Masse in eine feuerfeste, gut eingefettete Form füllen.
5. Die Eier verquirlen, den Kräuterquark unterrühren und über die Brotmasse verteilen. Die zurückbehaltenen Brotwürfel und den Reibkäse darüberstreuen.
6. Im vorgeheizten Backofen bei 200 Grad etwa 30 Minuten backen.

Dazu schmeckt gemischter Salat!

Die Geschichte zum Rezept:
Ich bin zwar keine Pfarrersköchin, kenne aber alle Bewohner des Pfarrhauses. Wie man sieht, gibt es dort die gleichen Probleme wie in einem Privathaushalt. Auch wenn man noch so gut kalkuliert - man weiß ja nie ob Gäste kommen - wird das Brot manchmal alt. Geistliche Herren aber essen frisches Brot genauso gerne wie die kleinen Kinder. Deshalb macht man aus der Not ganz einfach eine Tugend. Man sammelt die Brotreste in der Gefriertruhe und bereitet daraus diesen schmackhaften Brotauflauf. Das Rezept hat mir unsere Pfarrersköchin Annemarie Eckert, Pfarrei St. Johannes d. Täufer, verraten.

Brigitte Neugebauer, 91275 Auerbach/Oberpfalz

Schlesisches Himmelreich

250 g Backobst

1/2 l Wasser

*250–275 g
Schweinebauch,
geräuchert*

1 l Wasser

20 g Butter

1 EL Mehl

Salz

30 g Zucker

1 Stange Zimt

Piment

1. Backobst waschen, in 1/2 l Wasser legen und 5–6 Stunden darin einweichen.
2. Den Schweinebauch in 1 l kaltem Wasser aufsetzen und etwa eine Stunde garen.
3. Bei halber Garzeit Backobst mit der Einweichflüssigkeit, Zimtstange und Zitronenschale zum Fleisch in den Sud geben und mitkochen lassen.
4. Fleisch und Backobst aus dem Sud nehmen, in einem Sieb abtropfen und abkühlen lassen. Das Fleisch in sehr kleine Würfel schneiden.
5. Aus Butter und Mehl eine Mehlschwitze bereiten, mit 1/2 l Fleischsud ablöschen und mit Salz, Zucker und Piment abschmecken.
6. Fleischwürfel und Backobst in die Sauce geben, nochmals erhitzen und mit Kartoffelklößen servieren.

Magdalena Wagner, 53340 Meckenheim-Lüttelberg, war ehemals Pfarrhaushältein bei ihrem Cousin im Sauerland.

Mein Gott,
aus frohem Herzen
sei Dir Dank,
für unsers
Leibes Speis und Trank!
Und auch der
Hungrigen große Zahl
begleite uns bei diesem Mahl.
Wir wollen teilen
unser Brot,
wie Du getan
in aller Not.
Du gabst Dich selbst
zur Speise hin,
daß ich
im Herzen glücklich bin.
So stärke uns an diesem Tag,
auf das wir Dich
loben ewiglich.
Amen

Dekan Gerhard Wax,
54518 Bergweiler

Fleisch

Koteletts auf Wirsingbett

4 Schweinekoteletts, ausgelöst
1–2 EL Öl
500 g Wirsing, in Streifen geschnitten
250 g Champignons, feinblättrig geschnitten
2 rote Paprika, in Streifen geschnitten
3 EL Butter
1 Becher Sahne
1 EL Mehl
weißer Pfeffer, Salz, Muskat
50 g Gouda, gerieben

1. Butter erhitzen, Gemüse darin andünsten, mit Mehl bestäuben und mit Sahne aufgießen, mit Pfeffer, Salz und Muskat abschmecken.
2. Fettrand von den Koteletts abschneiden und in heißem Öl von beiden Seiten anbraten.
3. Gemüse in eine Auflaufform schichten, Koteletts darauflegen, mit Käse bestreuen und im vorgeheizten Rohr bei 220 Grad 15 Minuten überbacken.

Schwester M. Bernhildis hat dieses Rezept von Berta Krogmann, Pfarrhaushälterin des pensionierten Pfarrers Hermann Böhmer, Pfarrei Peter und Paul, 49681 Garrel.

Ungarische Medaillons

800 g Lende vom Schwein
3 EL Öl
Salz, Pfeffer, Paprika
2 große Zwiebeln, halbiert, in Streifen geschnitten
1 Tasse Tomatenpaprika (aus dem Glas), in Streifen geschnitten
1 kleine Dose Champignons
1 Glas Weißwein, trocken
1 Becher Crème fraîche

1. Fleisch in fingerdicke Medaillons schneiden, in sehr heißem Öl beidseitig je 2 Minuten anbraten, aus der Pfanne nehmen, würzen und warmstellen.
2. Zwiebelstreifen in das verbliebene Öl in der Pfanne geben und durchbraten.
3. Paprikastreifen dazugeben und mitschmoren lassen.
4. Champignons abtropfen lassen, eventuell halbieren, ebenfalls in die Pfanne geben und heiß werden lassen.
5. Mit Weißwein ablöschen, bei Bedarf Paprikabrühe zufügen und nachwürzen.
6. Die Soße mit Crème fraîche binden und die Schweinelendchen darauf anrichten.
Dazu schmeckt Reis und grüner Salat.

Marianne Schmitt, Pfarrei St. Matthias, 61352 Bad Homburg

Fleisch

Pfälzer Saumagen

1. Saumagen über Nacht wässern.
2. Kartoffelwürfel, Schweinemett und Schweinebauch, Lauch und Zwiebel mischen und in den Saumagen füllen. Zuletzt das Wasser dazugeben.
3. Mit einem kräftigen Baumwollfaden zunähen, die kleine Öffnung an der Seite abbinden.
4. Den Saumagen in einen breiten Folienschlauch geben und abbinden.
5. Saumagen und Folie an der oberen Seite 3-4 Mal einstechen.
6. In einen größeren Topf mit Deckel (Bräter) legen, etwas Wasser dazugeben und in das kalte Backrohr stellen. 1 Stunde bei 200 Grad sieden, 3 weitere Stunden bei 180 Grad. Bei Bedarf Wasser nachfüllen und öfter mal behutsam umdrehen.
7. Der Pfälzer Saumagen wird bei Tisch aufgeschnitten und mit Sauerkraut gegessen.
Zum Trinken gibt es den gleichnamigen Kallstadter Saumagen Riesling.

1 Saumagen (küchenfertig gesäubert)
2 kg Kartoffeln, kleingewürfelt
750 g magerer Schweinebauch, in kleine Würfel geschnitten
250 g Schweinemett
2 Eier
1 große Zwiebel, kleingewürfelt
1 dicke Stange Lauch, in Scheiben geschnitten
Salz, Pfeffer, Muskat, Majoran
1 Tasse Wasser

Außerdem:
Folienschlauch
Baumwollgarn

Die Geschichte zum Rezept:
Saumagen ist schon immer - nicht erst seit Bundeskanzler Kohl ihn populär gemacht hat - meine Leibspeise. Als Kind ließ ich mich rundherum von allen Verwandten einladen zu diesem deftigen Schmaus. Als es an einem Sonntag bei mir zu Hause Saumagen gab, konnte ich es wieder einmal nicht mehr erwarten. Im Backofen brutzelte schon seit drei Stunden mein heißgeliebter Saumagen. Der gute Duft stieg mir in die Nase, und ich lief wie ein kleines Raubtier ungeduldig in der Küche hin und her. „Wann essen wir jetzt endlich", fragte ich meine Mutter. „In einer Stunde, wenn dein Bruder Ludwig vom Zwölf-Uhr-Läuten kommt", antwortete sie. Da es früher noch kein elektrisches Läutwerk in der Kirche gab, mußten die Meßdiener, zu denen auch mein Bruder gehörte, dieses Amt übernehmen. Also schlich ich mich zu ihm und bat ihn, ob er denn nicht ausnahmsweise schon jetzt die Mittagsglocken läuten könne. Leider wurde daraus nichts, da unsere kluge Mutter uns einen Strich durch diese „Zeitrechnung" machte.
Auch meinem Chef, Pfarrer Herbert Stern, serviere ich gelegentlich einen Saumagen. Besonders dann, wenn ich vom Heimaturlaub in Insheim in der Pfalz einen Saumagen ins Saarland mitbringe. Die können hier nicht mithalten mit den Pfälzern, meint mein Pfarrer über die Fleischer im Saarland, natürlich nur, was einen guten Saumagen angeht. Wenn der dann dampfend auf dem Tisch steht, sagt der Pfarrer immer: „Das ist für mich ein innerer Reichsparteitag".

Maria Metz, Pfarrei St. Mauritius, 66399 Ormesheim/Mandelbachtal

Fleisch

Sahneschnitzel-Auflauf

*6 Kalbsschnitzel
(je 160 g)*

Für die Panade:
*3 Eier, mit 3 EL
Milch und 1 Msp.
Salz verschlagen*
5 EL Mehl
7 EL Semmelbrösel
1 TL Salz
*70 g Butterschmalz
zum Ausbacken*
Klarsichtfolie

Für die Auflaufform:
*200 g Speck,
kleingewürfelt*
*500 g Zwiebeln,
kleingewürfelt*
2 EL Öl
2 EL Butter
2 EL Senf
1 EL Ketchup
2 Glas Pußtasalat
1 Glas kleine Pilze
1 1/2 Becher Sahne
*Butterschmalz zum
Befetten der Form*

1. Am Vortag Schnitzel salzen, mit Klarsichtfolie bedecken und zart klopfen, in Mehl wenden, überschüssiges Mehl abschütteln, durch die Eiermilch ziehen, in Semmelbröseln andrücken.
2. Schnitzel in heißes Fett legen und bei mittlerer Hitze auf beiden Seiten goldbraun backen. Mit Küchenkrepp überschüssiges Fett entfernen.
3. Schnitzel in eine gefettete Auflaufform geben.
4. Senf und Ketchup miteinander vermengen und die Schnitzel damit bestreichen.
5. Speck in Butter-Öl-Mischung anbraten, Zwiebeln zufügen und glasig werden lassen.
6. Speck- und Zwiebelmasse auf den Schnitzeln verteilen, Auflaufform zudecken und über Nacht kaltstellen.
7. Am nächsten Tag Pußtasalat (etwas Flüssigkeit abgießen), die ganzen Pilze und die Sahne auf die Schnitzel geben. Schnitzelauflauf 1 1/4 Stunde bei 190 Grad backen.
Dazu schmecken Weißbrot und verschiedene Salate.

Die Geschichte zum Rezept:
Dieses gehaltvolle Gericht stammt aus der Klosterküche der Schwestern „Zu Unserer Lieben Frau in Geldern", wo ich in den Jahren 1942-43 kochenlernte mit dem Ziel, Pfarrhaushälterin zu werden. Es kam anders, und ich heiratete. Und so habe ich halt meine Familie mit den klösterlichen Kochkünsten verwöhnt.

Hedwig Gockeln, 33034 Brakel-Gehrden

Fleisch

Entenfrikassee mit Zwiebeln

1. Ente waschen, trockentupfen und in Keulen, Flügel und Brustfilets tranchieren. Mit Salz und Pfeffer einreiben.
2. Butter in einer Kasserolle erhitzen, die Ententeile darin goldbraun anbraten, herausnehmen und im Backofen warmstellen. Das Bratfett bis auf einen Rest abgießen.
3. Für die Zubereitung der Soße Wildfond und Weißwein zum Bratfett geben und 10 Minuten einkochen lassen. Die Sahne dazugießen und die Ententeile wieder in die Soße legen. Bei kleiner Hitze ca. 45 Minuten garen.
4. Die Butter in einer Pfanne erhitzen, Zucker einrühren und karamelisieren lassen.
5. Die Zwiebeln darin glasieren. 15 Minuten vor Ende der Garzeit zur Ente geben.
6. Das Frikassee mit Weinbrand abschmecken.

1 Ente, küchenfertig
2 EL Butter

Für die Soße:
200 ml Wildfond
250 ml Weißwein
200 ml Sahne
200 g kleine Zwiebeln, halbiert
1 EL Butter
2 EL Zucker
Salz, Pfeffer
4 EL Weinbrand

Regina Marx, Pfarrhaushälterin im Zweitberuf, arbeitet seit zwei Jahren für die Pfarrei St. Cyriakus, 99988 Heyerode/Eichsfeld.

Desserts und Marmeladen, Weine und Bowlen

Orangenquark mit Schoko-Rum-Sahne

Für die Creme:
500 g Schichtkäse
3-4 Orangen
1 Zitrone
1 Prise Salz
Zucker nach Geschmack

Zum Garnieren:
1 Becher Sahne, steifgeschlagen
2 EL Schokopulver
1 EL Kakao
2 TL Rum
Zucker nach Geschmack

1. Orangen und Zitrone auspressen. Schichtkäse, Fruchtsaft, Salz und Zucker mit dem Zauberstab (Messerstern) glattrühren.
2. Die Masse in kleine Schälchen füllen und kühlstellen.
3. Für die Garnitur Schlagsahne mit Schokoladenpulver, Kakao, Rum und Zucker mischen und mit dem Zauberstab (Schlagscheibe) steifschlagen. Die Creme damit garnieren.
Diese köstliche Nachspeise ist eine eigene Erfindung. Meine Nichten und Neffen sagen dazu: Oft kopiert und nie erreicht.

Hedwig Bläsi, Pfarrei Herz Jesu, 74906 Bad Rappenau

Mocca-Likör aus dem Pfarrhaus

100 Kaffeebohnen
300 g Zucker
1 Pck. Vanillezucker
1/2 Vanillestange
1 l Rotwein
1/4 l Cognac

1. Die hier angeführten Zutaten (mit Ausnahme des Cognacs) in einer bauchigen Flasche ansetzen, 3 Wochen stehenlassen und jeden Tag mehrmals schütteln.
2. Durchsieben, guten Cognac dazugeben und umrühren. Prost, Mahlzeit!

Andreas Schindler, 64646 Heppenheim, bekam dieses hochgeistige Rezept von der örtlichen Pfarrhaushälterin Rita Wilzbacher, Pfarrei St. Peter.

Desserts

B'soffner Hansl

1. Eiklar zu Schnee schlagen, Dotter und Zucker nach und nach einrühren, Vanillezucker, Mehl und Brösel untermengen.
2. Teig in eine gefettete, mit Bröseln bestreute Kastenform füllen. Bei 175 Grad etwa 30 Minuten backen. Nach dem Erkalten stürzen.
3. Wein, Zucker und Gewürznelken kurz aufkochen lassen und über den „Bröselpudding" gießen.

Rosa Lehner ist Pfarrhausfrau in der Passionsspiel-Gemeinde St. Margarethen, A-7062 St. Margarethen/Österreich.

6 Eier, getrennt
6 EL Zucker
1 Pck. Vanillezucker
1 EL Mehl
6 EL Semmelbrösel
1/4 l Rotwein
Zucker
Gewürznelken
Fett und Brösel
für die Form

Herr,
hilf uns,
daß wir
anderen
helfen können.
Herr,
speise uns,
daß wir
andere
speisen können.
Herr,
segne uns,
auf daß wir
anderen
zum Segen werden.

*Elfriede Bredtl,
93458 Eschlkam*

Desserts

Kartäuserklöß' mit Weinsoß'

1. Semmeln rundum abreiben und vierteln. Die dabei gewonnenen Brösel beiseite stellen.
2. Milch und Vanilleschote aufkochen, 5 Minuten ziehen lassen, Vanilleschote herausnehmen, Milch gut abkühlen lassen.
3. Eier, Zucker und Salz in der Milch verquirlen, über die Semmeln gießen.
4. Semmeln 20 Minuten durchziehen lassen und immer wieder fleißig wenden, damit sie gut feucht sind.
5. In der geriebenen Semmelrinde panieren und in heißem Fett schön braun backen.
6. In Zucker-Zimt-Mischung wenden und mit Weinsoße (siehe nachstehendes Rezept) übergießen.

8 altbackene Semmeln
davon die geriebene Semmelrinde
1/2 l Milch
1/2 Vanilleschote, aufgeschlitzt
2 Eier
20 g Zucker
Salz
100 g Butterschmalz zum Backen

Zum Bestreuen:
50 g Zucker
1/2 TL Zimt

Weinsoße

1. Eier und Zucker miteinander verrühren und das mit etwas Wein angerührte Stärkemehl dazugeben.
2. Mit Wasser verdünnten Wein heiß werden lassen (nicht kochen) und vom Herd nehmen.
3. Die Eimasse hineinrühren und die Soße schaumig schlagen.

1/2 l Rotwein
1/4 l Wasser
125 g Zucker
2 Eier
50 g Stärkemehl

Johanna Hofmann, Pfarrei St. Jakobus d. Ä., 97520 Röthlein

Desserts

Zwiderwurzn

Für den Weinteig:
200 g Mehl
1/4 l Weißwein
2 Eier
2 Eidotter
40 g flüssige Butter
1 Prise Salz
und Zucker
Butterschmalz
zum Ausbacken
Küchenkrepp

Für die Soße:
1 l weißen
Dessertwein
1/2 Zimtstange
2 Nelken

Außerdem:
8 Eier, hartgekocht

1. Mehl, Wein, ganze Eier und Eidotter zu einem dickflüssigen Teig verrühren, Butter, Salz und Zucker untermengen.
2. Hartgekochte Eier in den Weinteig tunken und schwimmend in heißem Schmalz ausbacken. Auf Küchenkrepp abtropfen lassen.
3. Diesen Vorgang noch zweimal wiederholen, damit sich eine dreifache „Teighaut" um die Zwiderwurzn legt.
4. Dessertwein mit Gewürzen erhitzen. Die Zwiderwurzn vorsichtig halbieren und in die erhitzte Weinsoße legen. Kurz ziehen lassen, mit der Schaumkelle herausnehmen und mit Soße beträufelt servieren.

Elisabeth Constantin, 82256 Fürstenfeldbruck, erhielt dieses alte Rezept von der Tante ihres Mannes. Die inzwischen verstorbene Pfarrköchin Rosa Stauder führte eine vorbildliche Küche im Pfarrhaus von Natz bei Brixen/Südtirol.

Quarkschnee

375 g Quark
1/8 l Milch
1 Pck. Vanillezucker
100 g Zucker
1/8 l Sahne,
steifgeschlagen
500 g Früchte
der Saison,
in Stückchen

1. Quark, Milch, Vanillezucker und Zucker schaumig rühren.
2. Schlagsahne unter die Quarkmasse heben.
3. Masse abwechselnd mit den Fruchtstücken in Glasschalen füllen, als letzte Schicht Quarkschnee. Rasch servieren.

Marianne Kessler, Dekanatsleiterin der Berufsgemeinschaft der Pfarrhaushälterinnen in der Erzdiözese Freiburg, ist Pfarrhausfrau für die Pfarrei St. Josef, 68163 Mannheim.

Gebäck

Schubert-Torte

1. Schwarzbrotbrösel in trockener Pfanne rösten, mit Rum durchfeuchten.
2. Mit den Mandeln genauso verfahren.
3. Eigelb und Zucker zu einer cremigen Masse aufschlagen, Brotbröseln, Kakao, Mandeln, Zitronat, Orangeat, Backpulver und Gewürze unterrühren.
4. Aus der Eiweißmenge einen festen Schnee schlagen und unter die Teigmasse ziehen.
5. Den Schwarzbrot-Bröselteig in eine gefettete Springform füllen und bei 175 Grad auf der mittleren Schiene des Backofens etwa 45–60 Minuten backen. Hölzchenprobe!
6. Boden nach dem Erkalten 2 mal durchschneiden. Mit reichlich Weichselmus (ersatzweise Preiselbeermarmelade) füllen.
7. Aus Puderzucker und Rum eine Glasur herstellen, Tortendeckel und Tortenränder damit bestreichen.
8. Flüssige Schokoladenkuvertüre in eine Tortenspritze füllen und Noten, Notenlinien und Notenschlüssel auf die Oberfläche „komponieren".

Helene Marsmann, 81825 München, ist im Besitz der handschriftlichen Aufzeichnungen ihrer verstorbenen Patentante aus der Zeit von 1908-1910, als diese bei den Altöttinger Schwestern vom Heiligen Kreuz kochen lernte.

Für den Teig:
150 g altbackenes Schwarzbrot, gerieben
3-4 EL Rum
100 g Mandeln, gemahlen
10 Eier, getrennt
250 g Zucker
60 g Kakao
30 g Zitronat, gehackt
30 g Orangeat, gehackt
1/2 Pck. Backpulver
1 Prise Zimt
1 Prise Nelkenpulver
Fett für die Form

Zum Füllen:
Weichselmus oder Marmelade aus Preiselbeeren

Für die Glasur:
200 g Puderzucker
1-2 EL Rum
Schokokuvertüre zum Garnieren

Gott,
wir freuen uns
Besuch zu haben.
Einen Menschen, der uns lieb ist.

Wir danken Dir,
daß Du uns zusammenführst,
daß Du uns Zeit gibst füreinander.

Sei Du zwischen uns,
damit wir einander spüren.
Sei Du die Brücke,
auf der wir aufeinander zugehen.
Sei Du das Wort,
damit wir einander verstehen.

Laß uns jetzt
Freude haben
an uns selbst
und aneinander
im gemeinsamen
Essen und Trinken
Amen.

Helga Greger, 87485 Wiggensbach

Gebäck

Pfarrers Malakoff

1. Aus Butter, Zucker, den ganzen Eiern, Eigelb, Mandeln und Kaffeepulver eine Creme rühren.
2. Den Boden einer Tortenform mit Pflanzenfett zart einfetten, mit Löffelbiskuits belegen und mit Rum befeuchten. 1/3 der Creme darüberstreichen. Diesen Vorgang noch zweimal wiederholen.
3. Über Nacht durchziehen lassen.
4. Vor dem Servieren eine Haube aus gezuckerter Schlagsahne darüberstreichen.

Ilse Sixt, 85667 Oberpframmern, erhielt dieses Rezept von der inzwischen verstorbenen Pfarrermutter und Pfarrhaushälterin Elisabeth Ripper, Pfarrei St. Andreas, Oberpframmern.

225 g Butter
210 g Zucker
1 1/2 Pck. Vanillezucker
2 kleine ganze Eier
5 kleine Eigelb
210 g Mandeln, geschält, gemahlen
1 TL Kaffeepulver
500 g Löffelbiskuits
1/8 l guter Rum
1 EL Pflanzenfett
1 Becher Sahne, steifgeschlagen und gezuckert

Zinsser Allpat

1. Eigelb mit Zucker, Zitronenschale und Zitronensaft vermengen und 30 Minuten lang zu einer sehr schaumigen Masse rühren.
2. Mandeln, Zimt, Gewürznelken und Sukkade nach und nach zugeben.
3. Eiweiß zu festem Schnee schlagen und vorsichtig unter die Masse heben.
4. Ebenso den Zwieback recht schnell durch die Masse ziehen.
5. Teig in eine mit Butter bestrichene Form füllen und im vorgeheizten Ofen bei 160-170 Grad etwa 1 1/4-1 1/2 Stunden backen.

Die Geschichte zum Rezept:
Die Erben des 1971 verstorbenen Geistlichen Rat Karl Leineweber, zuletzt Pfarrer in Ostwig im Sauerland, verkauften einige Bücher aus dem Nachlaß des Seelsorgers. Darunter auch das alte Koch- und Backbuch seiner langjährigen Pfarrhaushälterin Maria Krumscheidt. Es ist heute in meinem Besitz.

Rita Römer, 59909 Bestwig

9 Eier, getrennt
300 g Zucker
Schale einer Zitrone, abgerieben
Saft einer Zitrone
125 g Mandeln, gemahlen
1 TL Zimt
1 TL Gewürznelken, feingestoßen
100 g Sukkade (kandierte Schale von Zitrusfrüchten), feingewiegt
250 g Zwieback, gestoßen, durchgesiebt
Butter zum Befetten

Gebäck

Schneeballen

200 g Mehl
5 Eidotter
1/16 l Sahne
1 Prise Salz
und Zucker
Fett zum Ausbacken
Staubzucker
zum Bestreuen

1. Mehl auf ein Brett sieben und in die Mitte eine Mulde drücken. Eidotter, Sahne, Salz und Zucker hineingeben. Alle Zutaten von außen nach innen zu einem geschmeidigen Teig kneten. 30 Minuten rasten lassen.
2. Teigrolle formen, in je 1 cm dicke Stücke schneiden, Kugerl daraus drehen und jeweils dünn auswalken.
3. Die Teigflecken von oben nach unten mit einem Teigrad in sechs fingerbreite Streifen teilen, allerdings ohne dabei die Ränder zu durchtrennen.
4. Vorsichtig mit dem Kochlöffelstiel jeden zweiten Teigstreifen „auffädeln".
5. Schneeballen auf diese Weise in das heiße Fett gleiten lassen, hellgelb backen und reichlich mit Staubzucker bestäuben.

Elvira Wallner, Pfarrei St. Johannes, A-6033 Arzl/Innsbruck

Gebäck

Rehrücken

1. Eidotter mit Zucker sehr schaumig rühren. Die gut zerrührte Butter in die Masse geben, bis sie flaumig ist. Mandeln, geriebene Blockschokolade, Rum, Nelken, Zimt und Zitronenschale dazugeben und gut verrühren.
2. Eiklar sehr fest schlagen und mit den Semmelbröseln unter den Teig heben.
3. Eine Rehrückenform ausfetten, Teig einfüllen und im vorgeheizten Backrohr bei 180 Grad 75 bis 90 Minuten backen. Rehrücken ausstürzen und völlig erkalten lassen.
4. Mit Marmelade bestreichen.
5. Für die Schokoladenglasur Kokosfett im Wasserbad erwärmen, so daß es streichfähig ist. Puderzucker und Kakao mit heißem Wasser verrühren und unter das Kokosfett schlagen. Über den mit Marmelade bestrichenen Rehrücken gießen. Mit Mandelstiften „spicken".

Walburga Beier, Pfarrei St. Moritz, 86150 Augsburg, bekam dieses Rezept von einer älteren Dame aus dem Sudetenland.

Für den Teig:
4 Eier, getrennt
60 g Butter
120 g Zucker
80 g Mandeln, gerieben
80 g Schokolade, gerieben
1 Msp. Zimt
1 Msp. Nelken
Schale 1/2 Zitrone, abgerieben
40 g Semmelbrösel
1 EL Rum
Fett für die Form
Marmelade zum Bestreichen

Für die Glasur:
200 g Puderzucker
25 g Kakao
25 g Kokosfett
3 EL heißes Wasser
Mandelstifte zum Spicken

Menüs

Don Orazios Weihnachtsmenü

Lachshappen
Gratinierte Truthahnbrust
Italienisches Käsepanorama

Lachshappen

4 Scheiben Toast
60 g Räucherlachs
40 g Parmesan,
gerieben
60 g Mascarpone
8 schwarze Oliven,
feingehackt

1. Vom Lachs 40 g nehmen und feinhacken (Rest zum Garnieren zurückbehalten).
2. Lachsmasse zum Parmesankäse in eine Schüssel geben und mit Mascarpone zu einer Creme vermengen.
3. Scheiben leicht toasten, in Dreiecke schneiden und mit der Creme bestreichen.
4. Verbliebenen Lachs in dünne Streifen schneiden. Lachshappen mit Lachsstreifen und feingehackten Oliven garnieren und auf eine Platte legen.
Dazu: Vernaccia di Oristano (ein sherryähnlicher Wein aus Sardinien).

Menüs

Gratinierte Truthahnbrust

1. Mit einem scharfen Messer in das Brustfleisch 4 kleine Einschnitte machen und mit je 1/2 Knoblauchzehe, Salz, Pfeffer und flüssiger Butter würzen.
2. Fleisch aufrollen und mit Bindfaden umwickeln. Oberfläche salzen, das Fleischstück in eine Bratenpfanne legen und mit Olivenöl begießen.
3. Topf in den Ofen schieben und bei 180 Grad 40 Minuten braten lassen.
4. Die Zwiebeln nur kurz in leicht gesalzenem Wasser aufkochen.
5. Bratenpfanne aus dem Ofen nehmen, Fleisch mit etwas Fleischsaft in eine Schüssel geben, zudecken und auf einer Herdplatte bei mäßiger Temperatur warmstellen.
6. Zwiebeln mit einem Lochsieb aus dem Wasser heben, abtropfen lassen und in die Bratenpfanne mit dem verbliebenen Fleischsaft geben.
7. Zwiebeln mit Parmesan und Semmelbrösel bestreuen und im Ofen 20 Minuten bei 180 Grad gratinieren lassen.
8. Fleisch in feine Scheiben schneiden, auf einer erwärmten Platte mit dem Fleischsaft übergießen und mit dem Zwiebelgratin garnieren.
Dazu: Valpolicella (trockener Rotwein aus Venetien).

800 g Brust vom Truthahn, ohne Knochen
2 Zehen Knoblauch, halbiert
25 g Butter, flüssig
Pfeffer, Salz
50 g Olivenöl
800 g kleine Zwiebeln, geschält
1 1/2 l Wasser
1/2 TL Salz
2 EL Semmelbrösel
80 g Parmesan, gerieben

Außerdem:
kräftiger Bindfaden

Italienisches Käsepanorama

Einen herrlichen Ausblick bieten:
Gorgonzola
Parmesan-Käsebrocken
Taleggio
Provolone
Scamorza
Dazu gibt es einen gemischten Salat.

Die Geschichte zum Rezept:
Mit diesem Weihnachtsmenü möchte ich auf unseren kochenden Pfarrer, Don Orazio, Pfarrei St. Josef, aufmerksam machen. Auf der letzten Seite des Pfarrbriefes berichtet er seinen Schäfchen regelmäßig von den kulinarischen Aktivitäten im Pfarrhaus. Auch das ist für Don Orazio eine Form von Seelsorge, weil er glaubt, „daß ein gutes Essen die Menschen fröhlich macht und ihnen das Gefühl gibt, geliebt zu werden."

Josephine Königer, 82178 Puchheim

Vor der Mahlzeit:

Guter Gott,
segne diese Gaben,
die Du uns täglich neu schenkst.
Hilf all denen,
die nicht genug zu essen haben
und hungern müssen.
Sei Du unter uns.
Amen.

Nach der Mahlzeit:

Wir danken Dir
für all das Gute,
das Du uns schenkst.
Wir sind gestärkt für diesen Tag.
Begleite uns
und laß uns auch
andere Menschen
froh machen.
Amen.

Monika Zollner, 92256 Hahnbach

Pfarr-HERRLICHES zur WEIHNACHTSZEIT

Weihnachten

Lebkuchenküchlein

200 g Mehl
1/4 l Bier, hell (auch Mineralwasser oder Weißwein)
2 Eier, getrennt
40 g Butter, zerlassen
1 Prise Salz
Fett zum Ausbacken

1. Mehl, Flüssigkeit und Eigelb zu einem glatten Teig verquirlen. Flüssige Butter untermengen, Salz dazugeben.
2. Eiweiß nicht allzu steif schlagen und vorsichtig unter den Teig heben.
3. In diesen Backteig braune, einfache Lebkuchen tauchen und in Fett schwimmend ausbacken.
Mit Weinsoße servieren (siehe Rezept auf Seite 41).

Barbara Weh, Pfarrei St. Konrad, 86156 Augsburg, hat dieses Rezept von ihrer Urgroßmutter.

Krempelsetzer-Punsch

750 g Würfelzucker
Schale und Saft von 1 kg Orangen
Schale und Saft von 2 Zitronen
2 l Rotwein
1 l Weißwein
1 1/2 l Schwarztee
1/4 l Arrak oder Aquavit

1. Orangen und Zitronen heiß waschen und mit Würfelzucker abreiben.
2. Rot- und Weißwein mit den Zuckerstückchen erhitzen, Tee, Orangen- und Zitronensaft dazugießen, Arrak oder Aquavit zugeben und heiß in Punschgläsern servieren.
Übrigens: Arrak ist ein Branntwein auf Reisbasis, oft auch als „Schwester vom Rum" bezeichnet.

Dieser Punsch ist nach dem verstorbenen Rosenheimer Stadtpfarrer Josef Krempelsetzer benannt, dem die 84jährige Kathi Gmeindl, 83022 Rosenheim, 56 Jahren den Haushalt führte.

Weihnachten

Nonnenzeltlein von 1874

1. Weiche Butter gut schaumig rühren. Nach und nach unter Rühren die nicht zu kalten Eier in die Butter einarbeiten.
2. Mandeln, Zucker, Vanillezucker, Zimt, Zitronenschale, feingemahlene Semmelbrösel und Rumrosinen (Fertigprodukt oder über Nacht mit Rum beträufelte Rosinen) unterrühren.
3. Den nicht allzufesten Teig zugedeckt 10-15 Minuten im Kühlschrank ruhen lassen.
4. Fett erhitzen. Inzwischen mit einem Esslöffel auf dem Handteller eiförmige Nocken formen. In heißem Fett schwimmend auf beiden Seiten goldgelb ausbacken. Auf Küchenkrepp abtropfen lassen.
5. Wasser und Wein aufsetzen, Aromastoffe zufügen und den Sud erwärmen. Die Zeltlein darin 10 Minuten ziehen lassen.
6. Die Vanillesoße nach Anleitung bereiten. Zeltlein vorsichtig mit der Schaumkelle aus der Flüssigkeit heben und mit Vanillesoße und Mandelblättchen auf Desserttellern anrichten.

Elvira Wallner, Pfarrei Sankt Johannes, A-6033 Arzl/Innsbruck hat dieses Rezept eingesandt.

Für den Teig:
125 g Butter
3 Eier
65 g Mandeln, gemahlen
3 EL Zucker
1 Pck. Vanillezucker
1 Msp. Zimt
1 TL ungespritzte Zitronenschale, gerieben
7-8 EL Semmelbrösel
2 EL Rumrosinen

Zum Ausbacken:
Sonnenblumenöl oder Butterschmalz
Küchenkrepp

Für den Weinsud:
500 ml Rotwein
125 ml Wasser
1 EL Zucker
1 Msp. Zimt
4 Nelken
etwas ungespritzte Zitronenschale

Außerdem:
Mandelblättchen
1 Pck. Vanillesoße
500 ml Milch

Weihnachten

Prälatentaler

195 g Mehl
1 Msp. Backpulver
100 g Puderzucker
1 Pck. Vanillezucker
2 Eigelb, hartgekocht
1 EL abgeriebene Zitronenschale
125 g kalte Butter, kleingehackt
1 TL Kirschwasser

Zum Bestreichen:
Kirschmarmelade, püriert

Zum Garnieren:
Schokoladenglasur
kandierte Kirschen, halbiert

Außerdem:
Backtrennpapier

1. Mehl auf ein Backbrett sieben, mit Backpulver vermischen, Puderzucker dazusieben und Vanillezucker untermengen.
2. Zerdrücktes Eigelb, abgeriebene Zitronenschale, Butterflöckchen und Kirschwasser in das Mehl einarbeiten und alles rasch zu einem glatten Teig verkneten.
3. Eine Stunde zugedeckt an einem kühlen Ort rasten lassen.
4. Teig auf dem bemehlten Backbrett dünn auswalken und runde Plätzchen von etwa 5–6 cm Durchmesser ausstechen. Eine Hälfte der Plätzchen wird in der Mitte mit einer kandierten Kirschhälfte verziert.
5. Plätzchen auf ein mit Backtrennpapier ausgelegtes Blech setzen und bei 175 Grad etwa 10 Minuten hell backen.
6. Nach dem Erkalten Plätzchen ohne Kirsche mit Kirschenmarmelade bestreichen, Plätzchen mit Kirsche daraufsetzen und leicht zusammendrücken.
7. Kirschen mit einem Tupfer Schokoladenglasur verzieren.

Elvira Wallner, Pfarrei St. Johannes, A-6033 Arzl bei Innsbruck/Österreich

Maschindln

Für den Teig:
250 g Mehl
210 g kalte Butter, kleingehackt
1 EL Zucker
2 Eigelb
3 EL kaltes Wasser

Für den Belag:
3 Eiweiß
185 g Puderzucker
2 Pck. Vanillezucker
120 g Haselnüsse, gemahlen

1. Mehl auf ein Brett sieben, Butterstückchen und Zucker zugeben und rasch vermengen. Eigelb und Wasser dazukneten.
2. Teig zugedeckt 30 Minuten kühl ruhen lassen.
3. Eiweiß zu steifem Schnee schlagen, nach und nach Puderzucker, Vanillezucker und Haselnüsse untermengen.
4. Teig etwa 1/2 cm dick ausrollen und mit dem Nußschnee bestreichen.
5. In Streifen oder Rechtecke schneiden und bei 175 Grad hellgelb backen.

Kathi Gmeindl, 83022 Rosenheim, ist seit 61 Jahren Pfarrköchin und damit eine der dienstältesten Pfarrhaushälterinnen Deutschlands.

Weihnachten

Königlich-Sächsischer Christstollen

1. Gewaschene Rosinen mit Rum begießen und 24 Stunden ziehen lassen, ab und zu umrühren.
2. Lauwarmes Mehl in eine Schüssel sieben, eine Vertiefung eindrücken, die in etwas temperierter Milch aufgelöste Hefe hineingießen und mit etwas Mehl ein Hefestück (Vorteig) bereiten. Dieses 15 Minuten zugedeckt gehen lassen.
3. Zucker, Vanillezucker, Salz, Butter (keine Margarine) und Schmalz zufügen, restliche Milch zugeben und mindestens eine Stunde kneten.
4. Rosinen, Mandeln, Zitrusfruchtwürfel und Zitronenschale in den Teig einarbeiten und zugedeckt mindestens drei Stunden warm gehen lassen.
5. Teig halbieren, zwei länglich-ovale Laibe formen und längs etwas einkerben. Auf ein gebuttertes, leicht bemehltes Backblech setzen und nochmals etwa 30 Minuten gehen lassen. Bei zunächst 170, nach einer halben Stunde 190 Grad insgesamt etwa 1 1/2 Stunden backen.
6. Butter erwärmen und die erkalteten Stollen damit bestreichen. Mit einem Gemisch aus Zucker und Vanillezucker bestreuen, wieder mit flüssiger Butter bestreichen und reichlich Puderzucker darübersieben. Vor dem Verzehr mindestens eine Woche ziehen lassen.

Marlies Burghardt, Pfarrei St. Jakobus, 02826 Görlitz, hütet dieses kostbare Rezept aus der Hofküche des letzten Sachsenkönigs, Friedrich August III.

875 g Rosinen
2 Likörgläser Rum
1,5 kg Mehl
3/4 l Milch
150 g Hefe
35 g Salz
250 g Zucker
5 Pck. Vanillezucker
750 g Butter
65 g Rindertalg
65 g Schmer (Schweineschmalz)
250 g süße Mandeln, gemahlen
75 g bittere Mandeln, gemahlen
200 g Zitronat, kleingewürfelt
50 g Orangeat, kleingewürfelt
abgeriebene Schale von 3 Zitronen
Butter und Mehl für das Backblech

Zum Bestreichen:
flüssige Butter

Zum Bestreuen:
Zucker,
Vanillezucker,
Puderzucker

Weihnachten

Ecklmirl

Für den Teig:
1/8 l Wasser
30 g Butter
65 g Mehl
2 Eier

Für die Füllung:
150 g Butter
100 g Puderzucker
1 Eigelb
1 EL Nescafè
1-2 EL Kakao

1. Wasser zum Kochen bringen, Butter und Mehl auf einmal dazugeben und rühren, bis sich der Brandteig vom Topf löst. Von der Kochstelle nehmen.
2. Nach und nach die Eier untermengen. Teig abdecken und kaltstellen.
3. Mit dem Spritzbeutel Doppelstangerl - zwei Streifen parallel nebeneinander - aufs Blech setzen und bei 175 Grad hellbraun backen.
4. Inzwischen Füllung herstellen: Butter schaumig rühren, gesiebten Puderzucker und Eigelb zugeben, Kaffee- und Kakaopulver nach und nach unterrühren.
5. Jeweils ein Ecklmirl auf der Unterseite mit Creme bestreichen und ein zweites daraufsetzen.

Kathi Gmeindl, 83022 Rosenheim, ist seit 61 Jahren Pfarrköchin und damit eine der dienstältesten Pfarrhaushälterinnen Deutschlands.

Philomena-Plätzchen

Für den Teig:
250 g Butterschmalz
4 Eier
10 EL Milch
1 kg Mehl
1 Pck. Backpulver

Für den Zuckerguß:
200 g Puderzucker
1 EL warmer Himbeersaft

1. Butterschmalz in einem Topf erwärmen, vom Herd nehmen und kurz auskühlen lassen.
2. Zucker in das nicht mehr ganz flüssige Schmalz einrühren, nach und nach Eier und Milch zugeben und gut verrühren.
3. Mehl mit Backpulver vermischen und untermengen. 60 Minuten zugedeckt kalt ruhen lassen.
4. Teig in fünf Portionen teilen, auf bemehlter Unterlage dünn ausrollen und beliebige Formen ausstechen. Bei 175 Grad ungefähr 10 Minuten hellgelb backen.
5. Puderzucker und Himbeersaft zu einer dickflüssigen Glasur verrühren und die Philomena-Plätzchen damit bestreichen.

Anna Danner, 80634 München, bekam dieses Rezept von dem inzwischen verstorbenen Fräulein Philomena, Pfarrhaushälterin in St. Martin, Zorneding.

Weihnachten

Rum-Nougat-Schnitten

1. Zwei Biskuitplatten wie folgt herstellen: Je 6 ganze Eier schaumig schlagen, Zucker, Vanillezucker und Salz einrieseln lassen. Rühren, bis der Zucker sich gelöst hat, dann das Mehl-Backpulver-Gemisch vorsichtig unterrühren.
2. Masse auf ein mit Backpapier ausgelegtes Backblech streichen und im vorgeheizten Ofen bei 200 Grad etwa 20–25 Minuten backen. Auf einem Gitter abkühlen lassen.
3. Eine der beiden Biskuitplatten in etwa 2 cm große Würfel schneiden, in eine große Schüssel geben und mit Rum beträufelt durchziehen lassen.
4. Inzwischen Nougatcreme zubereiten: Vanillepudding nach Anleitung kochen, zum Schluß Nougat hineingeben und auflösen, den Topf in kaltes Wasser stellen und unter öfterem Rühren auf Zimmertemperatur abkühlen lassen. Butter schaumig schlagen und löffelweise den Pudding unterrühren.
5. Nougatcreme auf die Biskuitwürfel geben und mischen. Die so entstandene Masse auf die zweite Biskuitplatte streichen und kühlstellen.
6. Für den Guß alle angegebenen Zutaten gut verrühren und in eine kleine Plastiktüte füllen. Eine kleine Ecke abschneiden und den Guß dekorativ auf dem Kuchen verteilen.

Liesel Stief, Pfarrei St. Josef, 66424 Homburg-Jägersburg

Für je eine Biskuitplatte:
6 Eier
250 g Zucker
1 Pck. Vanillezucker
1 Prise Salz
250 g Mehl
1/2 TL Backpulver
Backpapier
3–4 EL Rum
zum Beträufeln

Für die Nougatcreme:
1 Pck. Vanillepudding
1/2 l Milch
1 Pck. Nougat
300 g Butter

Für den Guß:
1 Ei
1 EL Kakao
2 EL Puderzucker
3 Würfel Palmin

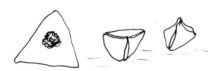

Pfaffenmützen

1. Butter auf dem Mehl in Stückchen hacken und mit den übrigen Zutaten zu einem glatten Teig kneten. Mindestens 1 Stunde kühl ruhen lassen.
2. Teig dünn ausrollen, in dreieckige Stücke schneiden und in die Mitte einen Klecks Marmelade setzen. Die drei Spitzen werden über der Füllung zusammengebogen und fest zusammengedrückt.
3. Auf einem gefetteten Backblech bei 200 Grad goldgelb backen.

Magdalena Hollweck, Pfarrhaushälterin i.R., 85051 Ingolstadt, hat dieses Rezept von der Eichstätter Bischofsschwester Maria Brems.

375 g Mehl
200 g Zucker
200 g kalte Butter
1 TL Zimt
abgeriebene Schale einer unbehandelten Zitrone
1 Msp. Nelken
2 ganze Eier
2 Eidotter
Marmelade nach Geschmack

Weihnachten

Frau Menkes Plätzchen:

Schokolade-Igel

3 Eiweiß
185 g Zucker
185 g Mandeln oder Nüsse, gerieben
Schale 1/2 Zitrone oder Apfelsine, abgerieben
1-2 EL Kakao
50 g Mandelstifte

1. Eiweiß zu steifem Schnee schlagen, Zucker nach und nach einrieseln lassen. Abgeriebene Schale und Kakao unterrühren.
2. Mit 2 Löffeln kleine Häufchen auf ein gefettetes Backblech setzen und mit Mandelstiften spicken. Die Schokolade-Igel bei 175 Grad 10 Minuten backen.

Vanillekipferl

250 g Mehl
150 g kalte Butterstückchen
65 g Puderzucker
65 g Mandeln, gemahlen
2 Pck. Vanillezucker
200 g Puderzucker, vermischt

1. Mehl mit Zucker, Butterstückchen und Mandeln rasch zu einem Mürbeteig verarbeiten, im Kühlschrank 1 Stunde ruhen lassen.
2. Teig auf bemehlter Arbeitsfläche in 5 Stücke teilen, mit kalten Händen aus jedem Teil eine fingerdicke Rolle herstellen, daumenlange Stücke abschneiden und zu Kipferl formen.
3. Bei 180 Grad lichtgelb (etwa 10 Minuten) backen und noch heiß in Vanillezucker-Puderzucker-Gemisch wälzen.

Paula Jürgens, 48282 Emsdetten, bekam diese beiden Plätzchenrezepte von Frau Menke aus ihrer Zeit als Haushälterin im Pfarrhaus Raesfeld bei Warendorf.

Weihnachten

Rahmkränze

1. Mehl, Butter und saure Sahne werden schnell zu einem Teig verarbeitet. 2–3 Stunden in Folie gewickelt kühlstellen.
2. Teig 1/2 cm dick ausrollen, mit Kranzförmchen ausstechen, mit Eigelb bestreichen und mit Hagelzucker und Mandeln bestreuen.
3. Bei 175 Grad im vorgeheizten Ofen hellgelb backen.

Maria Soddemann, 48308 Ottmarsbocholt-Senden, fand dieses Rezept im Kochbuch ihrer verstorbenen Tante, Josefine Peters, die 1924 im Pfarrhaus Ostenfelde als Küchenpraktikantin tätig war.

250 g Mehl
200 g kalte Butter auf Mehl, kleingehackt
5 EL saure Sahne
1 Eigelb zum Bestreichen
Frischhaltefolie

Zum Bestreuen:
100 g Hagelzucker
100 g Mandeln, geschält, gehackt

Weihnachten

Aus Agnes Menzingers Weihnachtsbackstube:

Studentenfutterplätzchen

Für den Teig:
125 g Mehl
1/2 TL Backpulver
40 g Zucker
1 Pck. Vanillezucker
1 EL Milch
60 g Margarine
Klarsichtfolie

Für den Belag:
30 g Butter
50 g Zucker
1 Pck. Vanillezucker
1 EL Honig
3 EL Sahne
250 g Studentenfutter, grob zerkleinert

Für den Guß:
75 g Kuvertüre, halbbitter
75 g Kuvertüre, Vollmilch
20 g Palmin

1. Mehl mit Backpulver mischen und auf ein Backbrett sieben. Eine Vertiefung in die Mitte drücken, Zucker, Vanillezucker und Milch hineingeben. Fett in Flöckchen auf dem Mehlrand verteilen. Alle Zutaten von außen nach innen rasch miteinander verkneten und zu einer Kugel formen. Teig in Klarsichtfolie einpacken und gekühlt rund 30 Minuten ruhen lassen.
2. Teig auf einem bemehlten Arbeitsbrett (oder zwischen Klarsichtfolie) ausrollen und runde Plätzchen im Durchmesser von etwa 6–7 cm ausstechen. Im vorgeheizten Backofen auf der zweiten Leiste von unten bei 170 Grad 7 Minuten vorbacken.
3. In der Zwischenzeit Butter, Zucker, Vanillezucker und Honig erhitzen und leicht bräunen. Sahne zugeben und solange rühren, bis sich der Zucker gelöst hat. Studentenfutter unterrühren.
4. Die vorgebackenen Plätzchen aus dem Ofen nehmen und den Belag so auftragen, daß dabei gut 1/2 cm Rand freibleibt. Bei gleicher Temperatur wie vorher 7 Minuten weiterbacken.
5. Zur Herstellung des Gusses die oben angegebenen Zutaten im Wasserbad schmelzen lassen. Plätzchen mit der unteren Seite und dem Teigrand eintauchen, auf ein Gitter legen und trocknen lassen.

Nikolausnüsse für erwachsene Leute

300 g weiße Schokolade
150 g Puderzucker
9 EL Rum (54 %)
250 g Walnüsse (in Hälften)

1. Schokolade im Wasserbad schmelzen.
2. Puderzucker und Rum mit dem Handrührgerät unter die Schokolade mischen und die Masse abkühlen lassen.
3. Daraus 1 1/2 cm große Kugeln formen und jeweils ein Bällchen zwischen zwei Walnußhälften drücken.

Weihnachten

Schnelle Himbeerschnitten

1. Aus den angegebenen Zutaten einen Teig kneten, in Folie einwickeln und im Kühlschrank 30 Minuten ruhen lassen.
2. Eiweiß steifschlagen und nach und nach Zucker einrieseln lassen. Mandeln und Himbeermarmelade vorsichtig unter die Schaummasse ziehen.
3. Den Teig auswellen, so daß er 2/3 des Backblechs bedeckt. Auf mittlerer Schiene bei 160 Grad 8–10 Minuten backen.
4. Teigboden aus dem Ofen nehmen und die Makronenmasse daraufstreichen. Solange backen, bis der Belag goldfarben ist.
5. Himbeerschnitten in 2 cm breite Schnitten schneiden.

Für den Teig:
200 g Mehl
100 g Zucker
1 ganzes Ei
1 Eigelb
100 g Butter
Klarsichtfolie

Für die Makronenmasse:
2 Eiweiß
125 g Zucker
125 g Mandeln, geschält, gemahlen
3 EL Marmelade von Himbeeren

Elisenlebkuchen

1. Eier und Zucker unter ständigem Rühren zu einer sehr schaumigen Masse aufschlagen.
2. Zitronat und Orangeat durch den Fleischwolf drehen und mit allen anderen Zutaten unter die Schaummasse mischen.
3. Teigmasse nicht ganz bis zum Rand 1 cm dick auf Oblaten streichen und über Nacht ruhen lassen.
4. Im vorgeheizten Ofen bei schwacher Hitze (150–160 Grad) etwa 20 Minuten backen.
5. Erkaltet mit Schokoladenglasur überziehen und nach Belieben mit geschälten Mandeln oder Zitronatstreifen verzieren.

Für den Teig:
9 mittelgroße Eier
1 kg Zucker
500 g Mandeln, gemahlen
500 g Haselnüsse, gemahlen
90 g Zitronat
90 g Orangeat
Muskatnuß
Kardamom
Zimt und Nelkenpulver (nach Gefühl)

Zum Garnieren:
400 g Schokokuvertüre, im Wasserbad aufgelöst
Mandeln, geschält oder Zitronatstreifen

Außerdem:
2 Pck. Back-Oblaten, 7 cm Durchmesser

Weihnachten

Pistazienstollen

Für den Hefeteig:
1 kg Mehl
3 Würfel Hefe (126 g)
100 g Zucker
3/8 l Milch
300 g Butter
2 Eier
1 EL abgeriebene Zitronenschale
1 TL Salz

Zum Unterkneten:
200 g Orangeat, feingewürfelt
120 g Zitronat, feingewürfelt
200 g Rohmasse von Marzipan, gewürfelt
200 g Pistazien, feingehackt
100 g Puderzucker
1 EL Maraschino
Vanillezucker zum Bestreuen
Puderzucker zum Bestäuben

1. Zerbröckelte Hefe mit etwas Zucker, der lauwarmen Milch und etwas Mehl zu einem dünnen Hefevorteig verrühren und warm gehen lassen.
2. Butter schmelzen.
3. Das verbliebene Mehl mit Salz in einer Schüssel vermischen. In die Mitte eine Kuhle drücken.
4. Den restlichen Zucker, die Eier und die abgeriebene Zitronenschale in die Mehlkuhle geben und mit etwas Mehl vom Rand verrühren.
5. Hefevorteig und zerlassene Butter einarbeiten und alles rasch zu einem glatten, geschmeidigen Teig verkneten.
6. Teig zugedeckt an einem warmen Ort 30–45 Minuten gehen lassen.
7. Marzipanwürfel, Zitronat, Orangeat, Pistazien, Puderzucker und Maraschinolikör vorsichtig unter den Hefeteig kneten. Zwei Stollen formen (Teighälften ein wenig ausrollen und zusammenklappen) und zugedeckt nochmals gehen lassen.
8. Auf einem gefetteten Blech im vorgeheizten Backofen bei 175 Grad etwa 60–75 Minuten backen.
9. Noch heiß mit viel Butter bestreichen und mit Vanillezucker bestreuen. Vor dem Servieren mit Puderzucker bestäuben.
Dieser Stollen schmeckt frisch am besten.

Agnes Menzinger, Pfarrei Heilig Geist, 86163 Augsburg

Weihnachten

Engadiner

1. Aus den angegebenen Zutaten einen Knetteig bereiten und zu Rollen formen. Über Nacht im Kühlschrank ruhen lassen.
2. In Scheiben schneiden. Falls dabei eine Nuß aus dem Teig fällt, wieder hineindrücken.
3. Auf dem gefetteten Backblech 8 bis 10 Minuten bei 175 Grad hellbraun backen.

Gertrud Schneider, 57234 Wilnsdorf, bekam dieses weihnachtliche Plätzchenrezept vor 25 Jahren von der Pfarrhaushälterin Maria Schöpf, die sie während eines Urlaubs in Tegernsee kennengelernt hatte.

700 g Mehl
400 g Butter
200 g Zucker
4 Eigelb
300 g ganze Haselnüsse
200 g Rosinen

Buttergebäck

1. Mehl auf der Arbeitsfläche mit Butter, Schmalz, Zucker, Zitronenschale, Eigelb, Arrak und Weißwein zu einem geschmeidigen Teig zusammenkneten. Zugedeckt über Nacht im Kühlschrank ruhen lassen.
2. Zucker und Mehl auf der Arbeitsfläche verteilen, darauf den Teig nicht zu dünn ausrollen, beliebige Formen ausstechen, auf Backpapier legen, mit Eigelb bestreichen und bei 175 Grad etwa 15 Minuten backen.

Marianne Zierer, Pfarrei Maria Himmelfahrt, 90584 Allersberg, hat dieses Rezept aus einem handgeschriebenen Kochbuch um 1900.

750 g Mehl
250 g Butter
190 g Schmalz
250 g Zucker
1 EL abgeriebene Zitronenschale
2 Eigelb
3 EL Arrak
3 EL Weißwein
1 Eigelb zum Bestreichen
Mischung aus Zucker und Mehl, zum Ausrollen

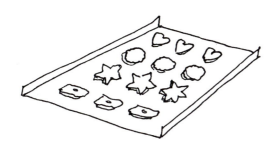

Weihnachten

Weihnachtliches Apfelbrot

750 g Äpfel, geschält, entkernt
Zitronensaft zum Beträufeln
250 g Zucker
250 g Sultaninen
je 1 TL Zimt und Nelkenpulver
1/2 Pck. Gewürz für Lebkuchen
500 g Mehl
1 Pck. Backpulver
200 g Nüsse, gehackt
1 EL Kakao

1. Äpfel feinblättrig schneiden, mit Zitronensaft beträufeln, mit Zucker vermischen und über Nacht stehen lassen.
2. Die gezuckerten Äpfelscheiben mit Sultaninen, Zimt, Nelkenpulver, Lebkuchengewürz, Nüssen, Mehl, Backpulver und Kakao mit der Hand vermengen und in eine gefettete Kastenform füllen.
3. Bei 200 Grad 1 Stunde backen.

Reinhilde Stuhlfelner, Schwester im Ursulinenkloster, 94315 Straubing, hat dieses Rezept aus ihrer Klosterküche eingesandt.

Hoheitsbrötchen

4 Eier
4 eischwer Zucker
4 eischwer Mehl
4 eischwer Mandeln, halbiert
4 eischwer Blockschokolade, gehackt
4 eischwer Rosinen

1. Eier mit der Schale abwiegen, um exakt das Gewicht („eischwer") der jeweils anderen Zutaten festsetzen zu können.
2. Eier, Zucker und Mehl gut zu einem Teig verrühren.
3. Mandeln, Rosinen und Schokolade ziemlich grob hacken, (es sollen keine Krümel in den Teig, damit er hell bleibt) und dazugeben.
4. Backblech mit Butter bestreichen und mit Mehl bestäuben.
5. Aus dem weichen Teig mit Hilfe eines Löffels vier Laibchen auf das Blech setzen und bei 190 Grad goldgelb backen.
6. Die Laibchen in Papiertüten an einem kühlen, luftigen Raum (zum Beispiel in einem Hängekorb) aufbewahren und erst vor Gebrauch in Streifen schneiden.

Dieses ergiebige Gebäck für den Weihnachtsteller schmeckt vorzüglich und enthält kein Fett.

Hedwig Bläsi, Pfarrei Herz Jesu, 74906 Bad Rappenau

Weihnachten

Traminer Weihnachtsbrot

1. Kandierte und getrocknete Früchtewürfel und Nüssehack mit Rum beträufelt über Nacht stehen lassen.
2. Eine sehr schaumige Masse aus 3 Dottern, 1 ganzen Ei, Butter und Zucker rühren.
3. Früchte und Nüsse mit 1 EL Mehl bestäuben und einmal wenden, damit sie nicht aneinanderkleben. Unter die Schaummasse heben.
4. Mehl mit Salz und Backpulver vermischen und zusammen mit der Milch ebenfalls dazugeben.
5. Zuletzt das verbliebene Eiklar von 3 Eiern zu steifem Schnee schlagen und vorsichtig unterheben.
6. Masse in eine gefettete und mit Mehl bestäubte Brotform einfüllen und bei 190–200 Grad 60 Minuten im vorgeheizten Backrohr backen.
7. Nach Abkühlung stürzen, mit Staubzucker bestreuen und in Scheiben schneiden.

Agnes Bologna, Pfarrei Maria Himmelfahrt, I-39020 Marling/Südtirol, hat dieses alte Rezept von ihrer Mutter geerbt.

500 g Mehl
120 g weiche Butter
220 g Zucker
3 Eier, getrennt
1 ganzes Ei
1 Pck. Backpulver
250 g Feigen, getrocknet, kleingewürfelt
70 g Zitronat, kleingewürfelt
40 g Orangeat, kleingewürfelt
50 g Pinienkerne, gehackt
100 g Sultaninen, gehackt
3 EL Rum
1 Prise Salz
1/8 l Milch
Butter zum Fetten der Form
Mehl zum Bestäuben
Staubzucker zum Bestreuen

Weihnachten

Weihnachtstorte für Diabetiker

4 Eier, getrennt
4 EL warmes Wasser
1 TL Süßstoff, flüssig
75 g Vollkornmehl vom Weizen
40 g Puddingpulver (Vanille)
1 TL Backpulver
3 EL Wein für Diabetiker
1/2 Rum-Aroma
100 g Konfitüre für Diabetiker
200 g Sahne, steifgeschlagen
2 Blatt Gelatine
6 g Kakao

Außerdem:
Pergamentpapier

1. Eigelb und warmes Wasser schaumig schlagen und flüssigen Süßstoff dazugeben. Aus Eiweiß einen festen Schnee herstellen und unterziehen. Mehl, Puddingpulver und Backpulver dazurühren.
2. Springform mit Pergamentpapier auslegen und den Teig einfüllen.
3. Bei 200 Grad im vorgeheizten Backofen 30 Minuten backen.
4. Torte auf einem Kuchengitter auskühlen lassen und einmal durchschneiden.
5. Rum und Weißwein mischen und den unteren Boden damit tränken.
6. Konfitüre darauf verteilen.
7. Aufgelöste Gelatine zur Schlagsahne geben. 1/3 der Masse auf die Konfitüre streichen, Tortendeckel aufsetzen.
8. Restliche Sahne über die Torte ziehen, auch an den Seiten.
9. Aus Papier Sterne ausschneiden, auf die Torte legen, mit einem Teesieb Kakao darüberstreuen, Sterne sehr vorsichtig entfernen. Torte in 12 Teile schneiden.

Entspricht 1,1 BE (Broteinheiten) je Stück.

Waltraut Merkel, 65191 Wiesbaden, Mutter des Pfarrers vom Pfarrverband St. Martin, Gau-Bickelheim

BISCHOFSBESUCH

Bischofsbesuch

Hausmannskost zur Firmung

Leberspätzlesuppe
Hirtengulasch mit Semmelknödel
Bunte Salate
Bananen-Schokocreme

Leberspätzlesuppe

2 Eier
70 g Butter
125 g Rinderleber, durchgedreht
100 g Semmelbrösel
1 Zwiebel, feingehackt
Salz, Pfeffer
Muskatnuß, frisch gerieben
frischer Majoran
abgeriebene Zitronenschale
1 Bund Petersilie, feingehackt
2 l Rindfleischbrühe

1. Eier und einen Teil der Butter (50 g) schaumig rühren, Leber und Semmelbrösel zugeben, mit den Gewürzen zu einem glatten Teig vermengen.
2. Die restliche Butter in einem Pfännchen erhitzen, Zwiebel und Petersilie darin anrösten, dem Teig zufügen und 10 Minuten ruhen lassen.
3. Das Gemisch durch ein Spatzensieb in die kochende Rindfleischsuppe treiben, 2–3 Minuten ziehen lassen.

Hirtengulasch

3 mittlere Zwiebeln, in Ringe geschnitten
750 g Rindsgulasch
je 2 rote und grüne Paprikaschoten, in Streifen geschnitten
1 TL Paprika
Salz, Pfeffer, Kümmel, Majoran
1 große Dose geschälte Tomaten
2 EL Butterschmalz
1/8 l Rotwein

1. Zwiebelringe in 1 EL Butterschmalz gut andünsten und wieder aus dem Topf nehmen.
2. Rindsgulasch mit Salz und Pfeffer würzen und in mehreren Portionen kräftig in dem verbliebenen Butterschmalz anbraten.
3. Zwiebelringe, die Hälfte der Paprikastreifen, das Paprikagewürz sowie die im Mixer pürierten Tomaten zufügen und aufkochen lassen. Mit Rotwein (oder Wasser) aufgießen und mit Kümmel und Majoran würzen.
4. Das Gulasch zugedeckt 1–1 1/2 Stunden bei mittlerer Hitze schmoren lassen. Bei Bedarf Wasser nachgießen.
5. Kurz vor Garende die verbliebenen Paprikastreifen zum Fleisch geben und abschmecken.

Bischofsbesuch

Semmelknödel

1. Semmeln in feine Scheiben oder kleine gleichmäßige Würfel schneiden.
2. Eier mit Milch verquirlen, über das Knödelbrot gießen und einziehen lassen, mit den Händen vorsichtig vermengen.
3. Zwiebel und die Petersilie in Butter anrösten und zum Semmelteig geben.
4. Mehl, Semmelbrösel und Gewürze zugeben und vorsichtig untermengen.
5. Mit nassen Händen Knödel formen und in leicht siedendem Salzwasser ziehen lassen, bis sie oben schwimmen.

6 altbackene Semmeln
2 Eier
1/4 l lauwarme Milch
1 EL Butter
1 kleine Zwiebel, feingehackt
2 EL Petersilie, feingewiegt
abgeriebene Zitronenschale
1-2 EL Semmelbrösel
2 EL Mehl
Salz

Bananen-Schokocreme

1. Milch mit Vanillezucker und geriebener Blockschokolade aufkochen.
2. In einem weiteren Gefäß Eigelb mit Zucker schaumig rühren, Speisestärke hinzufügen und glattrühren.
3. Unter ständigem Rühren mit dem Schneebesen die Schokoladenmilch zugeben und die Masse zum Kochen bringen.
4. Die Schokocreme in eine Metallschüssel umgießen und unter Rühren im kalten Wasserbad rasch abkühlen lassen.
5. Die reifen Bananen zerdrücken und unter die Creme mengen, in Schälchen füllen.
6. Die feste Banane in Scheiben schneiden, zur Hälfte in die geschmolzene Kuvertüre tauchen und auf Backpapier trocknen lassen. Die Creme damit belegen.
7. Schlagsahne in eine Tortenspritze einfüllen und mit Sahnetupfen garnieren.

1/2 l Milch
1 Pck. Vanillezucker
100 g Schokolade, gerieben
2 Eigelb
60 g Zucker
15 g Speisestärke
1 feste Banane
2 reife Bananen
1/2 Becher Sahne, steifgeschlagen
Schokokuvertüre

Außerdem:
Backpapier

Die Geschichte zum Rezept:
Die Leibspeise meines Pfarrers ist Gulasch. Im vorigen Jahr war bei uns Firmung, und Herr Pfarrer hatte elf Personen zum Essen eingeladen. Auf meine Frage, was ich kochen sollte, kam die Antwort: Gulasch - was sonst! Meinen Einwand, daß das doch ein viel zu einfaches Essen sei, ließ er nicht gelten. Und so machte ich mich auf die Suche nach einem etwas außergewöhnlichen Gulasch und fand das Hirtengulasch. Die Begeisterung beim Pfarrer und den Gästen war groß. Und ich wurde eines anderen belehrt: daß auch einfache Hausmannskost zum Festessen geraten kann.

Helga Greger, Pfarrei St. Pankratius, 87485 Wiggensbach

Vor dem Essen

Gott, Du Vater;
immer wieder neu
dürfen wir die Gaben
Deiner Schöpfung
empfangen.
Du schenkst uns
aus dem Reichtum
Deiner Liebe,
was wir
zum Leben brauchen.
Für alles,
was
Deine Hand uns schenkt,
sagen wir Dir Dank.
Öffne unseren Blick füreinander,
damit wir
im Guten wachsen
durch Christus,
unseren Herrn.
Amen.

Nach dem Essen

Herr, unser Gott,
wir danken Dir
für alles Gute,
das Du uns
durch Menschen schenkst.
Öffne unsere Augen für die Not
der Einsamen und Armen.
Halte wach in uns
den Hunger und Durst
nach Gerechtigkeit und Frieden.
Herr, wir hoffen auf Dich.
Amen.

Maria Ostendarp, 48712 Gescher

Bischofsbesuch

Bischof Wilhelms Visitationsmenü

Weizene Kasnocken
Bröselknödl in der Fleischsuppe
Rindslungenbraten mit Gemüse
Polsterzipf

Zum Nachmittagskaffee:
Kaffee-Torte ohne Mehl

Weizene Kasnocken

1. Zwiebel in Butter abrösten, unter das Knödelbrot mischen, Milch und Eier verquirlen und darüberschütten.
2. Schnittlauch, Salz, Mehl und Käsewürfel daruntermengen.
3. Etwa 10 Minuten ruhen lassen. Nocken formen, in kochendes Salzwasser geben, aufkochen und 10 Minuten leise ziehen lassen.
4. Nocken herausnehmen, in eine heiße Schüssel geben, Parmesankäse darüberstreuen und zum Schluß mit heißer, brauner Butter übergießen.

1 Zwiebel, feingeschnitten
3 EL Butter
500 g Knödelbrot
1/2 l Milch
3 Eier
50 g Schnittlauch, in Röllchen
Salz
30 g Mehl
200 g Graukas (ersatzweise Harzer), in Würfel geschnitten
3 EL Parmesan, gerieben
2 EL Butter zum Begießen

Bröselknödel in der Fleischsuppe

1. Butter schaumig rühren, nach und nach Eier, Brösel, Salz, Pfeffer und feingehackte Petersilie dazugeben. Einige Minuten ziehen lassen.
2. Probeknödel formen, in die kochende Suppe geben und ungefähr 15 Minuten ziehen lassen. Ist die Masse zu fest, kann man mit Milch oder Rahm korrigieren.

70 g weiche Butter
2 Eier
6 EL Semmelbrösel
Salz und Pfeffer
1 EL Mehl
Petersilie
3/4 l Fleischbrühe

Bischofsbesuch

Rindslungenbraten mit Gemüse

*1 kg Rindslungen-
braten (Filet)*
1 TL Senf
Salz
*schwarzer Pfeffer,
frisch gemahlen*
*Olivenöl
zum Anbraten*
1 Zwiebel, geviertelt
*2 Karotten,
grobgeschnitten*
*100 g Sellerie,
gewürfelt*
1/4 l Rotwein
*1/2 l Gemüsebrühe
(1/2 Würfel)*
5 Pfefferkörner
1 Lorbeerblatt
*50 g getrocknete
Steinpilze*
1 Speckschwarte
5 Gewürznelken
*2 Tomaten,
geviertelt*
1 TL Kartoffelmehl

1. Rindfleisch mit Senf einreiben, damit es eine schöne braune Farbe erhält, salzen, pfeffern und in Öl braun anbraten.
2. Zwiebel, Karotten, und Sellerie hinzufügen und mitrösten.
3. Angebratenes Fleisch herausnehmen, in eine Kasserolle legen, warmstellen.
4. Den Bratenfond mit Rotwein ablöschen, aufkochen lassen, bis er verdunstet ist, dann die Brühe hinzufügen.
5. Pfefferkörner, Lorbeerblatt, Pilze, Speckschwarte, Gewürznelken und Tomaten dazugeben und aufkochen.
6. Die Soße über das Fleisch in der Kasserolle gießen und zusammen 1 Stunde dünsten lassen.
7. Fleisch herausnehmen und warmstellen. Soße durch ein Sieb passieren.
8. Kartoffelmehl mit wenig Wasser abrühren und in die Soße quirlen.

Bischofsbesuch

Polsterzipf

1. Alle Zutaten zu einem glatten, eher festen Teig verarbeiten, gut durchkneten und zugedeckt 1 Stunde rasten lassen.
2. Teig auf einem bemehlten Brett dünn austreiben (ausrollen)
3. Nun mit einem Teigrädchen viereckige Flecken (ca. 7x7 cm) ausradeln.
4. In die Mitte der einzelnen Teigflecken kleine Marmeladehäufchen setzen.
5. Teigflecken so zusammenklappen, daß Dreiecke entstehen. An den Rändern sehr sorgfältig andrücken.
6. In Fett schwimmend ausbacken, auf Küchenkrepp zum Entfetten legen und mit Staubzucker bestäuben.

Für den Teig:
250 g Mehl
80 g weiche Butter
140 ml Sahne
1 Ei
1 TL Zucker
1 Prise Salz
2 – 3 EL kalte Milch
1 EL Rum
1 Msp. Natron

Für die Füllung:
Ribislmarmelade
(Marmelade von
Johannisbeeren)
Fett zum Ausbacken
Küchenkrepp
Staubzucker

Kaffee-Torte ohne Mehl

1. Zucker und Dotter flaumig rühren.
2. Mandeln und Kaffeepulver unterrühren, zuletzt den Schnee von 8 Eiklar leicht unterheben.
3. Tortenform buttern, mit Mehl ausstäuben, Masse einfüllen und im vorgeheizten Ofen 50 Minuten bei 160 Grad backen.
4. Nach dem Erkalten Torte durchschneiden, mit Schlagsahne füllen und mit Schokoladenglasur überziehen.

Agnes Bologna, Pfarrei Maria Himmelfahrt, I-39020 Marling/Südtirol

210 g Zucker
8 Eier, getrennt
210 g Mandeln
(ungeschält),
gerieben
15 g Kaffeebohnen,
feingemahlen
Butter zum
Fetten der Form
Mehl zum
Bestäuben der Form
1 Becher Sahne,
steifgeschlagen,
gezuckert
Schokoladenglasur

Bischofsbesuch

Bischofssuppe

3 Zwiebeln, feingehackt
1 kleine Stange Lauch, in dünne Ringe geschnitten
2 EL Butter
1 – 2 EL Mehl
1/4 l Weißwein, trocken
1/2 l Fleischbrühe
schwarzer Pfeffer, frisch gemahlen
1/2 Knoblauchzehe, auf 1/4 TL Salz zerdrückt
1 Lorbeerblatt
2 Eier
1/8 l Sahne
1 EL Schnittlauch, in Röllchen

1. Zwiebeln und Lauch hell in Butter anrösten, mit etwas Mehl stauben und mit Weißwein ablöschen.
2. Mit Fleischbrühe auffüllen und mit Pfeffer, mäßig Knoblauchsalz und Lorbeer würzen.
3. Gut durchkochen lassen und durch ein Sieb streichen.
4. Eier mit Sahne gut aufschlagen und in die heiße, aber nicht mehr kochende Suppe einquirlen.
5. Mit Schnittlauchröllchen bestreut anrichten.

Magdalena Hollweck, pensionierte Pfarrhaushälterin in 85051 Ingolstadt, fand dieses Rezept im handgeschriebenen Kochbuch von Fräulein Maria Brems, Schwester des Eichstätter Bischofs Alois Brems (1968-1983). Als ehemalige Hauswirtschaftsschülerin der Bischofsschwester hat Magdalena Hollweck das Kochbuch aus dem Jahr 1923 von Fräulein Maria geerbt.

Mitternachtssuppe

250 g Hackfleisch
2 – 3 EL Öl
3 – 4 große Zwiebeln, gewürfelt
2 Knoblauchzehen, gepreßt
1 Lauch, in feine Streifen geschnitten
1 Dose rote Bohnen
1 l Fleischbrühe
1 Dose Ochsenschwanzsuppe
1/4 l Rotwein, trocken
Salz, Chilipulver, Paprika
1 Prise Zucker
1 EL Weinessig

1. Hackfleisch in heißem Öl scharf anbraten, Zwiebelwürfel, Knoblauch und Lauchstreifen mitdünsten.
2. Bohnen – ohne Flüssigkeit – und Brühe zugeben. Alles durchkochen lassen.
3. Ochsenschwanzsuppe hinzufügen, umrühren, Rotwein zugeben, mit den oben angegebenen Gewürzen abschmecken und nochmals aufkochen lassen.

Die Suppe läßt sich gut für allfälligen mitternächtlichen Gästehunger einfrieren.

Karin Fangmann, Pfarrei St. Peter und Paul, 49692 Cappeln/Oldenburg

Bischofsbesuch

Nonnenauflauf

1. Butter (125 g) in einem Topf auf dem Herd schmelzen, Mehl und Speisestärke einrühren, die mit Zitronenschale gewürzte Milch langsam aufgießen und glatt verkochen.
2. Ganze Eier und die Mandeln einarbeiten und alles zu einer dicken Masse aufschlagen.
3. In einer Schüssel 30 g Butter mit dem Eigelb von 5 Eiern schaumig rühren und ebenfalls tüchtig in die Masse einrühren. Vom Herd nehmen.
4. Eiweiß von 5 Eiern zu festem Schnee schlagen, darunterheben. Die Masse in eine ausgebutterte Form füllen und im vorgeheizten Backrohr 60 Minuten bei 150 Grad backen.

Magdalena Hollweck, pensionierte Pfarrhausfrau in 85051 Ingolstadt, entnahm dieses Rezept dem Kochbuch ihrer Hauswirtschaftslehrerin, Fräulein Maria Brems.

125 g Butter
180 g feines Mehl
80 g Speisestärke, zweimal gesiebt
150 g Zucker
4 ganze Eier
70 g Mandeln, gerieben
1/2 l Milch, mit 1 TL geriebener Zitronenschale gewürzt
30 g Butter
5 Eier, getrennt
Butter für die Form

Silvester-Gebet

Ich sagte zu dem Engel,
der an der Pforte
des neuen Jahres stand:
Gib mir ein Licht,
damit ich sicheren Fußes
der Ungewißheit
entgegen gehen kann.

Er gab mir zur Antwort:
Gehe nur hin
in die Dunkelheit
und lege deine Hand
in die Hand Gottes!
Das ist besser
als ein Licht
und sicherer
als ein bekannter Weg.
(aus China)

Elvira Wallner, A-6033 Arzl/Innsbruck

Bischofsbesuch

Boeuf à la mode

1. Fleisch salzen und pfeffern.
2. Auf den Boden eines Bratentopfs mit gut sitzendem Deckel die ersten 4 Scheiben Speck legen, Zwiebel und Suppengemüse darüber verteilen, Fleisch daraufsetzen und mit den restlichen 4 Scheiben Speck bedecken.
3. Mit etwas Brühe aufgießen, Essig und Brotrinde dazugeben und im geschlossenen Topf etwa 2 Stunden dünsten.
4. Wenn das Fleisch weich ist, mit Zitronenschale bestreuen und bei offenem Topf ein bißchen bräunen lassen, gegebenenfalls noch Brühe dazugießen.
5. Soße mit dem Mixstab pürieren, abschmecken, mit Crème fraîche binden. Das Fleisch in fingerdicke Scheiben schneiden und sofort servieren.

Renate Pfeiffer, 80797 München, hat dieses Rezept von ihrer Großmutter. Sie war Wirtschafterin und Köchin und hat um die Jahrhundertwende ihre Lehrzeit bei den Dominikanerinnen in Bad Wörishofen absolviert.

750 g Rinderbraten (oder Spickbraten)
8 dünne Scheiben Speck
1 Zwiebel, kleingeschnitten
1 Gelberübe, kleingeschnitten
1 Petersilienwurzel, gewürfelt
1 Stück Sellerie, gewürfelt
1/4–1/2 l Brühe
2 EL Weinessig
Rinde von 1 Scheibe Schwarzbrot
1/2 Zitrone, abgerieben
2 EL Crème fraîche
Salz, Pfeffer

Bischofsbesuch

Bischofs-Schnitten

Für den Bröselteig:
560 g Mehl
280 g kalte Butter, in Stückchen gehackt
280 g Zucker
Abgeriebenes von 1 Zitrone
7 Eidotter
1 TL Zimt
1 Msp. Nelken
3 Bögen Backtrennpapier

Für den Belag:
140 g Grillage (Krokant aus 140 g Zucker, 140 g Mandelstiften, 1 TL Butter)
140 g Mandeln, gehackt
210 g Zucker
4 Eiklar
50 g getrocknete Quittenscheiben, feingewiegt
50 g getrocknete Zwetschgen, feingewiegt
70 g Rosinen, feingewiegt
3 EL Rum
je 1 Msp. Zimt und Nelken
20 g Mehl
ein paar Löffelbiskuits, zerbröselt

1. Mehl auf ein Backbrett schütten, Butterstückchen hineinbröseln, Zucker, Zitronenschale, Zimt, Nelken und Dotter schnell in den Teig einarbeiten, ohne ihn zuviel zu kneten. Zugedeckt an einem kühlen Ort 60 Minuten ruhen lassen.
2. Zwei Drittel des Bröselteiges auf Backtrennpapier dünn austreiben (Teigrest kaltstellen), auf das Blech legen und etwa 10 Minuten bei 175 Grad halbgar backen.
3. Inzwischen Grillage (Krokant) herstellen: Zucker in einem Pfännchen erhitzen, bis er vollständig aufgelöst ist, Mandelstifte zugeben und Butter unterrühren. Mandelmasse auf Backtrennpapier streichen und erkalten lassen. Einen Bogen Backtrennpapier über die erstarrte Masse breiten und mit dem Teigroller zerkleinern.
4. Grillage, gehackte Mandeln und Zucker gut mit den Eiklar verrühren. Getrocknete Früchte, Rum, Zimt, Nelken, Mehl und Biskuitbrösel dazumischen.
5. Diesen Belag auftragen, wenn der Bröselteig zur Hälfte gebacken ist.
6. Den verbliebenen Bröselteig auf einem bemehlten Brett zu einer dünnen Platte austreiben und mit dem Teigrädchen fingerbreite Streifen abradeln. Streifen als Gitter über den Belag legen und bei 175 Grad etwa 10 – 15 Minuten fertigbacken.
7. Erkalten lassen und in gleichmäßige Schnitten schneiden.

Margret Kanigowski, 81377 München, fand dieses Rezept in dem 1900 erschienenen Kochbuch der Propsteiköchin Creszenz Trebo aus Innichen/Südtirol mit dem Titel: „Tiroler Kochbuch mit besonderer Rücksicht auf bürgerliche Kreise und Wirtschaften in Pfarrhöfen" und hat es für heutige Eßgewohnheiten aufbereitet.

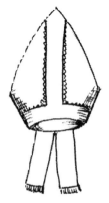

Bischofsbesuch

Bischofsbrot

1. Die Eier mit der Schale abwiegen, um das nötige Gewicht („eischwer") Mehl und Zucker zu bestimmen.
2. Eier, Zucker und Vanillezucker zu einer sehr dicken Schaummasse aufschlagen, Mehl dazusieben und untermengen. Die Geschmackszutaten dazugeben.
3. Teig in eine große, gefettete Kastenform füllen und 60 Minuten bei 175 Grad backen. Hölzchenprobe!

Helene Marsmann, 81825 München, ist im Besitz der handgeschriebenen Klosterrezepte ihrer verstorbenen Patentante aus der Zeit von 1908-1910, als diese bei den Altöttinger Schwestern vom Heiligen Kreuz kochen lernte.

5 Eier
5 eischwer Zucker
1 Pck. Vanillezucker
5 eischwer Mehl
60 g Rosinen
60 g Korinthen
30 g Mandeln, geschält, gemahlen
30 g Zitronat, kleingewürfelt
30 g Orangeat, kleingewürfelt

Schoko-Nuß-Bombe

1. Den Zucker und die Eidotter etwa 30 Minuten sehr schaumig schlagen.
2. Blockschokolade über dem Wasserbad zergehen lassen und der Schaummasse beifügen.
3. Nüsse, Mehl und Backpulver vermischen. Eiweiß zu steifem Schnee schlagen. Beides abwechselnd in kleinen Portionen vorsichtig unter den Teig heben.
4. Springform einfetten, den Teig einfüllen und bei 175 Grad etwa 60 Minuten backen. Auf einem Kuchengitter einige Stunden auskühlen lassen.
5. Inzwischen Creme herstellen: Nüsse, Zucker und Milch miteinander unter Rühren aufkochen, bis sich der Zucker aufgelöst hat. Abkühlen lassen.
6. Zur Herstellung der Glasur Kochschokolade und Margarine über Dampf zergehen lassen und zu einer Creme aufschlagen. Vom Herd nehmen und unter Rühren etwas abkühlen lassen, bis die Glasur dickflüssig ist.
7. Tortenboden zweimal durchschneiden und mit der Walnußcreme füllen.
8. Tortendeckel und -ränder mit Schokoladenglasur bestreichen. Mit Walnußhälften garnieren.

Rosa Lehner, Pfarrei St. Margarethen, A-7062 St. Margarethen/Österreich

Für den Teig:
250 g Puderzucker
12 Eier, getrennt
6 Rippen Schokolade
250 g Haselnüsse, gemahlen
25 g Mehl
1/2 Pck. Backpulver
Fett für die Form

Für die Creme:
225 g Walnüsse, gemahlen
120 g Zucker
1/8 l Milch

Für die Glasur:
150 g Schokolade zum Kochen
150 g Margarine
Walnußhälften zum Garnieren

Bischofsbesuch

Grafentorte

Für den Teig:
8 Eier, getrennt
250 g weiche Butter
375 g Zucker
125 g Haselnüsse, gemahlen
1 Pck. Backpulver
375 g Mehl

Für die Füllung:
200 g weiche Butter
200 g Puderzucker
3 Eigelb
1 EL Vanillezucker
150 g feinbittere Schokolade

Für den Guß:
3 EL Zucker
6 EL Wasser
150 g feinbittere Schokolade

Zum Garnieren:
kandierte Kirschen, halbiert
Pistazien, feingehackt

1. Eigelb und Butter zu einem dicken Schaum aufschlagen. Nach und nach Zucker einrieseln lassen und alles gut verrühren.
2. Nüsse und das mit Backpulver vermischte Mehl zum Teig fügen und unterrühren.
3. Eiweiß zu steifem Schnee schlagen und vorsichtig unter die Masse heben.
4. Springform buttern, Tortenmasse einfüllen und etwa 40 Minuten bei 175 Grad hellbraun backen. Auf einem Gitter erkalten lassen.
5. Für die Füllung Butter mit dem Handquirl so lange rühren, bis sie weiß und sahnig ist. Unter ständigem Weiterrühren in kleinen Portionen abwechselnd gesiebten Puderzucker, Eigelb und Vanillezucker einarbeiten.
6. Beide Bitterschokoladen für Guß und Füllung zerkleinern und in einem Schüsselchen über dem Wasserbad zum Schmelzen bringen. Vom Herd nehmen, kühlrühren und die Hälfte dieser Masse unter die Buttercreme ziehen.
7. Torte zweimal durchschneiden, mit Buttercreme bestreichen und aufeinandersetzen.
8. Für den Guß Zucker und Wasser zum Kochen bringen und so lange kochen lassen, bis sich der Zucker gelöst hat. Die andere Hälfte der geschmolzenen Schokolade in die Zuckerlösung geben und rühren, bis der Guß glänzt. Die Torte damit bestreichen und mit Pistazien und kandierten Kirschhälften verzieren.

Anna Danner, 80634 München, erhielt dieses Rezept von der inzwischen verstorbenen Pfarrersköchin Fräulein Philomena, Pfarrei St. Martin, Zorneding.

Bischofsbesuch

Rezept-Rätsel:

Bibelkuchen

1. Traktiere den Römer 11,16 so, wie die Weisen raten, daß man seine Kinder „erziehe" (Sprüche 23,14).
2. Die Nahum 3,12 werden kleingeschnitten.
3. Numeri 17,23 schälen und feinhacken.
4. Alles mit Könige 5,2 bestäuben.
5. Den Römer 11,16 in einen Hosea 7,4 schieben.
6. Ihn wie Matthäus 20,12 darinnen lassen.

*1 Bibel
(möglichst neuerer Übersetzung)*
*1 1/2 Tassen
Richter 5,25b*
*2 Tassen
Richter 14,14*
*6 Stück
Jeremia 17,11*
*1/2 Tasse
Korinther 3,2*
1 Prise Markus 9,50
*2 Tassen
1 Samuel 30,12b*
*2 Tassen
Nahum 3,12*
*1 Tasse
Numeri 17,23*
*4 Tassen
1 Könige 5,2*

Die Lösung zum Rezept:

1. Teig mit Stock rühren.
2. Feigen kleinschneiden.
3. Mandeln schälen und hacken.
4. Alles mit Mehl bestäuben.
5. Teig in den vorgeheizten Backofen schieben.
6. Eine Stunde (bei 175 Grad) backen lassen.

Berta Scholz, Pfarrei St. Georg, 04157 Leipzig

Für den Teig:
4 Tassen Mehl
2 TL Backpulver
1 1/2 Tassen Margarine
2 Tassen Zucker
6 Eier
1/2 Tasse Milch
1 Prise Salz
2 Tassen Wasser

In den Teig:
2 Tassen Feigen
1 Tasse Mandeln

Außerdem:
Mehl zum Bestäuben

Die „Bischofssuppe" ist gelöffelt, der „Nonnenauflauf" verspeist. Und wer wäscht ab?

Es muß nicht immer die Pfarrhaushälterin sein. Am Barockhimmel der Klosterkirche Fürstenfeld bei München hat die Emanzipation am Kochlöffel schon im Jahr 1731 Einzug gehalten. Da stellte nämlich der große Freskenmaler Cosmas Damian Asam kurzerhand den jungen Jesus zum Küchendienst ab: Im rechten Teil des Bildes agiert Gottes Sohn als Tellerwäscher. Hemdsärmelig steht er an einem kupfernen Spülbecken. Um einen fast weiblich anmutenden Kittel hat er eine Schürze gebunden, aus der ziemlich lässig ein Löffel herausschaut. Nur der kreuzförmige Strahlenkranz weist auf seine göttliche Herkunft hin. Jesus macht seine Hausarbeit lächelnd, beschwingt, sozusagen mit links. Keine Spur von „Frust" in seinen Gesichtszügen. Im Gegenteil: Er findet auch noch Zeit, über die Schulter hinweg mit der belgischen Nonne Gudula († 712) zu plaudern, die in ihrer Bratpfanne gerade eine gesegnete Mahlzeit brutzelt. Kurzum: Jesus, ein Mensch wie du und ich. Jesus, der Mann, der freiwillig ein Stück seiner Macht abgibt, ohne sich dabei minderwertig zu fühlen: Kein Gernegroß, ein Gerneklein ist dieser göttliche Tellerwäscher.

Gemütlicher Plausch beim Abwasch in der gut ausgestatteten Küche der Zisterzienserabtei Fürstenfeld. Küchendienst im Dienst an der Kirche. Mann und Frau, jeder auf seine Weise. Jeder, wo es gerade brennt. Die Legende vom Tellerwäscher Jesus zählt zu den ältesten Überlieferungen des Zisterzienserordens und macht wie kaum eine andere deutlich, daß irdisches und mystisches Leben, Leib und Seele, eine Einheit sind.

Das gilt nicht nur für den Klosteralltag des Mittelalters. Das barocke Fresko vom emanzipierten Jesus, der sein Selbstwertgefühl aus seiner Menschlichkeit und nicht aus seiner Männlichkeit bezog, steht auch für dieses Kochbuch der kirchlichen Eßkultur: Das Klischee vom Pfarrhaus, das der Pfarrhaushälterin die Rolle der ewig Dienenden und dem Hochwürden die des Herren zuweist, gehört zunehmend der Vergangenheit an. In Pfarrhäusern unserer Tage ist der aktive Beistand des Seelsorgers beim Tischabräumen oder Tellerwaschen längst Bestandteil des Küchenalltags geworden. Und manche Pfarrer schlagen sich auch mal selbst ein Ei in die Pfanne.

Auf diesem Fresko von Cosmas Damian Asam (anno 1731) besorgt der Gottessohn (rechts im Bild, am kreuzförmigen Nimbus erkennbar) persönlich den Abwasch.

Foto: Buchwald

Asams Botschaft, vor über 260 Jahren an den Freskenhimmel der Klosterkirche Fürstenfeld gemalt, stimmt fröhlich. Heitere Aussichten auf eine geschwisterliche Zukunft in der Kirche. Eine Zukunft, die bereits begonnen hat.

Ursula Goldmann-Posch

Register

Vorspeisen und kleine Gerichte   Seite

Herzhafte Rosenkohltorte *	8
Orangenkörbchen „Natanga"	9
Wildpastete	10
Lachshappen	48

Salate

Knoblauch-Couscous-Salat	12
Salat der vierten Jahreszeit	13

Suppen und Suppeneinlagen

Andivien-Supp'n	21
Bischofssuppe	74
Bröselknödel in der Fleischsuppe	71
Bunte Fischsuppe	16
Fränkische Mostsuppe	14
Gebackene Butterknödel	22
Käsebällchen	19
Käsesuppe für den Abend	20
Leberspätzlesuppe	68
Mitternachtssuppe	74
Pfeffersuppe	14
Rahmschöberl exquisit *	19
Scharfe Sauerkrautsuppe	20
Schwäbische Brotsuppe	17
Soljanka	15

Register

Fastenspeisen und vegetarische Gerichte

Blumenkohl auf besondere Art	29
Gebackene Klöße	23
G´schnittne-Bratne-Nudeln mit G'stöckelter *	28
Kartoffelgratin als Hauptgericht	26
Nonnenauflauf	75
Nudelsauerkraut	23
Pfarrers Trost	28
Schupfnudeln	26
Semmelknödel	69
Spätzle-Sauerkraut-Auflauf *	29
Sterz-Variationen aus dem Burgenland	27
Vollkorn-Lasagne mit Gemüsefüllung	24
Weizene Kasnocken	71

Fleisch und Aufläufe

Boeuf à la mode	77
Brotauflauf *	32
Entenfrikassee mit Zwiebeln	37
Gratinierte Truthahnbrust	49
Hirtengulasch *	68
Koteletts auf Wirsingbett	34
Pfälzer Saumagen	35
Pfundstopf	30
Rindslungenbraten mit Gemüse	72
Sahneschnitzel-Auflauf	36
Schlesisches Himmelreich	32
Ungarische Medaillons	34
Westfälisches Schinkenbegräbnis	31

Register

Desserts, Marmeladen, Weine und Bowlen

B'soffener Hansl	39
Bananen-Schokocreme	69
Italienisches Käsepanorama	49
Kartäuserklöß mit Weinsoß	41
Mocca-Likör aus dem Pfarrhaus	38
Orangenquark mit Schoko-Rum-Sahne	38
Quarkschnee	42
Weinsoße	41
Zwiderwurzn	42

Gebäck

Bibelkuchen	80
Bischofs-Schnitten	78
Bischofsbrot	79
Grafentorte	81
Kaffee-Torte ohne Mehl	73
Pfarrers Malakoff	45
Polsterzipf	73
Rehrücken	47
Schneeballen	46
Schoko-Nuß-Bombe	79
Schubert-Torte	43
Zinsser Allpat	45

Menüs

Bischof Wilhelms Visitationsmenü	71 – 73
Don Orazios Weihnachtsmenü	48 – 49
Hausmannskost zur Firmung	68 – 69

Register

Pfarrherrliches zur Weihnachtszeit

Lebkuchenküchlein	52
Nonnenzeltlein von 1874	53
Krempelsetzer-Punsch	52
Buttergebäck	63
Ecklmirl	56
Elisenlebkuchen	61
Engadiner	63
Hoheitsbrötchen	64
Königlich-Sächsischer Christstollen	55
Maschindln	54
Nikolausnüsse für erwachsene Leute	60
Pfaffenmützen	57
Philomena-Plätzchen	56
Pistazienstollen	62
Prälatentaler	54
Rahmkränze	59
Rum-Nougat-Schnitten	57
Schnelle Himbeerschnitten	61
Schokolade-Igel	58
Studentenfutterplätzchen	60
Traminer Weihnachtsbrot	65
Vanillekipferl	58
Weihnachtliches Apfelbrot	64
Weihnachtstorte für Diabetiker	66

Register

Bischofsbesuch

Bananen-Schokocreme	69
Bibelkuchen	80
Bischofs-Schnitten	78
Bischofsbrot	79
Bischofssuppe	74
Boeuf à la mode	77
Bröselknödel in der Fleischsuppe	71
Grafentorte	81
Hirtengulasch mit Semmelknödel	68
Kaffee-Torte ohne Mehl	73
Leberspätzlesuppe	68
Mitternachtssuppe	74
Nonnenauflauf	75
Polsterzipf	73
Rindslungenbraten mit Gemüse	72
Schoko-Nuß-Bombe	79
Weizene Kasnocken	71

* Die mit einem Sternchen gekennzeichneten Gerichte wurden bei dem Rezeptwettbewerb „Gesegnete Mahlzeit" ausgezeichnet.

Gesegnete
Mahlzeit

Gesegnete Mahlzeit

FRÜHLING

Für Peter,
Ehemann mit Engelsgeduld,
der während meiner Arbeit
zu dem Buch „Gesegnete Mahlzeit"
fast verhungert wäre

Die Deutsche Bibliothek – CIP-Einheitsaufnahme
Gesegnete Mahlzeit: die besten Rezepte aus der
Pfarrhausküche / Ursula Goldmann-Posch. – Hamm: Liborius.
ISBN 3-9801261-6-1
NE: Goldmann-Posch, Ursula

Band 1: Frühlingsgerichte – 1995

© Verlag Liboriusblatt GmbH & Co KG, Hamm, 1995
2. Auflage, 1995
Alle Rechte vorbehalten.
Illustrationen: Hedwig Bläsi
Andachtsbild: Dr. Wilfried Bahnmüller
Gestaltung und Titel: Christine Stehling
Gesamtherstellung: W.A.S. Media Productions, 59063 Hamm
Printed in Germany 1995
ISBN 3-9801261-6-1 (4 Bände im Schuber)

Inhalt

Ein herzliches Dankeschön	Seite 7
Vorwort	Seite 8
Keine kirchliche Küchenmamsell	Seite 10
Seelsorge mit dem Kochlöffel	Seite 13
Vorspeisen und kleine Gerichte	Seite 20
Salate	Seite 24
Suppen	Seite 27
Fastenspeisen und vegetarische Gerichte	Seite 32
Fisch	Seite 45
Fleisch und Aufläufe	Seite 48
Desserts und Marmeladen, Weine und Bowlen	Seite 53
Gebäck	Seite 56
Menüs	Seite 58
Bischofsbesuch	Seite 65
Register	Seite 85

Ein herzliches Dankeschön

Ein herzliches Dankeschön allen Teilnehmern des Wettbewerbs „Gesegnete Mahlzeit". Durch das Einsenden ihrer Pfarrhausrezepte haben sie dieses Buch ja erst möglich gemacht. Drei Pfarrhaushälterinnen waren in besonderer Weise an der Entstehung dieses Kochbuchs beteiligt. Ihnen gilt mein Dank:

Hedwig Bläsi, Pfarrhaushälterin in der Pfarrei Herz Jesu, Bad Rappenau, garnierte dieses Kochbuch mit liebenswürdigen Zeichnungen. Sie hat die einzelnen Bände mit hübschen Illustrationen und jahreszeitlichen Symbolen ausgestattet und liefert so dem Leser zum Gaumenschmaus auch die Augenweide.

Agnes Menzinger, Pfarrhaushälterin in der Pfarrei Heilig Geist, Augsburg-Hochzoll, hat in mühsamer Kleinarbeit die oft nur schwer nachvollziehbaren historischen Rezepte nachgekocht, abgespeckt, auf heutige Ernährungsgewohnheiten übertragen und auf Herz und Nieren geprüft.

Liesel Stief, Pfarrhaushälterin in der Pfarrei Sankt Josef, Homburg-Jägersburg, bin ich für die fachliche Beratung und die Durchsicht des Manuskriptes dankbar. Als Verfasserin eines Kochbuches mit dem Titel „So kochen wir im Pfarrheim Jägersburg" sowie als Leiterin zahlreicher Kochkurse in ihrer Pfarrgemeinde konnte sie mir sehr wertvolle Hinweise geben.

Ursula Goldmann-Posch

Vorwort

Pfarrhausfrauen kochen mit Leib und Seele

Vor meiner Rolle als Pfarrköchin Agnes Bebel in der Fernsehserie „Mit Leib und Seele" hatte ich nur sehr verschwommene Vorstellungen von den Aufgaben einer katholischen Pfarrhaushälterin. Doch dann kam mein erster Auftritt in der bitterkalten Kirche von Großostheim. Als Frau Bebel sollte ich die Kirche putzen. „Verflixt und zugenäht", entfuhr es mir da, „ich bin doch nur dem lieben Gott sein' Putzfrau"!

Das war für mich ein Schlüsselerlebnis, eine Momentaufnahme, über die ich sehr viel nachgedacht habe. Frau Bebel im Fernsehen und die Pfarrhaushälterinnen in Deutschland und anderswo sind natürlich weit mehr als nur die Putzfrauen des lieben Gottes. Ohne diese Frauen stünden die Pfarrer ganz schön dumm da. Im Laufe der Dreharbeiten zur Fernsehserie hatte ich immer wieder Gelegenheit, mit Pfarrhaushälterinnen ins Gespräch zu kommen und ihren anspruchsvollen Arbeitsalltag vor Ort kennenzulernen. Und als Frau Bebel bin ich ja auch Szene um Szene in diesen Beruf hineingewachsen, bis ich selbst eine Pfarrhaushälterin war.

Viele Menschen machen sich keine Vorstellung, welche tragende Rolle die Haushälterin im Pfarrhaus spielt. Was hat die Agnes Bebel doch alles für ihren Pfarrer Adam Kempfert gemacht. Und was leisten Tag für Tag die vielen Frau Bebels in den Pfarrhäusern: Sie sind Köchin, Gastgeberin, Empfangsdame, Telefonistin, Mesnerin, Managerin des Pfarrhausbetriebs, „Seelsorgerin" des Seelsorgers, mütterliche Bezugsperson für die jungen Kapläne – um nur einige Tätigkeiten zu nennen -, und dies alles in einer Person. Insofern wird auch die Berufsbezeichnung „Pfarrhaushälterin" den vielen Facetten dieses Berufsbildes nicht gerecht. „Pfarrhausfrau" schon eher, weil auch Hausfrauen innerhalb ihrer Familie außerordentlich begabte Allround-Künstlerinnen sind.

Es war für mich erstaunlich und beglückend zu erleben, wie die einfache, sehr gläubige Frau Bebel im Laufe der Fernsehserie „Mit Leib und Seele" immer mehr an Profil und Autorität gewann, bis sie schließlich sogar vom sterbenden Bischof von Limburg gerufen und ins Vertrauen gezogen wurde. Agnes Bebel hat sich auf eine ganz eigene, stille Art und Weise emanzipiert. Sie verschaffte sich Raum und kam immer mehr in Einklang mit sich selbst. Nicht durch spektakuläres Aufbegehren, sondern durch die Entwicklung weiblicher Ur-Tugenden, die jetzt wieder in Mode kommen und mit denen ich mich gut identifizieren kann: Mütterlichkeit, Beherztheit, Gelassenheit, Beharrlichkeit, Mut und Demut. Ich denke, diese Entwicklung vollzieht sich auch bei den echten Pfarrhaushälterinnen. Und mit wachsendem Selbstbewußtsein und Selbstvertrauen in den Wert der geleisteten Arbeit empfinden es die Pfarrhausfrauen von heute auch nicht als Makel, einen Teil ihres Alltags hinter dem Kochherd zu verbringen und damit eine Atmosphäre der Gastlichkeit zu schaffen, die den guten Geist im Pfarrhaus fördert.

In einem Leserwettbewerb mit dem Motto „Gesegnete Mahlzeit" hatten die beiden katholischen Wochenzeitschriften „Bayerisches Sonntagsblatt" in München und „Liboriusblatt" in Hamm Pfarrhaushälterinnen dazu aufgerufen, ihre schönsten Küchengeheimnisse preiszugeben. Als Jury-Mitglied mit der Auswahl der Gewinner-Rezepte betraut, war ich erstaunt, wie kreativ und vielfältig, wie einfach und ehrlich in Pfarrhäusern gekocht wird. Pfarrhausfrauen kochen eben mit Leib und Seele!
Die vorliegenden Rezepte aus der Pfarrhausküche spiegeln den Rollenwandel innerhalb eines uralten Berufsstandes wider: Von der barocken, üppigen Küche mit der Pfarrköchin alter Prägung bis hin zur selbst- und ernährungsbewußten Pfarrhausfrau unserer Tage, die manchmal verheiratet und nur teilzeitig im Pfarrhaus tätig ist. So gesehen ist dieses Buch nicht nur ein liebenswürdiges Kochbuch, sondern eine einzigartige Kulturgeschichte des Pfarrhauses und der Pfarrhausküche.

Ich wünsche diesem Buch, daß es die schönen und traditionsreichen Rezepte von einst vor dem Vergessenwerden bewahrt. Und seinen Lesern von heute jede Menge Erfolg und Freude beim Nachkochen und – „Gesegnete Mahlzeit"!

Liesel Christ   *Frankfurt, im März 1994*

Keine kirchliche Küchenmamsell

Pfarrhaushälterin – ein breitgefächerter Beruf

„Brauchen wir heute überhaupt noch Pfarrhaushälterinnen?"
„Ist das nicht ein aussterbender Beruf?"
„Die jüngeren Pfarrer machen das bißchen Haushalt doch mit links, genügt da nicht eine Zugehfrau?"
Solche und andere Fragen werden mir immer wieder gestellt, wenn ich jemandem erzähle, daß ich Geschäftsführerin der „Bundesarbeitsgemeinschaft der Pfarrhaushälterinnen" bin, in der rund 10.000 deutsche Pfarrhaushälterinnen zusammengeschlossen sind. Viele katholische Christen leben auch heute noch in einer Gemeinde, in der eine Pfarrhaushälterin arbeitet. Und dennoch haben die meisten von ihnen kaum eine Vorstellung davon, wie interessant und vielseitig dieser Beruf ist.

Eine Pfarrhaushälterin ist keine kirchliche Küchenmamsell. Sie kann die unterschiedlichsten Begabungen und Fähigkeiten in ihren Berufsalltag einbringen. Dort, wo die Aufgabe von der Frau im Pfarrhaus recht verstanden wird, ist eine gemeindeorientierte Arbeit, die partnerschaftlich mit dem Pfarrer vom Pfarrhaus aus geleistet wird, möglich. Frauen, die heute diesen Beruf ergreifen, entscheiden sich sehr bewußt für die Arbeit im kirchlichen Dienst. Viele geben eine erfolgreiche Tätigkeit in Wirtschaft oder Verwaltung auf, andere kommen aus dem pflegerischen oder pädagogischen Bereich. Nicht selten interessieren sich heute Frauen nach der aktiven Familienphase teilzeitig oder ganztags für eine Aufgabe im Pfarrhaus und bringen ein breites Spektrum an Erfahrungen mit. Angebote in Grund- und Aufbaukursen vermitteln das fehlende notwendige Wissen. Die Pfarrhaushälterin ist zunächst einmal Hausfrau. Dazu zählt die sich täglich wiederholende Hausarbeit wie Putzen, Waschen und Bügeln, Einkaufen und Kochen. Auch der Umgang mit den verschiedenen technischen Geräten, mit den Problemen der Vorratswirtschaft, den komplizierten Kalorienberechnungen und einem meist schmalen Haushaltsbudget gehört zur Arbeitsplatzbeschreibung der Pfarrhaushälterin. Dieser Aufgabenbereich, der da Haushalt heißt, mag noch einigermaßen überschaubar sein; aber es geht ja nicht um einen privaten Haushalt, sondern um einen Pfarrhaushalt, der wesensgemäß ein „öffentlicher Haushalt" ist.

Mit dem Wort „Pfarr" wird das Ganze etwas komplizierter, wird der zweite Aufgabenbereich erkennbar, der etwas mit Pfarrer und Pfarrei zu tun hat. Die beiden Bereiche lassen sich nur schwer voneinander trennen. Der eine greift in den anderen hinein. Das „Pfarrliche" schiebt sich oft einfach zwischen eine gerade begonnene Hausarbeit: Da ist das Telefon mit seelsorglichen Fragen, der Türdienst mit Gesprächen, die Bewirtung von Gästen, die oft unerwartet da sind. Mit seiner Unübersichtlichkeit und Fülle kann der zweite Bereich geradezu Angst machen, weiß man doch nie genau, was in der nächsten halben Stunde schon wieder alles dazwischen kommt und wer ausgerechnet zur Mittagszeit klingelt.

Das Pfarrhaus ist der Ort, wo Menschen einander begegnen; es ist die Stätte, an der Voraussetzungen geschaffen werden müssen, damit Menschen miteinander in Kontakt kommen; es ist der Ort, an dem man einen Menschen treffen kann, der, wenigstens für eine kurze Weile, zuhört und einem zugewandt ist. Menschen haben feine Antennen dafür, ob das Pfarrhaus ein solcher Ort für sie ist oder nicht. Von der Atmosphäre, die in diesem Hause herrscht, von der Freundlichkeit, der Offenheit, der Gesprächsbereitschaft seiner Bewohner hängt es ab, ob das Pfarrhaus Anziehungs- und Ausstrahlungskraft hat oder nicht. Es gibt kaum einen Beruf in der Kirche, in dem die Mahnung des Apostels Paulus an die Hebräer so deutlich gelebt werden kann wie im Beruf der Pfarrhaushälterin: „Vergeßt die Gastfreundschaft nicht, denn durch sie haben einige – ohne es zu ahnen – Engel beherbergt" (Hebräer, Kapitel 13, Vers 1-2). Bereits 1927 hatten sich die Pfarrhaushälterinnen in den deutschen Bistümern zu Berufsgemeinschaften zusammengeschlossen. Diese wurden von den Nationalsozialisten aufgelöst. Alle Tätigkeiten auf überdiözesaner Ebene waren verboten. Nach dem Krieg kam es sehr bald wieder zu Neugründungen in den Bistümern, auf Bundesebene jedoch erst 1971. Aufgabe der „Bundesarbeitsgemeinschaft der Pfarrhaushälterinnen" in Deutschland ist es, die Interessen dieser Berufsgruppe in Kirche und Gesellschaft zu vertreten. Besoldungsfragen, Probleme einer ausreichenden Altersversorgung, aber auch die Fragen einer berufsorientierten Aus- und Weiterbildung gehören zum Aufgabenspektrum der gewählten Gremien.

Wenn heute öffentlich über die Situation der Frau in der Kirche nachgedacht und gesprochen wird, dann ist von der Pfarrhaushälterin nie – oder sehr selten – die Rede. Bestenfalls ist sie fälschlicherweise Zielscheibe anzüglicher Anspielungen einer bestimmten Presse in Zusammenhang mit dem Zölibat. Ihr Arbeitsfeld ist nicht spektakulär. Ihre Arbeit vollzieht sich im Stillen und strahlt dennoch nach außen: Pfarrhaushälterinnen wollen im Pfarrhaus und vom Pfarrhaus aus ihren Beitrag als Frauen in der Kirche leisten. Was viele Frauen an diesem Arbeitsplatz für die Gemeinde tun, das tun sie heute kreativ, selbstbewußt und engagiert.

Es ist nicht zuletzt auch Aufgabe jeder Pfarrgemeinde, sich darum zu bemühen, daß der Beruf der Pfarrhaushälterin in seiner tiefen Bedeutung als der gewertet wird, der er für die Gemeinden, für die Kirche, für die Priester wirklich ist: Dienst in und an der Kirche.

Pfarrhaushälterinnen haben Anteil an der Verkündigung der Botschaft von der Liebe Gottes zu uns Menschen. Sie künden davon im Gespräch an der Pfarrhaustüre, am selbstorganisierten Flohmarkt für die Dritte Welt oder vom Kochtopf aus. Konkret wird etwas sichtbar von dieser Verkündigung an jedem Tag in dem schönen Wunsch, der auch diesem Buch den Titel gab: „Gesegnete Mahlzeit!"

Anneliese Knippenkötter

Seelsorge mit dem Kochlöffel

Wie dieses Buch entstand

Pfarrhäuser und Klöster verstehen sich seit jeher als Oasen der Gastlichkeit: Abteien wie das Zisterzienserkloster Alcobaça in Portugal, das Kloster Tegernsee in Bayern oder das Benediktinerkloster Einsiedeln in der Schweiz waren im siebzehnten und achtzehnten Jahrhundert regelrechte Feinschmecker-Tempel, zu denen die Connaisseurs aus aller Welt gerne hinpilgerten. Gastfreundschaft und Gastgeben sind christliche Ur-Tugenden, die auf der Erkenntnis beruhen, daß Gottes Liebe bisweilen auch durch den Magen geht: Interessante Gespräche und Begegnungen an einer schön gedeckten Tafel, ein Gaumenschmaus in der Geborgenheit einer Tischgemeinschaft öffnen die Herzen der Menschen füreinander und für Gott. Ein gutes Essen macht Gottes Liebe zu den Menschen sinnlich erfahrbar. Es ist – für einen Augenblick – das Paradies auf Erden.

Von dieser Theologie des ganzheitlichen Genießens zeugen alte Kochbücher aus der Feder von Nonnen und Äbtissinnen, Pfarrhof- und Propsteiköchinnen. Einige dieser begnadeten Kochkünstlerinnen gingen in die Geschichte ein, wie die heilige Radegundis von Thüringen (518-587), die in ihrem französischen Kloster bei Poitiers erstmals den Ruf der christlichen Haute Cuisine begründete. Oder die beiden Schutzheiligen der Pfarrhaushälterinnen: Sankt Verena führte um 320 einem Pfarrer in Zurzach bei Koblenz den Haushalt; die heilige Wiborada sorgte ab 912 zunächst im Benediktinerkloster, dann an der Magnuskirche von Sankt Gallen für das leibliche Wohl ihres geistlichen Bruders Hitto. Dabei war die Nonne und spätere Einsiedlerin Wiborada keine einfältige Küchenmamsell. Die adelige Thurgauerin fühlte sich in der Klosterküche genauso zuhause wie in der Klosterbibliothek. Deshalb haben sie auch die Bücherfreunde zu ihrer Schutzpatronin erkoren. Ein treffendes Beispiel dafür, wie gut Küche und Geist zusammenpassen. Die Fürsorge der Pfarrhausköchinnen ist Seelsorge mit dem Kochlöffel. Ihre große Erfahrung als Gastgeberinnen und Haus-

Mit Büchern genauso vertraut wie mit dem Kochlöffel: die heilige Märtyrerin Wiborada.

frauen machte sie manchmal auch zu auflagenstarken Bestseller-Autorinnen: die Oberpfälzer Pfarrhofköchin Anna Huber veröffentlichte 1870 in Regensburg ihre „Vollständige Fastenküche"; von der Südtiroler Propsteiköchin Crescenz Trebo aus Innichen stammt das 1900 in Brixen erschienene Standardwerk „Tiroler Kochbuch mit besonderer Rücksicht auf bürgerliche Kreise und Wirtschaften in Pfarrhöfen". Unter dem Titel „Die Wiener Vorstadtköchin" gab die Klosterneuburger Stiftsköchin Klara Fuchs 1863 ihre 22jährige Erfahrung weiter und schuf damit ein „verlässliches Universal-Kochbuch, um bei theuern Zeiten billige und doch vorzügliche Kost herzustellen".

Die Mehrheit der Köchinnen in Pfarr- und Klosterküchen jedoch gab ihre Kreationen nur mündlich weiter oder hielt sie handschriftlich zum eigenen Gebrauch fest. Diese butterschmalzglänzenden, oft mit ungelenker Schrift im „Eigenverlag Küche" geschriebenen Hefte sind mehr als Rezeptsammlungen: Sie sind Kochbuch, Haushaltsbuch, Tagebuch und Gebetbuch in einem. Für ihre Erben sind sie auch Geschichtsbuch. Kulturgeschichte einer versunkenen Welt. Die Traditionsrezepte der Pfarrhausküche aus der Vergessenheit zu holen und sie auch künftigen Generationen wieder schmackhaft zu machen, war das Ziel eines Wettbewerbs, zu dem die katholischen Wochenzeitschriften „Liboriusblatt", Hamm, und „Bayerisches Sonntagsblatt", München, eingeladen hatten. Rund 500 Küchengeheimnisse von Pfarrhaushälterinnen im Alter von 23 bis 83 wurden bei dieser Aktion aufgetischt. Die Rezepte kamen aus Deutschland, Österreich, Südtirol und der Schweiz. Einsender waren größtenteils die Pfarrhaushälterinnen selbst. Oder deren Freunde und Angehörige, die sehr kostbare Nachlässe aus der Pfarrhausküche geerbt hatten. Vereinzelt kamen auch Rezepte aus der Wiege der christlichen Küche, aus der Klosterküche. Eine hochkarätige Jury aus Vertretern von Kochkunst, Kirche und Kultur prüfte die Gerichte und prämierte die 25 besten.

Das vorliegende Buch will diese kulinarischen Kostbarkeiten aus der Alltagskultur katholischer Pfarrhäuser einer breiten Öffentlichkeit zugänglich machen. 350 alte und neue Rezepte wurden ausgewählt, bearbeitet, ergänzt, nachgekocht und – wo nötig – auch auf heutige Ernährungsgewohnheiten zugeschnitten. Die Siegerrezepte aus dem Wettbewerb „Gesegnete Mahlzeit – Pfarrhaushälterinnen bitten zu Tisch" sind mit diesem Lorbeerkranz-Symbol gekennzeichnet.

Es war nicht immer einfach, aus der Vielzahl klerikaler Gaumenfreuden die richtige Auswahl zu treffen. Keine Berücksichtigung fanden kochhistorische Kuriositäten wie „Frösche gebacken" oder etwa ein „Blutpudding" aus einem halben Liter Schweine- oder Gänseblut. Unzeitgemäß sind auch „Lerchen und Krammetvögel", denen „die Haut abgezogen, die Augen ausgestochen, Gurgel und Magen entfernt und je nach Belieben auch die Eingeweide herausgenommen" worden waren, bevor sie, „die Krallen abgehackt, die Füßchen nach oben gezogen und durch die Augenhöhlen gesteckt", paarweise in Butter ausgebraten wurden. Dagegen sind die ältesten Rezepte dieser Sammlung, die „Torte des Onkel Bischof" von 1822, der „Zwetschgenkuchen von getrockneten Früchten", anno 1850, die „Nonnenzeltlein von 1874" und die „Ohrfeige von 1908" durchaus auch heute noch nachvollziehbar.

Zum besseren Verständnis wurden alle Rezepte – die altertümlichen wie auch die neueren Datums – in eine einheitliche Form und in eine moderne Rezeptsprache gekleidet. Aus hemdsärmeligen Vorgaben altgedienter Köchinnen wie „vorsichtig backen", „ein gut Stück", „eine gute Hand voll" oder „um 3 Kreuzer Weißbrot" wurden präzise Maß- und Temperaturangaben. In Vergessenheit geratene Gewichtseinheiten wie Loth, Maß und Vierling wurden umgerechnet.

Einheitlichkeit bedeutet jedoch nicht Eintönigkeit. Wo es sich anbot, blieben Teile des Originaltextes als Zitat erhalten. In jedem Rezept schwingt zudem die landsmannschaftliche Abstammung der Köchin mit: mal wird der Teig ausgewalkt, mal ausgewellt oder ausgerollt; mal rastet er, mal ruht er. Im Alpenraum wird ein Dampfl mit Germ hergestellt, in nördlicheren Gefilden des deutschen Sprachraums ein Vorteig mit Hefe oder ein Hefestück. Dotter und Eigelb, Eiklar und Eiweiß, Staubzucker und Puderzucker, Rahm und Sahne, Grammeln, Gremmen und Grieben, Bohnen und Fisolen, Ribiseln und Johannisbeeren, Marillen und Aprikosen sind die liebenswürdigen Sprachvarianten im Nord-Süd-Gefälle dieses Kochbuches.

Die Bandbreite der hier veröffentlichten Rezepte reicht von der „Abgeschmolzenen Fastenbier-Brotsupp´n" bis zur „Zwiderwurzn", einer alten Süßspeise mit herbem Namen, von der regionalen („Lüneburger Quappensuppe") bis zur internationalen Küche („Vietnamesische Frühlingsrolle mit Fischsoße"). Cholesterinhaltige Todsünden im Pfarrhaus wie eine Kartoffeltorte mit 16 Eiern fanden ebenso Berücksichtigung wie der fettlose vegetarische Gemüsetopf. Dazwischen lässliche Sünden wie die „Neugierigen Ostereier", eine hübsche Kalorien-Bombe mit viel Sahne und Kastanienpüree, Schöpfungen der hohen Kochkunst wie „Entenbrüstchen in Johannisbeer-Schalotten-Sauce" oder „Whiskylikörparfait auf Sauce Cardinal", Deftiges wie die „Falsche Wildsau" oder ein „Westfälisches Schinkenbegräbnis" und Rezepte aus der Diabetiker- und Vollwertküche.

Erstaunlich ist die Vielfalt der Rezepte mit klerikaler Bezeichnung. Pfarrersköchinnen scheinen Bischöfe bei der Taufe ihrer Küchenkreationen besonders ins Herz geschlossen zu haben: „Bischofsbrot" und „Bischofsschnitten", „Bischofstorte" und „Bischofssuppe", „Bischofssauce" und der „Rote Bischof" sind nur einige der Rezepte, die dem Mann mit der Mitra gewidmet sind. Aber auch der Pfarrer steht immer wieder Pate für Kochrezepte wie „Pfaffenbauch" und „Pfaffenmützen", „Pastorentorte" und „Pfarrers Trost", „Pfarrers Malakoff" und „Pastors Bohnentopf". Ein „Weißer Kardinal" und ein „Nonnenauflauf", „Apostelküchlein" und „Nonnenzeltlein", der „Prophetenkuchen" und die „Prälatentaler" schließen den erlauchten Kreis kirchlicher Würdenträger. Nur einmal hat sich die Pfarrersköchin selbst ein kulinarisches Denkmal gesetzt: Das Fräulein Philomena, das um 1925 in der Pfarrhausküche von St. Martin in Zorneding bei München das Regiment führte, nannte ihr wundervolles Schmalzgebäck „Philomena-Plätzchen".

Die Weitergabe von Küchengeheimnissen aus dem Haushalt von Bischöfen und Geistlichen, von der Pfarrersköchin alter Schule an die Pfarrhaushälterin der Gegenwart, von der Pfarrhaushälterin an die Mitglieder der Pfarrgemeinde, ist mehr als ein Kochtip. Sie ist Zeichen der Zuneigung, Ritual und Bekenntnis zugleich. Mit der Überlieferung von Rezepten werden auch Lebenseinstellungen und Wertvorstellungen vermittelt: Die Achtung vor den Gaben der Schöpfung, der persönliche Umgang mit Zeiten der Knappheit und des Überflusses, die Wahrnehmung von Problemen in der Umwelt und der Dritten Welt, die Haltung der Köchin zu Tugenden wie Hingabe, Ehrlichkeit, Disziplin und Liebe zum Detail.

Kochrezepte aus dem Pfarrhaus sind immer auch mit Erinnerungen gewürzt: man denkt zurück an den Anlaß eines schönen Essens und die damit verbundenen Begegnungen, entsinnt sich dankbar auch der Köchin, die ein Stück ihrer Zeit und Kreativität an die Komposition einer Mahlzeit verwendet hat. Zahlreiche Rezepte in diesem Buch sind deshalb mit einer Geschichte garniert, köstliche Anekdoten, und Gedichte rund um die Entstehung einer Mahlzeit. Und damit diese Mahlzeit auch wirklich zu einer gesegneten wird, haben in diesem Buch viele Pfarrhaushälterinnen ihr Lieblingstischgebet gleich mitserviert. So geriet dieses Buch zum Kochbuch und zum Lesebuch zugleich: Rezept um Rezept erschließen sich dem Leser kostbare Miniaturen der Pfarrhauskultur im Wandel der Zeit.

Ursula Goldmann-Posch

Die Abkürzungen in diesem Buch

EL =	Eßlöffel (gestrichen)
TL =	Teelöffel (gestrichen)
ml =	Milliliter (= 1/1000 l)
l =	Liter
g =	Gramm
kg =	Kilogramm
Msp. =	Messerspitze
Pck. =	Päckchen
ca. =	circa
kcal =	Kilokalorie
cm =	Zentimeter

Zu den Rezepten

Temperaturangaben:
Die genannten Grade beziehen sich auf Elektrobacköfen. Bei Heißluftherden verringert sich die Hitze um etwa 20 Grad.
Mengenangaben:
Sofern nicht ausdrücklich erwähnt, sind die Rezeptzutaten immer für 4 Personen berechnet.
Zutatenangaben:
Unter Sahne (Rahm) ist grundsätzlich süße Sahne zu verstehen. Saure Sahne (Sauerrahm) wird gesondert bezeichnet. Alle weiteren mundartlich gefärbten Ausdrücke sind – wo nötig – in Klammern erklärt.
Statt Vanillinzucker wird Vanillezucker (Bourbonvanille) angeführt, da echte Vanille dem künstlichen Aromastoff vorzuziehen ist.
Werden Eier bei den Zutaten als getrennt ausgewiesen, wird die Eiweiß- und Eigelbmenge in der Rezeptbeschreibung nicht nochmals eigens aufgeführt.
Zubereitungsanleitung:
Daß Gemüse, Obst, Salate und Kräuter bereits gewaschen und geputzt sind, wird in der Rezeptbeschreibung nicht erwähnt, es sei denn, wo es die Zubereitung des Gerichtes erfordert.

Rezeptvorschlag zum Jahresanfang

Man nehme zwölf Monate,
putze sie sauber
von Bitterkeit, Pedanterie und Angst,
zerlege jeden Monat
in 30 oder 31 Teile,
so daß der Vorrat
genau für 1 Jahr reicht.
Jeder Tag
wird einzeln angerichtet
aus einem Teil Arbeit und
zwei Teilen Frohsinn und Humor.
Man füge
drei gehäufte Eßlöffel Optimismus hinzu,
einen Teelöffel Toleranz,
ein Körnchen Ironie und
eine Prise Takt.
Dann wird die Masse
sehr reichlich mit Liebe übergossen.
Das fertige Gericht schmücke man
mit ein paar Sträußchen kleiner Aufmerksamkeiten
und serviere es täglich mit Heiterkeit
und mit einer guten, erquickenden Tasse Tee ...
(Catherina Elisabeth Goethe, Mutter des Dichters)

Evi Röhrl, Pfarrei St. Andreas, 85283 Oberlauterbach/Wolnzach

Vorspeisen und kleine Gerichte

Begrüßungskuß

1 kleine Netz- oder Honigmelone
4 Blätter Eissalat
2 EL Hummerfleisch, kleingewürfelt
1 EL Mayonnaise
2 EL saure Sahne
1 TL Zitronensaft
Salz, weißer Pfeffer

1. Melone an beiden Seiten großzügig abschneiden und in vier fingerdicke Scheiben aufteilen und Kerne entfernen.
2. Je ein frisches Salatblatt auf einem kleinen Teller anrichten und eine Melonenscheibe darauflegen.
3. Hummerfleisch mit Mayonnaise und saurer Sahne zu einer Creme vermischen, mit Salz, Pfeffer und Zitronensaft abschmecken und jeweils einen Klecks in die Mitte einer Melonenscheibe setzen. Statt auf einem Teller kann man den „Kuß" auch in einem Sektkelch servieren.

Karin Fangmann, Pfarrei St. Peter und Paul, 49692 Cappeln, ist seit 23 Jahren Pfarrhaushälterin und seit einem Jahr Diözesanvorsitzende der Pfarrhaushälterinnen in der Diözese Münster.

Vollkorn-Nudeln mit Gorgonzolasoße

300 g Gorgonzola, kleingewürfelt
1 Becher Sahne
4 EL Crème fraîche
400 g Vollkorn-Bandnudeln
Zitronensaft
Pfeffer

1. Sahne erhitzen, Käsewürfel darin schmelzen, die Soße mit Crème fraîche andicken und mit etwas Zitronensaft und Pfeffer abschmecken.
2. Nudeln in Salzwasser bißfest kochen, abgießen.
3. Mit Soße vermischen und sofort servieren.

Marianna Pfeifer, Pfarrei Maria Aufnahme, I-39018 Terlan/Südtirol

Vorspeisen

Vietnamesische Frühlingsrolle mit Fischsoße

1. Glasnudeln für 30 Sekunden in warmem Wasser einweichen. Mit der Schere etwa 2 cm lang schneiden.
2. Pilz ebenfalls in warmem Wasser einweichen (10 Minuten) und ganz klein schneiden.
3. Frische Bohnensprossen säubern, 10 Minuten in warmem Wasser ziehen lassen, kalt abschrecken und auf einem Tuch trocknen lassen.
4. Eier in einem Schälchen gut miteinander verquirlen.
5. Für die Herstellung der Füllung Glasnudeln, Pilzmasse, Bohnensprossen, Karottenstreifen, Eimasse, Schnittlauchröllchen, Zucker, Schweinehackfleisch und Pfeffer in einer Schüssel gut vermengen und durchziehen lassen.
6. In der Zwischenzeit Knoblauch, Peperoniringe, Zucker, Zitronensaft, Wasser gut miteinander verrühren und die Fischsoße dazugeben.
7. Reispapierblätter einzeln in eine flache, mit warmem Wasser gefüllte Schüssel legen, die etwas größer ist als die Blätter. Jedes Blatt einige Male mit den Fingerspitzen untertauchen und etwa 30 Sekunden quellen lassen. Sofort auf ein danebenliegendes Küchentuch ausbreiten, 30 Sekunden trocknen lassen.
8. Füllung (1 EL) auf dem Reisblatt verteilen. Zuerst das Blatt rechts und links an den Seiten einschlagen. Dann die körpernahe Längsseite über die Füllung schlagen. Schließlich das Reisblatt vom Körper weg aufrollen. Rand gut festdrücken.
9. Öl in einer Pfanne (oder in einem Topf) erhitzen, in der die Rollen gut nebeneinander Platz haben. Frühlingsrollen darin ausbacken, bis sie goldgelb und knusprig sind. Auf Küchenpapier kurz abtropfen lassen und sofort mit der Fischsoße servieren.
Dazu paßt gemischter Salat.

Nguyen Thi Tuyet Mai, Haushälterin von Vietnamesenseelsorger Pfarrer Dr. Van Lo, 76149 Karlsruhe

Für die Frühlingsrolle:
8 – 10 Blätter Reispapier
10 g Glasnudeln
5-10 g „Nam Meo"-Pilz, getrocknet
100 g Karotten, in 2 cm lange und dünne Streifen geschnitten
20 g Bohnensprossen
Schnittlauch in Röllchen
2 Eier
100 g Hack vom Schwein
1/2 TL Zucker
Pfeffer nach Wunsch

Für die Fischsoße:
1/8 l Wasser
2 EL Zucker
1 EL Zitronensaft
6 EL Fischsoße (Fertigprodukt)
1 Knoblauchzehe, feingehackt
2-3 feine Ringe Peperonischote

Vorspeisen

Spinatknödel

1 kg Blattspinat
500 g mehlige Kartoffeln, gekocht, geschält
2 EL Petersilie, gehackt
1 Zwiebel, feingehackt
1 EL Butter
Salz
Muskatnuß, frisch gerieben
schwarzer Pfeffer, frisch gerieben
80 g Parmesankäse, gerieben
5 Eier
100 g Semmelbrösel

Zum Begießen:
60 g braune Butter

Zum Bestreuen:
3 EL Parmesan, gerieben

1. Entstielten Spinat in reichlich siedendem Salzwasser ca. 5 Minuten weichkochen. Aus dem Wasser nehmen, gut ausdrücken und pürieren.
2. Noch heiße Kartoffeln durchpassieren und zugeben.
3. Zwiebel in Butter goldgelb rösten. Geriebenen Käse, Gewürze, Petersilie, Eier und Semmelbrösel ebenfalls hinzufügen.
4. Alles gut vermischen und 30 Minuten rasten lassen.
5. Aus der Masse mit nassen Händen Knödel formen und in kochendem Salzwasser 15 Minuten sieden.
6. Auf einer Platte anrichten, mit Parmesankäse bestreuen und mit heißer, brauner Butter übergießen.

<small>Die Schwestern Maria Bernarda Edler und Assunta Untermarzoner sind Küchenchefinnen im Mutterhaus der Tertiarschwestern des Heiligen Franziskus, I-39042 Brixen/Südtirol.</small>

Fränkischer Kochkäse

250 g Quark (beliebig fett)
1 TL Natron
1 EL Margarine
Salz, weißer Pfeffer
1 TL Kümmel

1. Quark auf einem Sieb etwa 2 Stunden abtropfen lassen, Natron darüberstreuen.
2. Margarine in einem kleinen Topf bei nur geringer Hitze zerlaufen lassen, unter ständigem Rühren den Quark zugeben. Solange rühren, bis der Quark vollkommen zergangen ist (etwa 3 – 5 Minuten), mit Salz und Pfeffer abschmecken, Kümmel unterrühren, erkalten lassen.

<small>Isolde Buhleier, Pfarrei St. Justinus, 63755 Alzenau</small>

Vorspeisen

Frankfurter Grün´Soß

1. Alle Kräuter kleinschnippeln und in eine Schüssel geben.
2. Hartgekochte Eier kalt werden lassen, kleinhacken und zu den Kräutern geben. Zwiebelhack untermischen.
3. Nach und nach Senf, Öl und Zitronensaft dazurühren, zum Schluß die saure Sahne. Mit Pfeffer und Salz abschmecken und gut durchziehen lassen. Die Masse sollte cremig bis breiig sein.

Die Geschichte zum Rezept:
Die Frankfurter Grün´ Soß wird zu Pellkartoffeln gegessen, das ist das Original. Mit der Zeit hat sich die Grün´ Soß auch als Begleiterin von Ochsenfleisch oder Fisch ihre Lorbeeren verdient. Für mich verbinden sich damit lebhafte Erinnerungen an die Gründonnerstage meiner Kindheit.

Agnes Bebel, alias Liesel Christ, mit Leib und Seele TV-Pfarrhaushälterin von Pfarrer Adam Kempfert, Pfarrei St. Augustin, 63762 Eberfeld/Großostheim.

7 Kräuter (Schnittlauch, Sauerampfer, Kresse, Borretsch, Kerbel, Petersilie, Pimpernelle)
4 Eier, hartgekocht
1 Zwiebel, feingehackt
1 TL Senf mittelscharf
etwa 3 EL Öl
Zitronensaft
2 Becher saure Sahne
Salz und Pfeffer nach Geschmack

Salate

Madams süßer Heringstopf

4 Filets von Salzheringen
1 saurer Apfel, geschält, gewürfelt
1 kleine Dose Ananasstückchen
5 EL Ananassaft
1 Apfelsine, in Stückchen
1 Mandarine, in Stückchen
blaue Weintrauben, halbiert
2 EL Walnüsse
1/4 l Sahne
Saft 1/2 Zitrone
2 EL Ketchup

1. Aus Sahne, Zitronensaft, Tomatenketchup und Ananassaft eine Soße anrühren.
2. Heringe kalt abspülen, von Gräten befreien und in eine Schüssel schichten. Darauf Fruchtstücke und Nüsse verteilen.
3. Etwas Soße zum Garnieren getrennt aufbewahren, den Rest über den Heringstopf gießen.
4. Heringstopf 1–2 Tage ziehen lassen.
5. Übrige Soße kurz vor dem Servieren über den Hering geben. Dazu passen junge, ganze Bratkartoffeln.

Die Geschichte zum Rezept:
Seit 24 Jahren bin ich Pfarrhaushälterin. In die pfarrhäuslichen Küchengeheimnisse wurde ich erstmals von der Schwester meines Heimatpastors in Aachen eingeweiht. In der ganzen Pfarrei wurde sie liebevoll „Madam" genannt. Von ihr stammt dieses Fischrezept.

Gerhardine Vallendar, Pfarrei St. Clemens, 41749 Viersen-Süchteln

Salate

Käse-Salat zum Gründonnerstag

1. Fisch enthäuten und zerpflücken und mit Salatstreifen, Radieschenscheiben, Kresse und Käsewürfel vermischen.
2. Aus Öl, Essig, Zitronensaft, Senf, Meerrettich, Salz und Pfeffer eine würzige Salatsauce bereiten, darübergießen, vermengen und ein paar Minuten kaltstellen.

Die Geschichte zum Rezept:
Gunda Beez, Pfarrköchin des ehemaligen Ortspfarrers unserer Gemeinde St. Laurentius in Buchbach, servierte diesen köstlichen Salat jedes Jahr am Gründonnerstag nach der Kirche den Kirchenräten, den Kirchenbediensteten und den Herren, die an der Fußwaschung teilnahmen.

Angela Fröba, 96361 Steinbach-Buchbach

500 g geräucherter Fisch (beliebig)
1 Kopfsalat, in Streifen
2 Bund Radieschen, in Scheiben gehobelt
1 Kästchen Kresse
100 g Holländer, gewürfelt
100 g Emmentaler, gewürfelt
100 g Hartkäse, gewürfelt
2 EL Olivenöl
1 EL Essig
Saft einer Zitrone
1 TL Senf
1/2 TL Meerrettich
Salz, Pfeffer

Segne
meine kleine Küche, Herr!
Ich liebe
jede ihrer Ecken.
Segne mich,
während ich meine Arbeit tue,
Töpfe und Pfannen spüle und koche!
Mögen
die Mahlzeiten, die ich bereite,
gewürzt sein
mit Deinem Segen
und deiner Gnade
– aber vor allem mit Deiner Liebe!
So segne
meine kleine Küche, Herr,
und alle, die hier eintreten.
Mögen sie
ein Stück Freude,
Frieden und Glück
darin finden!
Amen.

Rose Marie Hagemann, 50226 Frechen/Habbelrath

Suppen

Agnes Bebels Kerbelsuppe

1. Zwiebelwürfel in Butter glasig rösten, Kerbel darin andämpfen, Mehl beigeben, kurz anschwitzen lassen, unter Rühren mit Weißwein ablöschen und mit Brühe auffüllen. Lorbeerblatt zugeben und 10 Minuten köcheln lassen.
2. Topf vom Herd nehmen. Eigelb mit Sahne verquirlen und mit einem Schneebesen gut in die Suppe einrühren. Mit den Gewürzen abschmecken.

Tip: Zur Garnierung behalte ich immer etwas Sahne zurück, schlage sie steif und gebe davon einen Klecks auf jede Portion.

Agnes Bebel, alias Liesel Christ, mit Leib und Seele TV-Pfarrhaushälterin von Pfarrer Adam Kempfert, Pfarrei St. Augustin, 63762 Eberfeld/Großostheim

1 Zwiebel, feingehackt
2 EL Butter
120 g Kerbel, feingehackt
1 EL Mehl
100 ml Weißwein
1 l Fleischbrühe
1 Lorbeerblatt
3 Eigelb
200 ml Sahne
1 Prise Muskatblüte
Salz und Pfeffer, frisch gemahlen

Suppen

Schwammsuppe

Für 2 Personen
1 großes Ei, getrennt
1 1/2 EL Mehl
2 – 3 EL Wasser
1 EL Petersilie, feingehackt
1 Prise Fondor
1 Prise Muskat
Salz
Fleischsuppe nach Bedarf

1. Eigelb, Mehl, Wasser und Gewürze zu einem zähen Teiglein verrühren.
2. Eiweiß steifschlagen und unter den Teig heben.
3. Einen breiten Topf (ca. 24 cm Durchmesser) mit Fleischsuppe zum Köcheln bringen und die Schaummasse hineingleiten lassen.
4. Langsam stocken lassen und zwischendurch ein paar Luftlöcher mit Messer oder Gabel hineinstoßen, damit die Masse schön schwammig und trocken wird.
5. Nach 10–15 Minuten Schwammkuchen mit einem stumpfen Messer vierteln, mit einem Lochsieb herausheben und auf ein Brett legen. Nach Belieben zu einer Suppeneinlage schneiden.

Die Geschichte zum Rezept:
Meine alte Mutter war bei uns im Pfarrhaus zu Gast. Am Sonntag wollte ich wieder einmal diese Festtagssuppe machen, so wie ich sie als junges Hausmädchen bei Fräulein Maria, der Schwester des damaligen Bischofs von Eichstätt, Alois Brems, kennengelernt hatte. Als die Suppe auf dem Herd vor sich hinköchelte, mußte ich kurz die Küche verlassen.
Als ich wieder hereinkam, war meine Festtagssuppe eine Einlaufsuppe: In der festen Überzeugung, die Suppe in meiner Abwesenheit vor dem Überkochen gerettet zu haben, stand meine Mutter seelenruhig vor dem Topf und rührte fleißig mit dem Löffel. Magdalena Hollweck war 38 Jahre Pfarrhaushälterin, davon die letzten 21 Jahre bis zu ihrer Pensionierung in der Münsterpfarrei, 85051 Ingolstadt.

Pfarrgarten Kräutersuppe

40 g Butter
40 g Mehl
1 l Hühnerbrühe
100 g Gouda, gerieben
Salz und Pfeffer,
je 2 EL Kresse, Petersilie, Schnittlauch, gehackt
je 1 TL Kerbel, Estragon, Dill, gehackt

1. Aus Butter und Mehl eine helle Mehlschwitze bereiten und mit Hühnerbrühe auffüllen. Die Suppe einige Minuten kochen lassen.
2. Den Reibkäse unterrühren und mit Salz und Pfeffer abschmecken. Zum Schluß alle guten Kräuter aus dem Pfarrgarten zufügen.

Wer´s mag, kann noch einen Hauch Knoblauchpulver dazugeben.

Elfriede Main, „Pfarrhaushälterin von Christus" – wie sie gerne ihre Funktion in der Christus-Gemeinde in 18057 Rostock benennt – ist außerdem seit 1991 Diözesanvorsitzende der Pfarrhausfrauen ihres Bistums (jetzt Erzbistum Hamburg, früher Bischöfliches Amt Schwerin).

Suppen

Fastensuppe nach Linsmayerischer Art

1. Die 4 Getreidearten in Öl leicht andünsten, Wurzelwerk, Salz, Pfeffer zugeben, mit kalter Flüssigkeit auffüllen, umrühren und eine Stunde köcheln lassen (das Kochgut muß Zeit zum Quellen haben). Suppentopf halb zudecken und dann und wann mit dem Holzlöffel umrühren.
2. Mit Essig, Brühwürfel, Schnittlauch und Petersilie gut abschmecken.

Die Geschichte zum Rezept:
Der Name Fastensuppe ist eigentlich gar nicht angemessen, da sie in Wirklichkeit eine wahre „Auferstehungssuppe" ist: Sie ist reich an B-Vitaminen, bringt dem vom Winter gebeutelten Körper Kraft und Heil, ist gut verträglich vom Kleinkind bis zum Greis, dazu noch preiswert. Für mich persönlich ist sie auch noch eine „Suppe auf Rädern", im zweifachen Sinne: Zum einen rollen die Körner gerne in alle möglichen Küchenecken; zum anderen fahre ich mit der in Schraubgläsern konservierten Suppe über Land und beglücke damit meine Familie in der Großstadt.

4 EL Rollgerste
4 EL Rundkorn-Reis
4 EL Hirse
4 EL Dinkel,
grob geschrotet
1 EL Öl
1 Gelberübe,
kleingewürfelt
1 Petersilienwurzel,
kleingewürfelt
1 Stück Sellerie,
kleingewürfelt
1 – 1/2 l Wasser
Salz, Pfeffer

Elisabeth Linsmayer, Pfarrei Maria Himmelfahrt, 83646 Bad Tölz

Rhöner Kräuterrahmsuppe

1. Gehackte Kräuter in der Butter anschwitzen, mit Mehl anstäuben und dämpfen lassen.
2. Unter Rühren mit Fleischbrühe aufgießen und kurz aufkochen lassen.
3. Eigelb mit Sahne verquirlen und unter die nicht mehr kochende Suppe schlagen. Mit Salz und Pfeffer würzen.

Wilma Röder, Pfarrei Heilig Blut, 63637 Burgjoss, ist Diözesanvorsitzende der Pfarrhaushälterinnen des Bistums Fulda.

200 g Kräuter
(aus Sauerampfer,
Kresse, Kerbel),
gehackt
25 g Butter
Mehl zum
Anstäuben
1/2 l Fleischbrühe
2 Eigelb
1 Becher Sahne
Salz, weißen Pfeffer

Herr,
segne uns
und diese Gaben,
die wir von Deiner Güte
jetzt empfangen werden,
und segne
auch all jene,
die Hungernden
zu Essen geben.
Amen.

Anna-Maria Garske, 12309 Berlin

Suppen

Abgeschmolzene Fastenbier-Brotsupp´n

1. Zwiebelringe in einem großen Topf in heißem Schweineschmalz goldbraun rösten. Mit heißer Brühe aufgießen und mit Salz und Pfeffer abschmecken.
2. Jede Brotscheibe in vier Teile schneiden, in dunklem Bier tränken und in Butter knusprig backen.
3. In einen tiefen Teller legen, mit heißer Brühe übergießen und Schnittlauchröllchen darüberstreuen.

Elfriede Bredtl, Pfarrei St. Jakobus, 93458 Eschlkam

2 Zwiebeln,
in Ringe geschnitten
40 g Schmalz vom
Schwein
1 1/4 l Brühe
Salz, Pfeffer
4 Scheiben
Roggenbrot
1/2 l dunkles Bier
50 g Butter

Zum Bestreuen:
*Schnittlauch
in Röllchen*

Lüneburger Quappensuppe

1. (Die Quappe, auch unter dem Namen Aalquappe, Aalraupe, Aalrutte und Trüsche bekannt, ist die einzige im Süßwasser lebende Dorschfischart. Besonders die fette Leber gilt als Delikatesse). Quappen ausnehmen. Die an der Leber befindliche Gallenblase entfernen. Fische filetieren und häuten. Fischfilets und Leber waschen und mit Küchenkrepp abtupfen. In gleichmäßige Stückchen schneiden.
2. Gemüsestreifen mit Salz und etwas Zucker bestreuen, vermischen und in der zerlaufenen Butter anschwitzen.
3. Mit ein wenig Brühe angießen und zugedeckt halbgar dünsten. Fisch- und Fischleberstückchen dazulegen, noch soviel Brühe beifügen, daß die Stückchen gerade bedeckt sind und weitere 6 Minuten garen. Dann beiseitestellen.
4. In einem separaten Topf die verbliebene Brühe aufkochen, Hafergrütze einrühren und 10 Minuten leicht kochen. Die bereits gegarten Gemüsestreifen und Fischteilchen dazugeben, mit Petersilie bestreuen und nochmals kurz stark erhitzen.

Irmgard Schäfer, Pfarrei St. Jakobus d. Ä., 31199 Diekholzen

1,5 kg Quappen
(siehe unter 1.)
400 g Gemüse
(Streifen aus
Möhren,
weißen Rübchen,
Petersilienwurzel,
und Lauch)
Salz, Zucker
80 g Butter
2 l Fleischbrühe
80 g feine
Hafergrütze
1 EL Petersilie,
gehackt

Fastenspeisen und vegetarische Gerichte

Leineweber

750 g Kartoffeln (am Vortag gekocht), in dünne Scheiben geschnitten
3 Zwiebeln, in dünne Ringe geschnitten
125 g Mehl
4 Eier
1/4 l Milch
2 EL Butterschmalz
Salz, weißer Pfeffer

Zum Garnieren:
Petersilie

1. Eierkuchenteig aus Mehl, Eiern, Milch und den Gewürzen herstellen.
2. Teig 30 Minuten ruhen lassen.
3. Unterdessen ein Viertel der Kartoffelscheiben und Zwiebelringe in einer kleinen Pfanne (18 cm Durchmesser) in Butterschmalz anbraten, einen Teil des Teiges dünnlagig darübergeben, stocken lassen, vorsichtig wenden und fertigbacken.
4. Weitere drei Portionen zubereiten und jeweils mit Petersilie garnieren.

Rose Marie Hagemann, Pfarrei St. Antonius, 50226 Frechen-Habbelrath

Fastenspeisen

Apfelmaultaschen

1. Apfelscheiben mit Zucker, Zimt, Zitronensaft und ganz wenig Wasser weich dünsten, dann zum Abkühlen beiseitestellen.
2. Die noch heißen, gepellten Kartoffeln durch ein Sieb drücken und abkühlen lassen. Danach mit Mehl, Ei und Salz zu einem Teig verkneten. Zu einer Rolle formen, in Stücke schneiden und auf einer bemehlten Arbeitsplatte zu handtellergroßen Plätzchen ausrollen.
3. Auf jedes Teigstück setzt man eine Portion der gut abgetropften Apfelspalten, schlägt die Teigstücke von allen Seiten ein und drückt die Ränder mit einer Gabel fest zusammen.
4. Maultaschen schuppenförmig in eine gebutterte Pfanne legen, mit Butter bestreichen und im vorgeheizten Ofen 40 bis 45 Minuten bei 200 Grad backen. Zwischendurch mehrmals mit Butter bepinseln.

Die Geschichte zum Rezept:
Maultaschen spielen in der christlichen Tradition eine wichtige Rolle, zumal am Gründonnerstag. Sie sollen angeblich an die „Maulschellen" erinnern, die Christus während seines Prozesses einstecken mußte. Außerdem heißt es: Wer an diesem Tag Maultaschen mit mindestens sieben verschiedenen Kräutern füllt und ißt, soll das ganze Jahr über fieberfrei bleiben. Das sagt zumindest die Überlieferung. Bei den Dominikanerinnen von Bad Wörishofen, von denen ich dieses Rezept bekommen habe, werden die Maultaschen auch gern in süßer Form gegessen.

Elfriede Liening, 49593 Bersenbrück

Für den Teig:
1 kg mehlige Kartoffeln, in der Schale gekocht
150 g Mehl
1 Ei
1 Prise Salz
Mehl für die Arbeitsplatte

Zum Ausbacken:
100 g Butter

Für die Füllung:
750 g mürbe Äpfel, geschält, geviertelt, entkernt, in dünne Spalten geschnitten
100 g Zucker
1/2 TL Zimt, gemahlen
Saft einer halben Zitrone
etwas Wasser

Fastenspeisen

Gefüllte Teigtaschen

Für den Teig:
150 g Quark
(20% Fett)
6 EL Milch
6 EL Sojaöl
75 g Zucker
1 Pck. Vanillezucker
1 TL abgeriebene
Zitronenschale
1 Prise Salz
300 g Mehl
1 Pck. Backpulver

Für die Füllung:
250 g Marmelade
(Aprikosen)
100 g Mandeln
1 EL Kirschwasser

Für den Guß:
200 g Puderzucker
4 EL Zitronensaft

1. Quark durch ein Sieb streichen. Mit Milch, Sojaöl, Zucker, Vanillezucker, Zitronenschale und Salz verrühren.
2. Mehl mit Backpulver vermischen. Die eine Hälfte des Mehls unter die Quarkmasse rühren, die andere Hälfte unterkneten.
3. Den Teig auf einer leicht bemehlten Arbeitsfläche auswellen und mit dem Teigrädchen etwa 8 mal 8 cm große Quadrate ausrollen.
4. Für die Füllung Marmelade mit Kirschwasser verrühren, Mandeln schälen und stifteln und in einer Teflonpfanne rösten. Jeweils eine kleine Portion auf die Quadrate verteilen und zu Dreiecken zusammenklappen.
5. Bei 170 Grad 15 bis 20 Minuten backen.
6. In der Zwischenzeit Puderzucker mit Zitronensaft verrühren und den Guß sofort auf das heiße Gebäck streichen.

Roswitha Hübner, Pfarrei St. Josef, 51105 Köln

Reisschrot-Backlinge

200 g Naturreis, mittelfein geschrotet
1/4 l Mineralwasser
100 g Quark
2 EL Mehl vom Buchweizen
50 g Emmentaler, frisch gerieben
50 g Haselnüsse, gemahlen
1 TL Salz
1/2 TL Currypulver
Fett für das Backblech

1. Reisschrot mit Mineralwasser verrühren und 1 Stunde quellen lassen.
2. Quark unterrühren, Mehl, Käse, Nüsse und Gewürze darüberstreuen und miteinander vermengen.
3. Mit nassen Händen Frikadellen formen und auf ein gefettetes Blech setzen.
4. Die Backlinge in den kalten Ofen schieben und bei 200 Grad 30 Minuten backen, nach 15 Minuten wenden.
Dazu paßt ein gemischter Salat oder gedünstetes Gemüse.

Ursula Peiter, Teilzeit-Pfarrhaushälterin im Pfarrverband St.Martin/St. Michael, 76865 Rohrbach-Steinweiler, gibt seit 15 Jahren Kurse über den Zusammenhang zwischen Zivilisationskrankheiten und Ernährung.

Fastenspeisen

Vollkornpfannkuchen „Gemüseallerlei"

1. Das frisch gemahlene Mehl und die anderen Zutaten für den Teig gut mit einem Schneebesen vermengen und 30 Minuten quellen lassen. Der Teig soll so dünn sein, daß er in der Pfanne gut läuft. Da sich das Vollkornmehl leicht absetzt, Teig jedesmal mit dem Schöpfer aufrühren, bevor man ihn in die Pfanne gibt.
2. Pfannkuchen in Palmin ausbacken. Vor dem Wenden des Pfannkuchens ein Stückchen Palmin auflegen.
3. Zur Zubereitung des Gemüseallerlei Knoblauch und Zwiebel im heißen Fett anbraten, mit Curry würzen, kurz weiterdünsten, das Gemüse darübergeben und 10 – 15 Minuten rösten lassen.
4. Mit Sahne und den angegebenen Gewürzen abrunden und in die Pfannkuchen füllen.

Gertrud Grab, Pfarrei Mariä Himmelfahrt, 88422 Seekirch/Federsee

Die Geschichte zum Rezept:
Meine Mutter war von 1929-1936 Dienstmädchen bei Dekan Oskar Gageur in Ulm, St. Michael zu den Wengen. Dekan Gageur war ein Freund des Bekennerbischofs Johannes Baptista Sproll.
Im Pfarrhaus konnte von außen durch ein kleines Fensterchen direkt in der Küche angeklopft werden (durch dieses Fenster bekam beispielsweise 1931/32 Wilhelm Geyer – der später so berühmte Kunstmaler – mehrmals in der Woche etwas zu essen). Wenn Bischof Sproll, der vielen Festessen überdrüssig, bei seinem Freund Gageur abstieg, klopfte er stets – bevor er an der Haustüre klingelte – ans Küchenfensterchen und rief: „Fanny, mach mir au Pfannakucha!"

Pfarrer Franz Schmid, Pfarrei Mariä Himmelfahrt, 88422 Seekirch/Federsee

Für die Pfannkuchen:
250 g Mehl vom Weizenvollkorn
2 EL Mehl vom Buchweizen
3 große Eier
1/2 l Milch
1/4 l Wasser
1 TL Vollmeersalz

Zum Ausbacken:
Palmin

Für das Allerlei:
1 Zucchini, in Streifen
1 Gurke, in Streifen
1 Paprikaschote, in Streifen
3 Tomaten, gewürfelt
1 Knoblauchzehe, feingehackt
1 Zwiebel, gehackt
1/2 TL Curry
1/2 TL Paprika, edelsüß
2 EL Sahne
Dill, feingehackt
Meersalz
Palmin

Neun Vitamine für die Pfarrhausfrau

Was wär das köstlichste Gericht,
gäb es die Vitamine nicht.
Und ohne sie wär mancher krank.
Es gibt sie zahlreich – Gott sei Dank!
Doch die, um die es hierbei geht,
sind mehr für geistige Diät,
sind sehr gesund und ungefährlich,
für eine Hausfrau unentbehrlich,
besonders für die Pfarrhausfrau,
die kennt sie alle ganz genau.
Gelingt's ihr, diese recht zu mischen
und täglich richtig aufzutischen:

Dann tut das gut und bringt ihr Ehre
und dient der Pfarrhausatmosphäre.

Vitamin A
Die Pfarrhausfrau sei stets bereit
zu froher **A**ufgeschlossenheit.
Anpassungsfähigkeit ist wichtig,
auch **A**benteuerlust ist richtig.
Das **A**usgeglichensein ist gut,
gelegentlich auch **A**rbeitswut.
Die Tugend, **a**rm im Geist zu sein,
macht reich, um andre zu erfreun,
um Schwache tröstend **a**ufzubaun,
die ängstlich sich ihr **a**nvertraun.

Und mancher denkt : Das bringt ihr Ehre
und dient der Pfarrhausatmosphäre.

Vitamin B
Biobewußt, im **B**acken tüchtig,
so sei die Hausfrau, das ist wichtig.
Belastbarkeit, **B**elehrsamkeit,
Bereitschaft und **B**esonnenheit
sind Tugenden, die sie sehr schmücken,
auch wenn sie nicht auf Anhieb glücken.
Bescheiden, aber auch **b**elesen,

so sei ihr Pfarrhausfrauenwesen.
Beweglichkeit, die ist vonnöten
für diesen Job. Sollt ungebeten,
mal beispielsweise, nachts um zehn
'ne Jugendgruppe draußen stehn:
„Verzeiht, wir haben uns verlaufen
und konnten auch kein Essen kaufen!"
Da heißt es dann: schnell reagiert,
den Tee gekocht und einquartiert!

Das tut dann gut und bringt ihr Ehre
und dient der Pfarrhausatmosphäre.

Vitamin C
Ein Menschenkind, das **c**harismatisch
im Pfarrhaus wirkt, das ist sympathisch.
Sein **C**harakter weckt Wohlgefallen
und wirkt wie Sommersonnenstrahlen
von früh bis spät, rund um die Uhr;
denn **c**hristfroh ist es von Natur.
Und hat ihm Gott noch **C**harme gegeben,
beglückt's damit auch and'rer Leben.

Und das tut gut und macht ihm Ehre
und **d**ient der Pfarrhausatmosphäre.

Vitamin D
Den Pfarrhaushalt gut zu verwalten,
verlangt recht oft, gut **d**urchzuhalten;
demütig, **d**uldsam, **d**auerhaft,
das kostet manchesmal viel Kraft.
Doch nicht das stete **d**uldsam Schlucken
und **d**emütige Nichtaufmucken
liegt einer Pfarrhausfrau im Blut.
Draufgängertum ist auch ganz gut.
Und **d**enkfix muß sie immer sein;
dann wird sich mancher an ihr freun.

Und das tut gut und bringt ihr Ehre
und dient der Pfarrhausatmosphäre.

Vitamin **E**
Dem guten Geist im Pfarrhaushalt,
egal ob jung er oder alt,
dem sollte es schon auch gelingen,
eigne **E**rfahrung einzubringen;
Einfälle, **e**igne, je nach Jahren,
deshalb kann trotzdem man bewahren
sich **E**infachheit, **E**infühlsamkeit -
ein Gnadenschatz in unsrer Zeit.
Engelsgeduld kann sie verschenken,
die Pfarrfrau, und viel Gutes lenken.
War früher sie dem Chef **e**rgeben,
so führt sie heut ihr **e**ignes Leben
als **e**igene Persönlichkeit:
entscheidungsfroh, **e**insatzbereit,
als Gotteskind **e**manzipiert,
das an der Schrift sich orientiert.

Das tut ihr gut und bringt ihr Ehre
und dient der Pfarrhausatmosphäre.

Vitamin **F**
Es fehl' die gute **F**antasie
bei einer Pfarrhaushält'rin nie!
Flexibelsein ist auch vonnöten,
gelegentlich **f**orsch aufzutreten
paßt auch zu ihrem Lebensstil,
es bleibt ja noch das **F**eingefühl;
mit diesem und mit **f**rommem Denken
wird manchen sie ihm Haus beschenken.
Gleich einer Vitamin-E-Spritze
wirkt **F**röhlichkeit mit **f**einem Witze.
Ein **f**rischer Geist steckt alle an
und dankbar denkt dann jedermann:

Das tut ihr gut, das bringt ihr Ehre
und dient der Pfarrhausatmosphäre.

Vitamin **K**
Die Pfarrhausfrau im Pfarrhaus waltet
und dies und jenes neu gestaltet.
Wie schön gemütlich kann es sein,
setzt **K**reativität sie ein.
Kunstfertig schmückt sie jeden Tisch,
steckt alle Tage Blumen frisch
in Vasen, Schalen **k**unstgeübt,
weil Pflanzen sie und Blumen liebt.
Kochkenntnis muß sie auch noch haben,
um viele Hungrige zu laben.
Krankheitserfahrung ist dann gut,
damit gesund sie kochen tut
für solche auch, die – leer im Magen -
zu später Stund nach Essen fragen.
Auch **K**inderliebe ist am Platz,
denn manchmal kommt ein kleiner Spatz
mit Papi, Mami zu Besuch,
will Spielzeug dann und Bilderbuch.
Und gibt's im Pfarrhaus mal Gefahren,
dann sollt' sie kühlen **K**opf bewahren.
Auch braucht sie, Gott sei Dank, o nein,
kanonisch alt nicht mehr zu sein.

Das tut ihr gut und bringt ihr Ehre
und dient der Pfarrhausatmosphäre.

Vitamin **N**
Im Pfarrhaus ist sie gute Fee.
Sie tut gewiß niemandem weh,
weil sie zum **N**achgeben bereit
und dazu **n**eidlos allezeit.
Natürlichkeit ist stets zu schätzen
und wird das Pfarrhausteam ergötzen.
Passiert ein Mißgeschick im Haus,
dann gleicht sie es mit **N**achsicht aus.
Sie weiß sich selbst der Schwächen voll
und **N**achsicht andrer tut ihr wohl.

Naturverbunden ist ihr Leben,
Naturkost wird es häufig geben.
So wird sie Gottes Schöpfung lieben
und Ökogeist wird groß geschrieben.

Das tut ihr gut, das bringt ihr Ehre
und dient der Pfarrhausatmosphäre.

Vitamin P
Jetzt fehlt nur noch die Gruppe P
voll Vielfalt, Kraft und Lebensnäh.
Die Pünktlichkeit in allen Dingen,
die wird der Hausfrau Freunde bringen.
Wird sie das Essen prompt bereiten,
gibt's zeitlich keine Schwierigkeiten.
Sie tut mit Freude ihre Pflicht,
doch ganz perfekt sein braucht sie nicht.
Ihr Wunsch ist, denen, die hier leben,
ein glückliches Zuhaus zu geben,
so putzt sie, hält das Pfarrhaus rein
ohne pedantisch doch zu sein.

Sie tut's – das ist ihr Lebensstil -
nicht, weil sie muß – nein, weil sie will!

Thea Bellm, Karlsruhe, Liselore Schmid, Pfarrei St. Elisabeth, Mannheim

Fastenspeisen

Grießknopf

1. Milch zum Sieden bringen, Grieß einstreuen, aufkochen und ausquellen lassen, kalt stellen.
2. Zwiebeln und Petersilie in heißem Schmalz anlaufen lassen, über den Brotwürfeln verteilen und eine halbe Stunde zugedeckt stehen lassen.
3. Grieß, Brotwürfel und Eier vermischen und salzen. In einer Puddingform oder in eine Serviette eingeschlagen im Wasserbad 45 – 60 Minuten kochen.
Dieses Gericht mit grünem Salat ist ein Fastenessen oder paßt als Beilage zu einem Braten.

100 g Grieß
1/2 l Milch
5 Semmeln, würfelig geschnitten
2 EL Schmalz
3 Zwiebel, kleingeschnitten
Petersilie, gehackt
4 Eier
Salz

Marianne Zierer, Pfarrei Maria Himmelfahrt, 90584 Allersberg, entnahm dieses Rezept einem handgeschriebenen Kochbuch aus der Jahrhundertwende.

Rohrnudeln

1. Mehl in eine große Schüssel geben, salzen. In der Mitte eine Vertiefung machen und die Hefe hineinbröckeln. Eine Prise Zucker dazugeben und mit der Milch übergießen. Mit etwas Mehl verrühren und 30 Minuten zugedeckt an einem warmen Ort gehen lassen.
2. In der Zwischenzeit Butter, Zucker, Eier, Rum und Zitronensaft schaumig rühren, zum Mehl geben und gut einarbeiten. Mit dem Knethaken schlagen, bis sich der Teig von der Schüssel löst. 1 Stunde zugedeckt an einem warmen Ort ruhen lassen.
3. Butterschmalz und Biskin in einer Bratreine zerlaufen lassen.
4. Backbrett mit Wiener Grießler bestäuben. Den Teig mit einem Löffel in Portionen teilen, vorsichtig in Mehl wälzen und in die Reine schichten. Mit Zucker-Zimt-Mischung bestreuen und bei 200 Grad 30 Minuten goldbraun backen.

670 g Mehl
330 g Wiener Grießler (sehr feines Mehl)
1 Würfel Hefe (42 g)
1 Prise Salz
250 g Butter
3 Eier
2 Eigelb
200 g Zucker
5 EL Rum
1 EL Zitronensaft
3/8 bis 1/2 l Milch, lauwarm
50 g Butterschmalz
50 g Biskin
2 EL Zucker
1/2 TL Zimt

Die Geschichte zum Rezept:
Dieses Rezept habe ich im Nachlaß der 1992 verstorbenen Pfarrermutter Elisabeth Ripper entdeckt, die 30 Jahre lang bei ihrem Sohn Heinz in unserer Pfarrei Sankt Andreas Dienst tat. Pfarrer Ripper aß die Rohrnudeln in allen Stadien ihrer Existenz: Frisch, zu einer guten Tasse Kaffee; einen Tag später, in Scheiben geschnitten und mit hausgemachter Marmelade bestrichen; und wiederum einige Tage später, in eine Schale Milch eingebrockt. Für ihn waren sie immer eine Delikatesse.

Ilse Sixt, 85667 Oberpframmern

Fastenspeisen

Falsche Prinzregententorte

Für den Teig:
250 g Mehl
3 Eier
1 TL Salz
etwa 1/2 l Milch
Fett zum Ausbacken

Für die Fülle:
1 Zwiebel, feingehackt
30 g Butter
600 – 800 g frische Egerlinge, feinblättrig geschnitten
3 EL Weißwein oder Brühe
1 Becher Crème fraîche
Salz und Pfeffer, Streuwürze
Butter für die Form
1/2 Bund Petersilie, feingehackt

1. Angegebene Zutaten zu einem Pfannkuchenteig verrühren und Pfannkuchen ausbacken.
2. Zwiebel in Butter glasig dünsten, Pilzscheiben darin anbraten, mit Wein oder Brühe ablöschen und vom Herd nehmen. Crème fraîche vorsichtig unterrühren und mit den Gewürzen abschmecken.
3. Eine runde feuerfeste Form mit Butter fetten, Pfannkuchen abwechselnd mit Pilzmasse einschichten, bei 175 Grad 20 Minuten backen und mit feingehackter Petersilie bestreuen. Dazu gibt es gemischten Salat.

Agnes Menzinger, Pfarrei Heilig Geist, 86163 Augsburg

Segne Vater
unser Essen,
laß uns
Neid und Haß
vergessen,
schenke uns
ein fröhlich Herz.

Leite Du
so Herz wie Hände,
führe Du
zum guten Ende
unsre Freude,
unsren Schmerz.

Amen.

Theresia Beier, 63075 Offenbach

Fastenspeisen

Eusebias Germdotsch

1 1/2 bis
2 kg Kartoffeln
1/4 l Milch, lauwarm
40 g Hefe
2 Eier
250 g Mehl
1 Prise Salz
1 EL Fenchelsamen

Zum Ausbacken:
Butterschmalz

1. Mehl in eine Schüssel geben, in die Mitte eine Mehlgrube drücken. Zerbröckelte Hefe mit einigen Eßlöffeln Milch und Mehl zu einem Dampfl (Vorteig) anrühren. Mit einem Tuch bedeckt an einem warmen Ort 30 Minuten gehen lassen.
2. In der Zwischenzeit rohe Kartoffeln schälen und reiben. In einem Tuch fest ausdrücken.
3. Kartoffeln mit der restlichen Milch, dem Salz und dem Fenchelgewürz nach und nach in die Teigschüssel geben und zu einem dickflüssigen Teig verrühren (wenn nötig, noch etwas Milch zugeben).
4. Teig nochmals bis zur doppelten Größe gehen lassen.
5. Teig nicht mehr umrühren! Reichlich Butterschmalz in eine Pfanne geben und erhitzen. 1 EL Teig hineingießen und auf beiden Seiten langsam zu Puffern ausbacken.

Die Geschichte zum Rezept:
Meine Großmutter, Eusebia Eckl, hütete dieses Rezept einer Pfarrerköchin aus Teunz in der Oberpfalz lange Zeit wie ein Staatsgeheimnis. Im Pfarrhaus wurde es oft als Fastenspeise gemacht, wir essen den Germdotsch zu jeder Jahreszeit. Das Fleisch dazu kann man sich sparen. Die Puffer mögen zwar etwas fett sein, halten aber lange vor.

Angela Götz, 92648 Vohenstrauß

Fisch

Zanderfilet in Rieslingrahm mit feinen Gemüsestreifen

1. Zanderfilets in Butter braten und immer wieder damit begießen. Mit Salz und Zitronensaft würzen.
2. Kräuterbutter erhitzen und Gemüse darin anschwitzen, mit Weißwein ablöschen und 10 Minuten dünsten.
3. Sahne zugeben und mit Speisestärke binden, mit Salz, Pfeffer, Worcestersauce und Streuwürze abschmecken.
4. Zander auf einer vorgewärmten Platte anrichten, Soße darübergeben, mit Zitronenscheiben garnieren.

Traudl Kurpanik, Pfarrei Maria Himmelfahrt, 02681 Schirgiswalde

4 Zanderfilets
(je ca. 200 g)
50 g Butter
Salz
Saft von 1 Zitrone
Zitronenscheiben
30 g Kräuterbutter
1 große Zwiebel,
feingewürfelt
1 Möhre, in Streifen
1 kleiner Sellerie,
in Streifen
1 Stange Lauch,
in Ringen
1 Kohlrabi,
in Streifen
1/4 l Riesling
200 ml Sahne
1 EL Speisestärke
Salz, weißer Pfeffer,
Worcestersauce
Streuwürze

Fisch

Stockfischgröstl

*600 g Stockfisch,
gewässert,
küchenfertig
5 große speckige
Kartoffeln
Salzwasser
50 g Butter
1 Zwiebel,
kleingehackt
1 Knoblauchzehe,
kleingehackt
1 Lorbeerblatt
100 ml Rahm
2 EL Petersilie,
feingehackt
Salz, Pfeffer*

1. Kartoffeln mit der Schale im Salzwasser kochen, noch heiß schälen und auskühlen lassen.
2. Den Stockfisch in heißes, ungesalzenes Wasser legen und eine halbe Stunde langsam köcheln lassen. Abseihen und Haut und Gräten entfernen. Mit der Gabel den Fisch in mundgerechte Stücke teilen.
3. Zwiebel und Knoblauch in der Bratpfanne goldgelb in Butter rösten.
4. Fisch und die blätterig geschnittenen Kartoffeln dazugeben, salzen, pfeffern, Lorbeerblatt beifügen und alles gut braten, ohne viel umzurühren, damit der Stockfisch nicht zerfällt.
5. Rahm dazugießen, durchziehen lassen und mit Petersilie bestreuen.

Die Geschichte zum Rezept:
„Schon als Kind hat mich immer beeindruckt, daß mein Vater am Aschermittwoch bei den Kapuzinern im Nachbarort zum Stockfischgröstl eingeladen war. Er pflegte die Freundschaft zu den Patres, mit denen er die Schulbank gedrückt hatte. Das Fasten-Essen mit ihnen ließ er sich nie entgehen. Später hat auch meine Mutter manchmal ein Stockfischgröstl auf den Tisch gebracht, als die Kapuzinerpatres längst das Kloster im Nachbardorf verlassen hatten. Aber mein Vater meinte immer, früher habe der Fisch anders geschmeckt....
Ich weiß nicht, was Vater zu „meinem" Stockfischgröstl sagen würde. Ich habe mich von den Köchen und Köchinnen in den „Paterklöstern" beraten lassen – und dem Dompropst Peter Zelger, bei dem ich „Häuserin" bin, wie man in Südtirol zur Pfarrhaushälterin zu sagen pflegt, schmeckt es allemal vorzüglich.
Die Kapuziner haben den Stockfisch tagelang gut gewässert und dann so lange gekocht, bis das Fischfleisch sich leicht von den Gräten löste. Ich nehme bereits gewässerten Stockfisch, und der Herr Dompropst bedauert es alljährlich, daß die Zeit immer so kurz ist, wo es den guten Stockfisch im Laden zu kaufen gibt.
Von Bruder Florian, einem Kapuzinerbruder, ließ ich mir die langwierige Prozedur des Stockfisch-Wässerns erklären. Zuerst mußte er die Lauge aus der Holzasche eines Laubholzes herstellen (Nadelhölzer waren wegen ihres Harzes dafür ungeeignet). In dieser Flüssigkeit blieb das „Stockfisch-Scheit" etwa zwei Wochen liegen, bis es dann ein paar Tage unter fließendem Wasser gereinigt wurde.
Für die Patres war dies früher ein billiges Essen, was man heute nicht mehr behaupten kann. Es war außerdem vorzüglich für ihre Fastenzeiten geeignet – von Allerheiligen bis Weihnachten und von Dreikönig bis Mitte Februar. Daran schloß sich meist die eigentliche Fastenzeit.
Früher haben auch Leute außerhalb des Klosters solche Stockfisch-Scheiter aus dem hohen Norden und Rußland zu den Patres gebracht, um sie von ihnen präparieren zu lassen. Seither kann Bruder Florian den Stockfisch nicht mehr riechen.

Burgi Brida, I-39042 Brixen/Südtirol, ist Pfarrhaushälterin bei Kanonikus Peter Zelger, Dompropst zu Brixen.

Fisch

Rotbarsch auf Gemüsebett

1. Gemüsestücke in Salzwasser vorgaren.
2. Zwiebel und Knoblauch in Öl andünsten, die vorgegarten Gemüsestücke dazugeben, leicht anrösten, mit Weißwein ablöschen und in eine gebutterte Auflaufform geben.
3. Rotbarschfilets mit Zitronensaft säuern, salzen, pfeffern, mit den gehackten Kräutern bestreuen und auf das Gemüsebett legen.
4. Sahne darübergießen, im Rohr bei 180 Grad 30 – 45 Minuten fertiggaren.
Als Beilage gibt es Salzkartoffeln und gemischten Salat.

Elisabeth Müller, Pfarrverband Velden, 84149 Velden a.d.Vils

750 g Rotbarschfilet
Saft einer Zitrone
700 g Gemüse aus dem Garten (Sellerie, Kohlrabi, Lauch, Karotten), in Stücke geschnitten
Salzwasser
1 Zwiebel, gehackt
1 Knoblauchzehe, gehackt
2 EL Olivenöl
1 Glas Weißwein, trocken
Butter zum Fetten der Form
Salz, Pfeffer
frischer Estragon und Basilikum, feingehackt
1/2 Becher Sahne

Fleisch und Aufläufe

Versteckter Spinat für Kostverächter

Für 6 – 8 Personen
500 g Nudeln
1 Pck. Blattspinat,
tiefgekühlt
oder frisch
3 Eier
2 Becher Schmand
(saure Sahne mit
24 % Fettgehalt)
300 g Rinderhack
1 Zwiebel,
kleingehackt
Kräutersalz
Salz, Pfeffer
Käse in Scheiben
oder Käsereste

1. Nudeln in kochendem Salzwasser garen, abtropfen.
2. Rinderhack mit Zwiebel, Salz und Pfeffer vermengen.
3. In eine gefettete Auflaufform abwechselnd eine Lage Nudeln und aufgetauten oder frischen, in Salzwasser blanchierten Spinat schichten. Auf jede Schicht Hackfleisch bröckeln, mit Nudeln abschließen.
4. Eier und Schmand mit Pfeffer und Kräutersalz verrühren, über die Nudeln gießen.
5. Form zudecken und 40 Minuten bei 180 Grad im Rohr backen.
6. Den Auflauf mit Käse bestreuen, 10 Minuten im Rohr braun werden lassen.
Man kann das Gericht auch mit ein paar gewürfelten Tomaten variieren.

Die Geschichte zum Rezept:
Auf der Tagesordnung unseres Pfarrhaushaltes stand ein Arbeitsessen mit mehreren jungen Leuten. Eine Mitarbeiterin rief kurz vorher noch an, und der Pastor fragte sie, ob auch sie zum Essen bliebe. „Was gibt es denn?", wollte sie wissen. „Nudel-Spinat-Auflauf", vermeldete der Pfarrer. „Iiiiiiih!" – tönte es so laut aus dem Hörer, daß ich es in der Küche hören konnte. Kurz und gut: Sie kam doch. Und als das Essen fast schon vorbei war, fiel das Reizwort 'Spinat'. Da schaute ein anderer Mitesser, wohl ein verkappter Spinatverächter, erstaunt in die Runde und fragte: „Ja wo ist denn nun der Spinat?". Es hatte nämlich wirklich allen geschmeckt.

Martina Drees, Pfarrei St. Christophorus, 44369 Dortmund

Fleisch und Aufläufe

Kalbsfilet im Ofen

1. Gewürze mischen und die Filetscheiben darin wenden.
2. Je 2 Fleischscheiben aufeinanderlegen und mit dem Speck umwickeln.
3. In eine Auflaufform legen und mit Zwiebelhack bestreuen.
4. Rahm darübergießen. Zugedeckt im vorgeheizten Ofen ca. 50 – 60 Minuten bei 180 – 200 Grad backen.
Dazu schmecken trockener Reis und Tomaten.

Juliana Sievi, Pfarrei St. Johannes, CH-7180 Disentis/Schweiz

1 großes Kalbsfilet, in Scheiben (2 cm)
1 1/2 EL Aromat
1 EL Paprika
1 EL Curry
6 – 8 dünne Speckscheiben
1 große Zwiebel, feingehackt
250 ml Rahm

Fleisch und Aufläufe

Kurpfälzer Spargelauflauf

*1 kg Spargel
Salzwasser
50 g Butter
3 Eier, getrennt
100 g Mehl
schwarzer Pfeffer,
frisch gemahlen
Muskatnuß,
gerieben
250 g gekochter
Schinken,
kleingeschnitten
3-4 EL geriebener
Käse
Butter und
Semmelbrösel
für die Form*

1. Spargel gut schälen, in Salzwasser halb garkochen und in Stücke schneiden.
2. Butter sehr schaumig rühren, Eigelb, Pfeffer, Muskat, Milch und Mehl unterrühren.
3. Eiweiß steifschlagen und mit dem Spargel und dem Schinken der Buttermasse zufügen.
4. Auflaufmasse in die gebutterte und mit Bröseln ausgestreute Form geben. Mit geriebenem Käse und weichen Butterflöcken bestreuen.
5. Bei 180 Grad 1 Stunde backen.
Dazu passen neue Kartoffeln.

Marianne Kessler, Dekanatsleiterin der Berufsgemeinschaft der Pfarrhaushälterinnen in der Erzdiözese Freiburg, ist Pfarrhausfrau in der Pfarrei St. Josef, 68163 Mannheim.

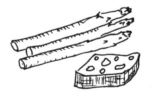

Saures Hammelfleisch

*Für 2 Personen
2 l Wasser
500 g Hammel- oder
Lammschulter
2 EL Essigessenz
300 g kleine
Zwiebeln, geschält
3 Lorbeerblätter
Pfefferkörner
Wacholderbeeren*

1. Aus den Zwiebeln sowie den angegebenen Gewürzen einen Sud bereiten und diesen 15 Minuten kochen lassen.
2. Hammel- oder Lammfleisch hineingeben und garsieden lassen. In Scheiben schneiden und mit den Zwiebeln aus dem Sud anrichten.
Dazu gibt es Kartoffelsalat.

Magdalena Hollweck, Pfarrhaushälterin i.R., 85051 Ingolstadt, bekam dieses Rezept von der Pfarrersmutter Walburg Rackl, die mit einem Schäfer verheiratet war.

Fleisch und Aufläufe

Hochrippensteak mit Sauce Béarnaise

1. Fleisch mit Salz und schwarzem Pfeffer würzen. In Butterschmalz auf jeder Seite kräftig bräunen und pro Seite 5 Minuten bei mittlerer Hitze fertigbraten (Steaks werden medium).
2. Zur Herstellung der Sauce Eigelb und Weißwein im heißen Wasserbad schaumig schlagen. Die zerlassene Butter langsam und unter ständigem Schlagen mit dem Rührbesen unter die Schaummasse rühren. Mit Kräutern, Zitronensaft, Salz, Cayenne- und weißem Pfeffer abschmecken.

Als Beilagen schmecken in Butter geschwenkte Salzkartoffeln und Gelberüben-Kohlrabi-Gemüse (siehe nachstehendes Rezept).

Für das Fleisch:
2 Hochrippensteaks
(je 400 g)
Salz
schwarzer Pfeffer,
frisch gemahlen
1 EL Butterschmalz

Für die Sauce:
250 g Butter,
zerlassen
2 Eigelb
4 EL Weißwein
heißes Wasser
1 EL Kerbel, gehackt
1 EL Estragon,
gehackt
Saft 1/2 Zitrone
1 Msp. Pfeffer
(Cayenne)
Salz, weißer Pfeffer

Gelberüben-Kohlrabi-Gemüse

1. Gemüsestifte in der Butter andünsten und mit den Gewürzen abschmecken.
2. Mit Wasser aufgießen und ca. 10 Minuten dünsten lassen. Zwischendurch umrühren, Wasser einkochen lassen.

Ida List ist verheiratet und arbeitet als Haushälterin in der Pfarrei Mariä Himmelfahrt, 84140 Gangkofen.

1 Kohlrabi, in
Stifte geschnitten
4 große Gelberüben,
in Stifte geschnitten
2 EL Butter
1 Tasse
heißes Wasser
Salz, Fondor
schwarzer Pfeffer,
frisch gemahlen

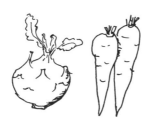

Blitz-Gebet

„Herr,
laß
Deinen Segen
über
diese Gaben
fegen.
Amen."

*Dieses Tischgebet
entstand, als
der Herr Kaplan
mal ohne große
Umschweife zum
Essen gehen wollte.*

*Anna Hagn,
92676 Eschenbach i. d. OPf.*

Desserts und Marmeladen, Weine und Bowlen

Holunderblütensekt

1. Die Holunderdolden werden ungewaschen in einen Tontopf gegeben. Zucker in 3 Liter kochendem Wasser auflösen und heiß auf die Blüten gießen. Das übrige Wasser wird etwas später kalt zugesetzt. Weinsteinsäure und Zitronensaft (oder Essig) unterrühren und 24 Stunden stehenlassen.
2. Durch ein gespanntes Tuch sieben, den gewonnenen, klaren Saft in saubere Flaschen abfüllen und festkorken.
3. Kleines Baumwolltuch über den Korken legen, mit einem Bindfaden mehrmals am Flaschenhals umwickeln, damit der Korken beim Gärprozeß in der Sonne nicht vorzeitig hochgeht (heutzutage kann man auch stabile Flaschen mit Schraubverschluß nehmen). Die Flaschen acht Tage in die Sonne stellen.
4. Liegend und kühl aufbewahren. Eisgekühlt servieren. Der Sekt hält sich bis zur nächsten Holunderblüte.

12 Dolden Holunderblüten
10 l Wasser
1 1/2 kg Zucker
1 Msp. Säure vom Weinstein (aus der Apotheke)
3–4 Zitronen, ausgepreßt oder 1/4 l Essig

Maria Korte, Haushälterin ihres Bruders in der Pfarrei Heilige Dreifaltigkeit, 48147 Münster, hat dieses alte Rezept von ihrer verstorbenen Mutter, Antonia Korte, übernommen. Es ist im Pfarrhaus als Erfrischungsgetränk sehr beliebt.

Desserts

Neugierige Ostereier

Für die Ostereier:
1 l Sahne
100 g Mandeln, geschält, feingemahlen
6 Stück bittere Mandeln, geschält, feingemahlen
1 Pck. Vanillezucker
200 g Zucker
1 Prise Salz
15 Blatt Gelatine

Für das Nest:
600 g frische Edelkastanien
1/4 l Sahne
4–5 EL Honig, Ahornsirup oder dicker Läuterzucker Kuvertüre aus Schokolade

Für die Form:
Butter

1. Zunächst wird eine Sahnemasse zur Herstellung der Ostereier zubereitet: Sahne zum Kochen bringen und Hitzezufuhr abstellen. Mandeln und Vanillezucker zugeben und auf heißer Herdstelle 60 Minuten stehenlassen. Von Zeit zu Zeit umrühren.
2. Sahne durch ein feines Sieb in einen anderen Topf gießen, Zucker und Salz einrieseln lassen und nochmals 10 Minuten unter Rühren kochen lassen.
3. Gelatineblätter in kaltem Wasser einweichen. Sahne vom Herd nehmen und die ausgedrückten Gelatineblätter beifügen.
4. Sobald die Gelatine sich aufgelöst hat, füllt man die Sahnemasse in kalt ausgespülte Eierbecher und stellt sie mindestens sechs Stunden kühl, damit sie erstarrt.
5. In der Zwischenzeit wird das Nest gebaut: Kastanien auf der runden Seite einschneiden und, mit Wasser bedeckt, in einem Topf 3 Minuten kochen lassen. Kochtopf von der Herdplatte nehmen, Kastanien nach und nach aus dem Wasser holen, mit einem scharfen Messer schälen und erkalten lassen.
6. Kastanien in Sahne rund 20 Minuten weichköcheln und durch ein Sieb streichen (oder mit dem Pürierstab zerkleinern).
7. Honig, Sirup oder Läuterzucker daruntermischen. Diese Masse in eine glatte, mit Butter ausgestrichene Ringform (Frankfurter-Kranz-Form) drücken (man kann auch zwei unterschiedlich große Edelstahlschüsseln ineinanderstellen).
8. Nach dem Erkalten wird der Nestring gestürzt, getrocknet und mit Schokoladenglasur überzogen.
9. Eier aus den Eierbechern stürzen und pyramidenförmig ins Nest setzen.

Die Geschichte zum Rezept:
Ich bin ein altes, handgeschriebenes Kochbuch aus der Jahrhundertwende. Lange lag ich mit vielen anderen Büchern auf dem Boden des Klosters der Nazarethschwestern von Dresden-Goppeln und träumte von vergangenen Zeiten. Wie oft hatte man mich zur Hand genommen, mich befragt, in mir nachgelesen, aus mir nachgekocht, um anderen eine Gaumenfreude zu bereiten.
Nun entdeckte mich die liebe Mutter Oberin und gab mich Schwester Ludmilla, einer kleinen Pfarrhaushälterin aus dem Orden, die in der Pfarrei Heilige Familie in Zschachwitz bei Dresden ihren Dienst tut. Diese freute sich sehr und schaut mich öfters liebevoll an. Bei manchen Rezepten muß Schwester Ludmilla schmunzeln. Oder sie schüttelt einfach nur entsetzt den Kopf, wenn von 12 unschuldigen Lerchen die Rede ist, die, auf Zahnstocher aufgespießt, in Butter gebräunt werden sollen. Einige Kochanweisungen – wie diese Neugierigen Ostereier – haben auch heute noch ihre Gültigkeit, wenngleich sie durchaus zeitaufwendig sind.
Doch darin liegt gerade das Geheimnis der Kochkunst von einst: Sich den nötigen Raum und die nötige Zeit fürs Kochen zu nehmen, um mit Ausdauer, Hingabe und Liebe sich in die Herzen der Mitmenschen zu kochen.

Schwester Ludmilla, Pfarrei Heilige Familie, 01259 Dresden-Zschachwitz

Desserts

Rhabarbermarmelade

1. Rhabarber und Zucker genau abwiegen und gut vermischen. In einem neuen Steintopf drei Tage lang gut zugedeckt zur Seite stellen.
2. Ingwerstückchen in ein Schraubglas geben und mit Branntwein übergossen ebenfalls drei Tage ziehen lassen.
3. Am dritten Tage kocht man den Rhabarber unter ständigem Umrühren zu dicker Marmelade, wobei man den mit Ingwer aufgesetzten Branntwein durchseiht und zusetzt.
4. In Schraubgläser füllen, die man mit Rum ausgespült hat. Ein mit Rum befeuchtetes Pergamentpapier (Einmachfolie) auflegen und verschließen.

2 kg Rhabarber, in Stücken
2 kg Zucker
1 Glas Branntwein
1 Stückchen Ingwer, geschält, kleingeschnitten
Rum zum Haltbarmachen

Maria Soddemann, 48308 Ottmarsbocholt-Senden, fand dieses Rezept im Kochbuch ihrer verstorbenen Tante, Josefine Peters, die 1924 im Pfarrhaus Ostenfelde als Küchenpraktikantin tätig war.

Zimtküchlein (Arme Ritter)

1. Semmelrinde abreiben, Semmeln waagrecht in 3 Scheiben schneiden, kurz in Milch tauchen und ausdrücken.
2. Eier verquirlen, Semmelscheiben darin wenden, in heißem Fett ausbacken, reichlich mit Zimtzucker bestreuen. Dazu gibt es Kompott.

8 Semmeln
Milch nach Bedarf
3–4 Eier
Fett zum Backen
Zimtzucker zum Bestreuen

Emma Kern, 86872 Scherstetten, hat dieses Rezept von der inzwischen verstorbenen Pfarrköchin Adelgunde aus ihrem Heimatort.

Gebäck

Osterzopf

Für den Teig:
500 g Mehl
1 Pck. Trockenhefe
150 g weiche Butter
2 ganze Eier
1 Eiweiß
75 g Zucker
1 TL Salz
1/2 Fläschchen Rum-Aroma
3 Tropfen Backöl Zitrone
3 Tropfen Bittermandelöl
1 Msp. Kardamom
1 Msp. Muskatblüte
etwa 1/8 l lauwarme Milch

Zum Unterkneten:
125 g Korinthen
50 g Rosinen
50 g Mandeln, geschält, gemahlen
50 g Zitronat
1 Eigelb zum Bestreichen
Fett für das Backblech

Zum Verzieren:
3 EL Marmelade (Aprikosen)
1 EL Zitronensaft
etwas heißes Wasser
einige Mandeln

1. Mehl in eine Rührschüssel sieben und die Trockenhefe sorgfältig mit dem Mehl vermischen.
2. Alle für den Teig nötigen Zutaten nach und nach mit dem Teiglöffel unterrühren und solange schlagen, bis der Teig Blasen wirft und sich glatt von der Schüssel löst.
3. Korinthen, Rosinen, gemahlene Mandeln und gegebenenfalls Zitronat unter den Teig kneten und zugedeckt an einem warmen Ort solange gehen lassen, bis sich der Teig verdoppelt hat.
4. Teig auf einem bemehlten Arbeitsbrett in drei gleiche Teile schneiden. Daraus mit den Händen je drei Teigstränge von ungefähr 50 cm Länge rollen.
5. Aus den drei Teigsträngen einen Zopf flechten, Enden flachdrücken und nach unten einklappen. Auf dem gefetteten Backblech zugedeckt gehen lassen.
6. Backrohr auf 200 Grad vorheizen. Eigelb verquirlen und den Zopf damit bestreichen. Insgesamt etwa 50 Minuten backen. Nach 10 Minuten Backzeit Temperatur auf 180 Grad zurückschalten.
7. Aprikosenmarmelade mit etwas heißem Wasser und Zitronensaft anrühren und den heißen Zopf damit bestreichen. Mit geschälten, ganzen Mandeln verzieren.

Agnes Menzinger, Pfarrei Heilig Geist, 86163 Augsburg

Gebäck

Warm aufgeschlagener Biskuitkuchen

1. Die ganzen Eier mit Zucker und Vanillezucker auf einem warmen Wasserbad cremig schlagen.
2. Kalt schlagen, damit die Masse schön sandig wird.
3. Kochende Butter eßlöffelweise hinzufügen.
4. Mehl und Speisestärke sieben und ebenfalls locker unterheben. Nicht mehr schlagen!
5. Ofen 10 Minuten auf 155 – 165 Grad vorheizen und ca. 40 – 50 Minuten backen.

7 Eier
250 g Zucker
250 g Butter
125 g Mehl
125 g Speisestärke
1/2 Pck. Backpulver
1 Pck. Vanillezucker

Agnes Hagenhoff, Pfarrei St. Bartholomäus, 37688 Herstelle/Beverungen

Hasenohren

1. Ei, saure Sahne, Zucker und Salz gut schaumig rühren. Das Mehl mit dem Backpulver vermischen und dazugeben. Einen glatten Teig rühren.
2. Den Teig ausrollen und mit einem Küchenrädchen Hasenohren ausradeln.
3. Palmin in einem Topf schmelzen. Die Hasenohren goldgelb ausbacken. Mit dem Schaumlöffel herausnehmen, abtropfen und auf Küchenkrepp abfetten lassen. Reichlich mit Puderzucker bestreuen und warm servieren.
Dazu gibt es Kompott.

Für 3 Personen
1 Ei
1 EL saure Sahne
1 Prise Salz
1/2 Pck. Backpulver
160 g Mehl
50 g Zucker
500 g Palmin
Puderzucker

Die Geschichte zum Rezept:
Wir wohnten 14 Tage im Gästehaus eines Klosters. Da uns das Mittagessen mit den Hasenohren so gut schmeckte, bat ich Küchenchef Bruder Beda um das Rezept. Kurz darauf erschien er, legte uns wortlos einen Zettel auf den Tisch und ging wieder in die Küche. Ich nahm das Blatt und las:
Hasenohren für ca. 120 Personen:
15 Pfund Mehl
60 Eier
3 l sauren Rahm
2 Hand Salz
250 g Backpulver
4 Pfund Zucker
Das Ganze gut schaumig rühren
Halb Rinderfett
Halb Schweinefett zum Ausbacken
24.7.72
Erst fingen wir an wie kleine Kinder zu prusten, dann begann mein Mann zu rechnen (ohne Rechenschieber) und die Hasenohren zu verkleinern. Daraus wurde ein Rezept für 3 Personen. Von der Zubereitung des Originalrezepts habe ich abgesehen.

Charlotte Kuhn, 56179 Vallendar

Menüs

Menü zur Silbernen Hochzeit

(für 6 Personen)
Salat „Großmütterchen"
Kalbszunge mit Gemüsesalat
Aprikosen-Sorbet
Entenbrüstchen in Johannisbeer-Schalotten-Sauce
Holunderbeercreme mit geeister Birnensauce

Salat „Großmütterchen"

Gemischter Salat:
(Radicchio,
Kopfsalat, Chicorée,
Endivien, Feldsalat,
Löwenzahn)
1 Tomate,
in Scheiben
geschnitten
1/2 Bund
Radieschen,
gehobelt

Für die Sauce:
2 EL Essig, 4 EL Öl
1 EL Sahne
Salz, 1 Prise Pfeffer
1 Prise Zucker

Zum Garnieren:
30 g Butter
4 Scheiben
Weißbrot, gewürfelt
100 g Rohschinken,
gewürfelt

1. Die Salate sortenüblich behandeln (beim Radicchio Strunk großzügig abschneiden, die kleinen Blätter ganz lassen, die großen zerpflücken).
2. Zutaten für die Salatsauce mit dem Schneebesen verrühren, zuletzt das Öl beimengen.
3. Salate, Tomaten- und Radieschenscheiben bunt auf den Tellern verteilen, Sauce darübergießen.
4. Weißbrotwürfel und Schinkenwürfel getrennt in Butter anrösten und noch warm über den Salat streuen.

Kalbszunge mit Gemüsesalat

1. Die Zunge mit Lorbeerblatt und Pfeffer in 2 l Gemüsebrühe gut 2 Stunden sachte köcheln lassen. Möhren in den letzten 15 Minuten mitgaren. Alles mit dem Sieblöffel herausholen.
2. Zunge häuten und in der Brühe bis zum Gebrauch warmhalten.
3. Separat Spargel bißfest garen.
4. Erbsen in wenig Zungenbrühe kurz garen.
5. Aus zerdrücktem grünen Pfeffer, Senf, Essig, Weißwein, Öl, Salz, Zucker und 2 EL (vorher etwas eingekochter) Zungenbrühe eine Marinade herstellen.
6. Erbsen und Karotten mit einem Teil dieser Marinade jeweils getrennt übergießen.
7. Teller mit einigen Salatblättern auslegen. Zunge in Scheiben schneiden und fächerartig auf dem Salat anrichten. Spargel, Erbsen und Karotten ebenfalls auf dem Salat verteilen. Rest der Marinade über Zunge und Spargel träufeln. Zunge und Gemüse sollen lauwarm sein.

1 gepökelte Kalbszunge (ca. 750 g)
1 Lorbeerblatt
einige schwarze Pfefferkörner
2 l Gemüsebrühe (aus 1 Würfel)
500 g Spargel, bißfest gekocht
250 g tiefgekühlte Erbsen
250 g Möhren
4 – 5 EL Essig
3 EL Weißwein
3 – 4 EL Öl, Salz
1 – 2 TL eingelegter, grüner Pfeffer
1 TL Senf
1 Prise Zucker
Salatblätter zum Garnieren

Aprikosen-Sorbet

1. Aprikosen mit Zitronen- und Aprikosensaft pürieren und in einer Metallschüssel 3 Stunden in das Gefrierfach stellen. In dieser Zeit 2 - 3mal umrühren.
2. Vor dem Servieren mit dem Pürierstab nochmals gut durcharbeiten.
3. Sorbet mit einem Teelöffel in Sektkelchen anrichten, mit Sekt auffüllen.

1 Dose Aprikosen (415 g Netto-Inhalt)
3 EL Aprikosensaft
1 TL Zitronensaft
3 EL Aprikosenlikör
Sekt zum Auffüllen

Menüs

Flugentenbrüstchen in Johannisbeer-Schalotten-Sauce

3 Flugentenbrüste
(je 300 g)
Salz und Pfeffer
20 g Butterschmalz
2 TL Senf
2 EL Cassis
etwas abgeriebene
Zitronenschale
je 200 g rote
und schwarze
Johannisbeeren
1 Becher Crème
fraîche
500 g Schalotten
1 EL Mehl
1 Brühwürfel
Alufolie

1. Entenbrüste pfeffern, salzen und mehlen, im Fett anbraten, zuerst auf der Hautseite, dann wenden.
2. Die geschälten Schalotten zugeben und unter Wenden anrösten. Hitze zurückschalten. Zugedeckt ca. 15 Minuten garen. Öfter wenden und bei Bedarf etwas Wasser angießen.
3. Wenn die Brüstchen rosa gebraten sind, herausnehmen und in Alufolie wickeln.
4. Crème fraîche und Gemüsebrühwürfel zu den Schalotten geben und mit dem Senf, der Zitronenschale und dem Cassis gut abschmecken.
5. Johannisbeeren (bis auf eine Handvoll zum Garnieren) dazugeben und erhitzen.
6. Fleisch in fingerdicke Scheiben schneiden, auf eine vorgewärmte Platte legen und mit der Sauce übergießen.
7. Restliche Johannisbeeren darüberstreuen oder mit einem Johannisbeerblatt und 1 – 2 Rispen garnieren.

Holunderbeercreme mit geeister Birnensauce

1. Eigelb mit Honig, Holundersaft und Weißwein über dem heißen Wasserbad aufschlagen.
2. Die eingeweichte Gelatine in der so entstandenen Creme auflösen und in Eiswasser kaltrühren, bis die Creme allmählich zu gelieren beginnt.
3. Schlagsahne so unterheben, daß man später beim Abstechen eine Marmorierung sieht.
4. Die Creme in einer Schüssel etwa 2 Stunden kaltstellen.
5. In der Zwischenzeit Birnen zusammen mit dem Honig, dem aus den Vanilleschoten herausgeschabten Mark und dem Wein zum Kochen bringen. Ziehen lassen.
6. Die Birnenhälften herausnehmen, 2 Hälften kühl stellen und die restlichen Birnen pürieren. Birnengeist dazugeben. Diese Masse ebenfalls kühlstellen.
7. Etwa 20 Minuten vor dem Servieren Birnenmasse in das Gefrierfach stellen, beim Herausnehmen kräftig mit dem Pürierstab durcharbeiten.
8. Die 2 verbliebenen Birnenhälften in Spalten schneiden und mit der Creme und der Birnensoße nach Belieben anrichten.

Für die Creme:
6 Eigelb
80 g Honig
1/4 l Holundersaft
1/8 l Weißwein
1/4 l Sahne,
steifgeschlagen
5 Blatt Gelatine

Für die Soße:
1 kg Birnen,
geschält, halbiert,
entkernt
75 g Honig
2 Vanilleschoten,
aufgeschlitzt
1/8 l Weißwein
1 EL Birnengeist

Gerlinde Wolf, 66424 Homburg-Jägersburg, wurde mit diesem Festmenü aus Anlaß ihrer Silbernen Hochzeit von Liesel Stief, Pfarrhaushälterin ihrer Gemeinde, verwöhnt.

Menüs

Auferstehungsmenü à la Pfarrhaus

Gefüllte Avocados
Sekt-Erbsensuppe
Rehleber in Blätterteig
Bunter Salat
Lammfleischtopf mit Tomaten und Grumbierauflauf
Hausgemachtes Sahneeis mit flambierten Kirschen

Gefüllte Avocados

2 Avocados
1 kleine Zwiebel, feingehackt
1 Stange Bleichsellerie, feingehackt
2 EL Öl
2 TL Zitronensaft
1/2 TL scharfer Senf
je 1 Prise Salz, Knoblauchsalz Paprikapulver
1 EL Crème fraîche
140 g Krabben aus der Dose
Petersilie zum Garnieren

1. Avocados halbieren, Kerne entfernen, das Fruchtfleisch aushöhlen und pürieren.
2. Die Krabben auseinanderzupfen, kurz kalt abbrausen und mit dem Avocadopüree, dem Zwiebel- und Selleriehack mischen.
3. Das Öl mit Zitronensaft, Senf, Salz, Knoblauchsalz und Paprikapulver verrühren und mit der Crème fraîche unter das Avocadopüree heben.
4. Die so entstandene Füllung in die ausgehöhlten Avocadohälften geben und mit Krabben und Petersilie garnieren.
Dazu getoastetes Weißbrot mit Butter reichen.

Sekt-Erbsensuppe

3/4 l Würfelbrühe
500 g tiefgefrorene Erbsen
2 EL Stärkemehl
1/4 l Sahne, steifgeschlagen
1/4 l Sekt
weißer Pfeffer, grob gemahlen

1. Brühe aufkochen und Erbsen 5 Minuten darin wallen lassen.
2. Erbsen aus der Suppe heben und in einem Mixer pürieren.
3. Anschließend den Brei wieder in die Suppe geben, Stärkemehl mit Wasser anrühren, Suppe damit binden und 2 Minuten kochen lassen. Suppe in die Terrine füllen.
4. Bei Tisch Sekt in die Suppe rühren, Schlagsahne unterziehen und mit grob gemahlenem weißen Pfeffer bestreuen.

Menüs

Rehleber in Blätterteig

1. Zwiebelwürfel in Butterschmalz anbraten, Leberwürfel dazugeben, pfeffern und kurz anrösten, mit Madeira und Sahne ablöschen, Kräuter beifügen, mit Salz und Pfeffer abschmecken.
2. Den aufgetauten Blätterteig dünn auswellen, in vier Quadrate schneiden, jeweils 1/4 der zubereiteten Leber in die Mitte setzen, die vier Ecken zu einer Tasche zusammenschlagen und mit Eigelb bestreichen.
3. Den Backofen auf 220 Grad vorheizen und die Lebertaschen etwa 9 – 15 Minuten darin backen.

1/2 Rehleber, würfelig geschnitten
1 Zwiebel, würfelig geschnitten
Kräuter (Petersilie, Kerbel, Estragon, Liebstöckel, Schnittlauch, Pimpernelle), feingehackt
Pfeffer und Salz
1/8 l süße Sahne
1 EL Madeira
1 Blätterteig, tiefgefroren
1 Eigelb
30 g Butterschmalz

Lammfleischtopf mit Tomaten

1. Butterschmalz in einem Schmortopf erhitzen. Lammfleischwürfel mit Pfeffer würzen, in heißem Fett unter Wenden kräftig schmoren, bis die Flüssigkeit verdampft ist.
2. Rotwein angießen. Knoblauch auf Salz mit einem Messer zerdrücken, mit Lorbeer, gezupftem Rosmarin und Thymian zum Fleisch geben und zugedeckt bei mittlerer Hitze 30 Minuten kochen.
3. Paprika- und Zwiebelwürfel beifügen und weitere 30 Minuten bei schwacher Hitze garen.
4. Tomatenwürfel zugeben und nochmals 10 Minuten bei milder Hitze ziehen lassen.
5. Vor dem Anrichten Crème fraîche unterheben.

400 g kleine Tomaten, enthäutet, gewürfelt
400 g grüne Paprikawürfel
300 g Zwiebeln, gewürfelt
600 g Lammfleisch aus der Keule, würfelig geschnitten
30 g Butterschmalz
schwarzer Pfeffer, frisch gemahlen
1/2 l kräftiger Rotwein
1 Knoblauchzehe
1 TL Salz
3 Lorbeerblätter
1 Zweig Rosmarin
1 kleiner Bund Thymian
2 EL Crème fraîche

Menüs

Grumbierauflauf

500 g Kartoffeln, gekocht, geschält
15 g Butter
1 Ei, getrennt
2 EL Sahne
4 EL Reibkäse
1/2 TL Kräutersalz
Muskatnuß, frisch gerieben
Pfeffer
1/2 EL Brösel
10 g Butterflocken
Mandelblättchen zum Bestreuen
Butter für die Form

1. Die warmen Kartoffeln durchpressen.
2. Butter, Eigelb, Sahne und 3 EL Reibkäse unter die Kartoffelmasse rühren. Mit Salz und Gewürzen abschmecken.
3. Backofen auf 200 Grad aufheizen.
4. Eiweiß steifschlagen, unter die Masse heben und in eine gefettete Auflaufform füllen.
5. Den restlichen Reibkäse mit den Vollkornbröseln mischen, darüberstreuen und Butterflöckchen darauf verteilen.
6. Die Form auf ein Blech auf der zweiten Backrohrleiste von unten schieben und etwa 15–20 Minuten backen.
7. Mandelblättchen kurz in einem Teflonpfännchen ohne Fett bräunen und den Auflauf damit bestreuen.

Hausgemachtes Sahne-Eis

3 Eier, getrennt
3 EL Zucker
1 Vanillezucker
3 EL Rum
1 Vanilleschote, aufgeschlitzt
1/4 l Schlagsahne
Schokolade (100 g) oder Instant-Kaffee sowie püriertes Obst.

1. Eigelb, Zucker, Vanillezucker, Rum und Mark aus der Vanilleschote schaumig rühren.
2. Eiweiß und Sahne steifschlagen und unter die Eigelbmasse heben. Aromastoffe nach Belieben unterrühren.
3. Als Aromastoffe eignen sich besonders geraspelte Schokolade (100 g) oder Instant-Kaffee sowie püriertes Obst.
4. Anschließend die Masse einfrieren.

Flambierte Kirschen

4 EL Mandelstifte
1 Glas Kirschen
1 Schnapsglas Rum
1 EL Zucker

1. Mandelstifte in einer Pfanne anbraten, Kirschen und Zucker dazugeben und erwärmen.
2. Den Rum darübergießen und flambieren.
Zum Eis servieren.

Maria Hammelehle, Pfarrei Heilig Kreuz, 69168 Wiesloch

BISCHOFSBESUCH

Bischofsbesuch

Fischmenü zur Firmung

Tomaten-Spinat-Mousse an Spargelsalat
Seeteufel in Rieslingsoße
Whiskylikörparfait auf Sauce Cardinale

Tomaten-Spinat-Mousse an Spargelsalat

Für die
Tomaten-Mousse:
1 kleine Zwiebel,
kleingehackt
20 g Butter
1 TL Öl
300 g Tomaten,
1 EL Tomatenmark
Salz
Cayennepfeffer
3 Blatt Gelatine
1/8 l Schlagsahne

Für die
Spinat-Mousse:
250 g Blattspinat
1 kleine Zwiebel,
kleingehackt
20 g Butter, 1 TL Öl
Salz, Pfeffer, Muskat
3 Blatt Gelatine
1/8 l Schlagsahne

Für den
Spargelsalat:
150 g Spargel
1 Schalotte,
kleingehackt
3 Zweige Petersilie,
kleingehackt
2 EL Traubenessig
Salz, Pfeffer, Zucker
4 EL Öl

1. Zwiebel in Butter und Öl andünsten. Tomaten mit heißem Wasser überbrühen, enthäuten und in kleine Würfel schneiden. Tomatenwürfel zugeben, mit Tomatenmark, Salz und dem Cayennepfeffer würzen, 20 Minuten leicht köcheln lassen und pürieren.
2. Aufgelöste Gelatine zugeben und abkühlen lassen.
3. Schlagsahne unterziehen, Masse in eine flache Schale füllen, kalt stellen.
4. Zwiebel in Butter und Öl andünsten, Spinatblätter zugeben, mit Salz, Pfeffer und Muskat würzen, bei milder Hitze 5 Minuten garen und pürieren.
5. Aufgelöste Gelatine zugeben und abkühlen lassen.
6. Schlagsahne unterziehen, Masse auf die festgewordene Tomatenmousse geben und 2–3 Stunden kaltstellen.
7. Spargel schälen und kochen. Schräg in Stücke schneiden. Mit einer Marinade aus Schalotte, Petersilie, Traubenessig, Salz, Pfeffer, Zucker und Öl übergießen.
8. Mousse mit feuchtem Eßlöffel ausstechen, mit Spargelsalat und Tomatenspalten anrichten.

Bischofsbesuch

Seeteufel in Rieslingsauce mit Gemüse und Kartoffeln

1. Schalotte in Butter andünsten und Champignons mit Petersilie dazugeben.
2. Mit Fischfond, Vermouth und Riesling aufgießen, bis auf die Hälfte einkochen (reduzieren) lassen, Schlagsahne zugeben und nochmals reduzieren.
3. Den Seeteufel etwas säuern, in Butter anbraten und auf einer Nirostaplatte bei 170 Grad 3 Minuten ins vorgeheizte Backrohr schieben.
4. Die Soße durch ein Sieb gießen und montieren, d.h. unter Zugabe von kleinen kalten Butterstückchen mit dem Pürierstab aufschlagen.
5. Champignons als Garnitur auf den Fisch geben.
Dazu reicht man kurz in Salzwasser gekochtes und in Butter geschwenktes Gemüse (Broccoli, Karotten, Lauchzwiebeln) sowie Kartoffeln. Nach Belieben mit einer Scheibe Zitrone garnieren.

1 Schalotte, feingehackt
1 TL Butter
3 frische Champignons, kleingeschnitten
etwas Petersilie, feingehackt
400 ml Fischfond oder Brühe
2 EL Vermouth
200 ml trockener Riesling
100 g Schlagsahne
600 g Seeteufel
1–2 EL Zitronensaft
2 EL Butter

Für die Soße:
30–40 g kalte Butterstückchen

Zum Garnieren:
kleine Champignons

Whiskylikörparfait auf Sauce Cardinale

1. Aus Wasser und Zucker Läuterzucker herstellen, indem man beides 5 Minuten zusammen aufkocht, abschäumt und die so gewonnene sirupartige Flüssigkeit erkalten läßt.
2. Weißwein, 1/8 l Läuterzucker und Eigelb im warmen Wasserbad zu einer dicken Creme aufschlagen, anschließend in Eiswasser kaltrühren.
3. Whiskylikör einrühren, Schlagsahne unterziehen, in einer beliebigen Form gefrieren lassen.
4. Die Himbeeren pürieren, durch ein feines Sieb streichen, abschmecken.
5. Fruchtspiegel auf einen Teller gießen, Eis darauf anrichten.

1/8 l süßer Weißwein
1/8 l Läuterzucker (aus 100 ml Wasser und 300 g Zucker)
4 Eigelb
10 EL Whiskylikör
200 g Schlagsahne
Himbeeren

Agnes Menzinger, verheiratete „Teilzeit-Pfarrhausfrau", arbeitet seit drei Jahren für Pfarrer Alois Egger, Pfarrei Heilig Geist, 86163 Augsburg.

Bischofsbesuch

Freitagsmenü zur Firmung

Feine Spargelsuppe
Gebackene Forelle mit Petersilienkartoffeln
Kopfsalat mit pikanter Soße
Möhrensalat
Frischer Obstsalat

Zum Nachmittagskaffee:
Frankfurter Kranz
Pfarrhaustorte

Feine Spargelsuppe

350 g frischer Spargel
Salzwasser
1 Würfel Zucker
500 ml Fleischbrühe
50 g Butter
50 g Mehl
1 Eigelb
3 EL Sahne
Salz
Streuwürze

1. Frischen Spargel schälen, waschen und in 2 – 3 cm lange Stückchen schneiden. Spargel mit Salzwasser bedecken, einen Würfel Zucker hinzufügen, garkochen und abseihen.
2. Spargelbrühe mit Fleischbrühe zu insgesamt 1 l Flüssigkeit auffüllen.
3. Mehl in Butter hellgelb anschwitzen, mit der Flüssigkeit aufgießen und gut durchkochen.
4. Eigelb mit Sahne verquirlen, die Suppe damit legieren und die Spargelstücke hineingeben. Mit Streuwürze abschmecken.

Gebackene Forellen mit Petersilienkartoffeln

4 Forellen, küchenfertig
Salz, Pfeffer
100 g Butter

Zum Garnieren:
Zitronenscheiben
Petersilie
zerlassene Butter

1. Forellen mit Salz und Pfeffer würzen, in eine mit Butter gefettete Pfanne legen und bei 170 Grad in den vorgeheizten Backofen schieben.
2. Bis zum Garwerden immer wieder sorgfältig mit weicher Butter bepinseln.
3. Auf eine Platte legen, mit Zitronenscheiben und Petersiliensträußchen verzieren. Nach Belieben geschmolzene Butter in einem Gefäß reichen.
Dazu passen Petersilienkartoffeln, die nach dem Kochen in heißer Butter geschwenkt und mit Salz und feingehackter Petersilie bestreut werden.

Bischofsbesuch

Kopfsalat mit pikanter Soße

1. Essig (oder Zitronensaft) in einer Schüssel mit Sojasoße und Sahne gut verquirlen. Kräutersalz, schwarzen Pfeffer, gehackte Salatkräuter und den Zucker einstreuen und verrühren.
2. Senf dazugeben und mit einer Gabel verschlagen. Öl mit dem Schneebesen hinzufügen.
Die Menge reicht für einen Kopf grünen Salat.

*4 EL Essig
oder Zitronensaft
1 TL Sojasoße
2 EL Sahne
Kräutersalz
schwarzen Pfeffer,
frisch gemahlen
frische Salatkräuter
der Saison,
feingehackt
1 Prise Zucker
1 TL Senf
2 EL Öl*

Möhrensalat

1. Möhrenscheiben bißfest kochen und erkalten lassen.
2. Apfel darüberraspeln, alle übrigen Zutaten (anstelle von Sahne kann man auch Joghurt nehmen) dazugeben, durchziehen lassen und servieren. Mit gehackter Petersilie bestreuen.

*500 g Möhren,
in Scheiben
1 Apfel, geschält
1/2 Becher Sahne
Saft einer Zitrone
1/2 TL Salz
1 TL Zucker*

Frischer Obstsalat

1. Geschälte und gesäuberte Früchte kleinschneiden, mit Zitronensaft beträufeln, mit Kirschwasser begießen, vermengen und mit Zucker abschmecken.
2. Gut 1 Stunde im Kühlschrank durchziehen lassen.
Vor dem Servieren mit geschlagener Sahne garnieren.

*2 mittelgroße Äpfel
Mandarinen
aus der Dose
1 Kiwi
1–2 Bananen
150 g Erdbeeren
2–3 Walnüsse,
feingehackt
1 EL Zucker
1 TL Zitronensaft
1 TL Kirschwasser
Schlagsahne*

Bischofsbesuch

Frankfurter Kranz

Für den Teig:
250 g Margarine
250 g Zucker
5 Eier
1 Prise Salz
1 Pck. Vanillezucker
300 g Mehl
3/4 Pck. Backpulver
75 g Speisestärke
1/8 l Eierlikör

Für die Füllung :
1 1/2 Pck. Sahnepudding
500 ml Milch
100 g Zucker
25 g Palmin
250 g Butter
1/2 Glas Marmelade (Aprikosen)
2 EL guten Rum

Für den Krokant:
100 g Spaltmandeln
35 g Butter
50 g Zucker

Zum Garnieren:
5 Kirschhälften, kandiert

1. Margarine und Zucker schaumig rühren.
2. Die Eier sowie die übrigen Zutaten und den Eierlikör nach und nach dazugeben. Zuletzt Mehl, Speisestärke und Backpulver untermischen.
3. Teig in eine gefettete Kranzform geben und 50 Minuten bei ca. 190–200 Grad backen.
4. Zur Herstellung der Buttercreme wird der Sahnepudding mit Milch und Zucker nach Vorschrift gekocht. In den heißen Pudding Palmin hineingeben, gut durchrühren und alles erkalten lassen.
5. Butter schaumig rühren, den Pudding nach und nach dazugeben, alles gut verrühren.
6. Aprikosenmarmelade mit Rum vermischen.
7. Zur Herstellung des Krokant Butter zerlaufen lassen, die vorher mit dem Zucker vermischten Mandeln hineingeben, unter ständigem Rühren hellgelb rösten, erkalten lassen und zwischen den Händen zerbröseln.
8. Den abgekühlten Kranzkuchen waagrecht zweimal durchschneiden.
9. Den unteren Boden zunächst mit der Aprikosenmarmelade bestreichen, dann einen Teil der Buttercreme darübergeben.
10. Den oberen Boden darauflegen, leicht andrücken und denselben Vorgang wiederholen.
11. Mit der restlichen Buttercreme den Kuchen rundherum bestreichen.
12. Krokant über die Buttercreme streuen und den Kranz mit Kirschhälften belegen.

Bischofsbesuch

Pfarrhaustorte

1. Teigzutaten zu einem glatten Mürbeteig verkneten, in Frischhaltefolie wickeln und mindestens für 1 Stunde im Kühlschrank ruhen lassen.
2. Eine gefettete Springform (26 cm Durchmesser) mit dem ausgewellten Teig auslegen, Boden mit der Gabel mehrmals einstechen und im vorgeheizten Backrohr bei 225 Grad 15 Minuten vorbacken.
3. Eigelb, Zucker, Zitronensaft und Rum miteinander verrühren und 1 geschälten Apfel hineinraspeln.
4. Aus Eiweiß einen festen Schnee herstellen und unterheben.
5. Mandeln, Mehl und Backpulver miteinander vermischen, auf die Eiermasse geben und ebenfalls unterheben. Auf dem vorgebackenen Boden verteilen.
6. Restliche Äpfel schälen, halbieren, blättrig einschneiden und mit der Rundung nach oben in die Mandelmasse setzen.
7. Mit flüssiger Butter bepinseln und nochmals 50–60 Minuten bei 175–180 Grad backen.
8. Nach dem Backen sofort mit Puderzucker bestreuen.

Theresia Beier, Pfarrei Heilig Geist, 63075 Offenbach-Rumpenheim

Für den Teig:
250 g Mehl
125 g weiche Butter oder Margarine
65 g Zucker
1 Ei
2 EL Rum
1 Prise Salz

Für den Belag:
3 Eier, getrennt
150 g Zucker
1 EL Zitronensaft
1 EL Rum
7 Äpfel
200 g gemahlene Mandeln
30 g Mehl
1 TL Backpulver
2 EL Butter
Puderzucker
Frischhaltefolie

Tischgebet vor dem Essen

Du speisest uns,
weil Du uns liebst,
so segne auch,
was Du uns gibst.
Amen.

Tischgebet nach dem Essen

O Gott,
wir danken Dir
für die Gaben,
die wir von Dir
empfangen haben.
Du gabst,
Du wirst auch weiter geben,
Dich preise
unser ganzes Leben.
Amen.

Erna Meder, 52152 Simmerath-Rur

Bischofsbesuch

Firmungsmenü 1939

Milzschnittensuppe
Kalbshaxe nach Frühlingsart mit
Eieromeletten
Weinbecher mit Erdbeeren

Milzschnittensuppe

1. Milz ausschaben und mixen.
2. Butter schaumig rühren, Milz, Ei, Salz, Schnittlauchröllchen und Majoran unterrühren.
3. Semmelscheiben jeweils auf einer Seite mit Milzmasse bestreichen.
4. Butter in einer Stielpfanne erhitzen. Schnitten zuerst mit der bestrichenen Seite nach unten in die Pfanne legen und etwa drei Minuten backen, dann wenden.
5. Erkalten lassen, in Streifen schneiden und mit heißer Brühe übergießen.

100 g Milz
20 g Butter
1 Ei
Salz, Pfeffer
Majoran,
kleingehackt
2 EL Schnittlauch-
röllchen
2 Semmeln, in
Scheiben
geschnitten
Butter zum Backen
1 - 1 1/4 l Brühe

Bischofsbesuch

Kalbshaxe nach Frühlingsart

1 Kalbshaxe, ausgelöst
1 1/2 l Wasser
1 Schuß Essig
Salz
etwas Zucker
1/2 Glas Weißwein, trocken
2 Gelberüben, in Stifte geschnitten
1/2 Sellerieknolle, in Stifte geschnitten
1 Petersilienwurzel, in Stifte geschnitten
3 Zwiebeln, in Stücke geschnitten
2 Lorbeerblätter
2 Nelken

Zum Garnieren:
2 Eier, hartgekocht
1 Bund Radieschen, gehobelt

1. Wasser zum Kochen bringen, Essig, Weißwein, Gemüsestifte, Zwiebelstücke und Gewürze zugeben. Fleisch in den kochenden Sud einlegen und leise 1 1/2-2 Stunden kochen lassen.
2. Fleisch in Portionsstücke zerteilen, mit dem Gemüse und reichlich heißem Sud anrichten.
3. Hartgekochte Eier hacken und zusammen mit den Radieschenscheiben über das Fleisch streuen.
Dazu gibt es Eieromletten (siehe nachstehendes Rezept)

Eieromeletten

4 Eier
3 EL Milch
2 TL Mehl
Salz
Butter zum Backen

1. Eier, Milch, Mehl und Salz zu einem Teig verquirlen.
2. In heißer, jedoch nicht gebräunter Butter dünne Omeletten einseitig herausbacken (dazu Pfanne zudecken, damit die Oberfläche stockt, aber noch feucht ist).
3. Omeletten zusammenklappen und auf angewärmter Platte mit der Kalbshaxe servieren.

Bischofsbesuch

Weinbecher mit Erdbeeren

1. Das Vanillesoßenpulver mit dem Zucker und der Hälfte des Weißweins anrühren.
2. Wasser und restlichen Weißwein zum Kochen bringen, angerührtes Soßenpulver einrühren, durchkochen lassen, vom Herd nehmen und abkühlen lassen.
3. Eigelb unterrühren.
4. Weincreme, Sahne und Erdbeeren abwechselnd in Gläser füllen, mit Sahnetupfen und Schokoladespänen verzieren.

Kathi Gmeindl, 83022 Rosenheim, gehört mit 84 Lebensjahren und 61 Dienstjahren zu den ältesten Pfarrhaushälterinnen in Deutschland.

Für die Weinsoße:
1/2 l Weißwein
1/4 l Wasser
3 Pck. Soßenpulver (Vanille)
1 Eigelb
etwas Zucker

Außerdem:
200 g Schlagsahne
500 g Erdbeeren, kleingeschnitten

Zum Garnieren:
Schokoladenspäne

Die Seele,
die wohltut,
wird selbst satt.
Und
wer andere erquickt,
findet selbst
Erquickung.
(Sprüche 11,25)

Maria Schmittlein, 85354 Freising

Bischofsbesuch

Menü aus Meran

Spinatroulade
Hasenbraten
Äpfel mit Meranercreme

Spinatroulade

1. Mehl auf ein Backbrett geben, in der Mitte eine Mulde machen, Eier und Salz hineingeben und zu einem geschmeidigen Teig kneten.
2. Teig 20 Minuten im Kühlschrank rasten lassen.
3. Spinat putzen, waschen und blanchieren, mit den Gewürzen kräftig abschmecken.
4. Teig auf bemehlter Fläche dünn ausrollen, den Spinat darauf verteilen, mit Parmesan bestreuen, die Schinkenscheiben auflegen und wie einen Strudel aufrollen.
5. Ein Tuch gut mit zerlassener Butter bestreichen und die Roulade darin einbinden.
6. In siedendem Salzwasser 30 Minuten ziehen lassen.
7. In Scheiben schneiden, mit Butter und Parmesan servieren.

300 g Mehl
3 Eier
Salz
1 kg Spinat
Salz, Pfeffer, Muskat
100 g Parmesan, gerieben
4 Scheiben Schinken
zerlassene Butter

Hasenbraten

1. Den Hasen in mittelgroße Stücke schneiden und über Nacht in 0,5 l Weißwein legen.
2. Gut abtropfen lassen, salzen und pfeffern, in heißem Öl auf allen Seiten anbraten, mit dem restlichen Weißwein ablöschen.
3. Zwiebel in Stücke schneiden, Knoblauchzehe, Karotte, Sellerieknolle, Wacholderbeeren, Rosmarin und Thymian dazugeben.
4. Das Fleisch langsam und unter öfterem Aufgießen braten.
5. Die Soße durchpassieren, mit Crème fraîche binden und zum Hasenbraten servieren.
Dazu paßt sehr gut Polenta (siehe Rezept in unserem Band Herbst auf Seite 40).

1 Hase (Kaninchen)
0,75 l Weißwein
Salz, Pfeffer
Olivenöl
Crème fraîche
Wacholderbeeren
1 Zwiebel
1 Knoblauchzehe
1 Karotte
1 Stück von der Sellerieknolle
je 1 Zweiglein Rosmarin und Thymian

Bischofsbesuch

Äpfel mit Meranercreme

*6 Äpfel
(Golden Delicious)
1/2 Zitrone
1/4 l Weißwein
2 EL Zucker
Himbeermarmelade
1 EL Rum
Schokostreusel
4 Eidotter
80 g Puderzucker
1 Pck. Vanillezucker
2-4 EL Rum
1/4 l Sahne,
steifgeschlagen*

1. Äpfel schälen, Kernhaus entfernen, mit Zitronensaft beträufeln.
2. Ganze Äpfel in Weißwein mit Zucker nicht zu weich dünsten, aus dem Topf nehmen und zum Erkalten auf eine Dessertschale legen.
3. Mit Himbeermarmelade füllen und Rum darübergießen.
4. Eidotter mit Rum, Puder- und Vanillezucker cremig rühren und Schlagsahne vorsichtig unterheben.
5. Die Äpfel mit der Creme bedecken und mit Schokostreusel garnieren.

Kathi Vedovelli, Pfarrei St. Georgen, I-39012 Meran, Vorsitzende der Pfarrhausfrauen der Diözese Bozen-Brixen.

Bischofsbesuch

Laugenbrezel oder Laugenknoten

1. Mehl in eine Schüssel sieben, in die Mitte eine Mulde eindrücken.
2. Einen Teil der Milch leicht erwärmen, die Hefe darin auflösen, zugedeckt gehen lassen.
3. Restliche warme Milch dazugeben, Butter hinzufügen und zerlaufen lassen, nochmals zugedeckt gehen lassen.
4. Die ganze Flüssigkeit in die Mehlgrube schütten, alles kräftig miteinander verkneten, zugedeckt an einem warmen Ort bis zur doppelten Menge aufgehen lassen.
5. Den Teig in daumendicke Rollen verarbeiten, Brezel oder Knoten daraus formen, auf einem Brett oder Blech im Tiefkühlschrank anfrieren.
6. Die festen Hefestücke in eine Lauge aus Natron tauchen (erhältlich in Apotheke oder Reformhaus oder als Bäckerlauge), auf ein mit Backpapier belegtes Blech setzen und 20–30 Minuten bei 200 Grad backen.

1500 g weißes Mehl (oder halb Dinkelmehl, halb Dinkelschrot)
1 Würfel Hefe (42 g)
3 TL Salz
1 l Milch
150 g Butter
Natronlauge, 10fach verdünnt

Mathilde Greinacher, Pfarrei St. Vitus/Fützen, 78176 Blumberg, macht dieses Laugengebäck gerne auf Vorrat. Wenn die Hefestücke tiefgefroren sind, lassen sie sich gut in einem Beutel in der Gefriertruhe für überraschende Gäste aufbewahren.

Bischofsbesuch

Hexentorte

Für den Mürbeteigboden:
150 g Mehl
100 g kalte Butter
50 g Puderzucker
Klarsichtfolie

Für den hellen Biskuitboden:
3 Eier
80 g Zucker
80 g Mehl

Für den dunklen Biskuitboden:
3 Eier
80 g Zucker
1 Pck. Pudding (Schokolade)
Mehl

Für die gemischte Buttercreme:
250 g Butter
1/2 l Milch
1 1/2 Pck. Pudding (Vanille)
6 EL Zucker

Außerdem:
Rum zum Beträufeln der Böden
2 EL herbe Orangenmarmelade zum Bestreichen

Zum Garnieren:
200 g Marzipan roh
150 g Puderzucker
50 g Puderzucker zum Ausrollen
Schokokuvertüre
Cocktailkirschen
Fertigkrokant

1. Mürbeteig aus Mehl, kleingehackter Butter und Puderzucker rasch zusammenkneten und etwa 30 Minuten in Klarsichtfolie im Kühlschrank ruhen lassen.
Auf einem bemehlten Brett dünn auswellen, den Boden einer gefetteten Springform damit belegen und bei 175 Grad etwa 15 Minuten hellgelb backen.
2. Zur Herstellung eines hellen Biskuitbodens Eier und Zucker schaumig schlagen, Mehl darübersieben und locker unterheben. In eine gefettete Springform füllen und im vorgeheizten Rohr bei 190 Grad etwa 20 - 25 Minuten backen.
3. Für den dunklen Biskuitboden Eier und Zucker schaumig rühren. Puddingpulver und soviel Mehl, daß das Gemisch zusammen 80 g ergibt, daruntermengen. Boden wie hellen Biskuit backen.
4. Alle Tortenböden einen Tag lang kühlstellen!
5. Zur Zubereitung der Buttercreme Pudding kochen und abkühlen lassen. Butter schaumig rühren und Pudding löffelweise unterrühren. Damit die Creme nicht gerinnt, müssen alle Zutaten die gleiche Temperatur haben!
6. Vor dem Zusammensetzen der verschiedenen Tortenplatten die Biskuitböden je einmal durchschneiden und mit Rum tränken.
7. Der Mürbeteigboden dient als Fundament für die Hexentorte. Diesen zuerst mit herber Orangenmarmelade und dann mit Buttercreme bestreichen.
8. Nun im Wechsel von hell und dunkel die beiden hellen und dunklen Biskuitscheiben daraufsetzen, die zuvor ebenfalls mit Buttercreme bestrichen wurden (etwas Buttercreme für den Tortenrand aufbewahren!). Mit dem dunklen Boden abschließen.
9. Um die Torte einen Ring legen. Vom Tortenrand schräg nach unten bis zur Mitte des Mürbeteigbodens ein großes, scharfes Messer führen (Vorsicht: untersten Boden der Torte dabei nicht durchstoßen). Torte mit der freien Hand drehen, ohne dabei die Position des Messers zu verändern.
10. Den so herausgeschnittenen Teigkegel vorsichtig herausheben, umdrehen und mit der breiten Seite nach unten wieder einsetzen. Mit der Hand flachdrücken.
11. Marzipan-Rohmasse mit Puderzucker verkneten und auf einem mit Puderzucker bestäubten Brett dünn ausrollen. Marzipan in Tortengröße ausschneiden, Teigdeckel damit abdecken und 1 Stunde kaltstellen.
12. Marzipandecke mit Schokoladenkuvertüre überziehen und mit halbierten Cocktailkirschen belegen.

Bischofsbesuch

13. Den Rand dünn mit der verbliebenen Buttercreme bestreichen und mit Krokant bestreuen.
Die Zubereitung braucht Zeit, ist aber keine Hexerei!

Gisela Welz, Pfarrei St. Michael, 74585 Rot am See

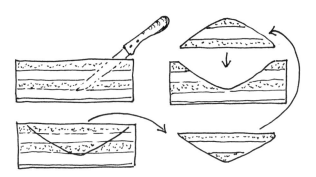

Pfarrer-Stangerl

1. Hefe ohne Vorteig in das Mehl bröckeln und mit Margarine, saurer Sahne und Salz zu einem Teig verkneten.
2. Teig auf einer bemehlten Fläche auswalken, kleine Quadrate ausradeln, von einer Ecke her zu Stangerln aufrollen und auf ein gefettetes Backblech legen.
3. Ei verschlagen, die Stangerln damit bestreichen, mit grobem Salz bestreuen, bei etwa 180 Grad 15 Minuten backen (je nach Größe).

Rosalia Mangold, Pfarrei Heilige Dreifaltigkeit, A-7063 Oggau/Österreich

800 g Mehl
42 g Hefe
250 g Margarine
1 Becher
saure Sahne
1 TL Salz
1 Eigelb
zum Bestreichen
grobes Salz
zum Bestreuen

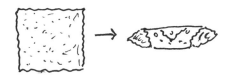

Bischofsbesuch

Die Torte des Onkel Bischof
(vereinfachte Fassung nach einem Rezept von 1825)

Für den Bröselteig:
250 g Mehl
250 g Zucker
250 g kalte Butter, in Stückchen
4 Eidotter
125 g Mandeln, gemahlen
etwas Zimt
1 Msp. Nelkenpulver
Zitronenabrieb

Für die Füllung:
Konfitüren

Für den Guß:
250 g Puderzucker
1 Eiweiß
Zitronensaft

1. Alle Zutaten rasch zu einem Teig zusammenkneten. Teigkugel zugedeckt 1 Stunde kühl stellen.
2. Teig in 5 Stücke teilen. Auf bemehlter Arbeitsfläche gleichgroße Platten ausrollen, bei 200 Grad 8 – 10 Minuten backen.
3. Verschiedene Konfitüren auf 4 Teigböden streichen und aufeinanderschichten. Letzten Boden ohne Belag daraufsetzen.
4. Für den Guß Puderzucker mit Eiweiß verrühren, einige Tropfen Zitronensaft dazugeben und die Torte rundum damit bestreichen. Mit kandierten Früchten verzieren.

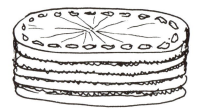

Bischofsbesuch

„Eine Torte von Brösel-Teig mit Mandeln mittelmäßiger Größe"
(Originalrezept von 1825)

1/4 Pfund Mandeln werden abgeschält und mit 7 bis 8 Eidottern ganz klar gestoßen; alsdann wird auf ein Nudelbrett 1/4 Pfund feines Mehl gethan, worunter ebenfalls 1/4 Pfund fein gestoßener Zucker mit ungefähr für 4 bis 6 Kreuzer gestoßenem Zimt und auf Zucker abgeriebene Zitronenschale (nach Belieben) gemengt wird.
Zu diesem Mehl werden nun auch die gestoßenen Mandeln gethan und mit 1/4 Pfund Butter, welche in Stückchen geschnitten und ebenfalls dazu gemengt wird, vermengt. Die ganze Masse wird nun wie ein Nudelteig geknetet, in so viele Theile getheilt als man Kuchen backen will, um eine aufgesetzte, gefüllte Torte zu machen. 4 oder 5 Kuchen sind dazu hinreichend, doch dießes nach Belieben.

Jedes Teil wird nun besonders noch ein wenig geknetet, um daraus mit dem Nudelholz einen schönen runden Kuchen formen zu können, der aber nicht gar zu dick sein darf; dießen legt man nun auf ein mit Butter bestrichenes Papier und läßt ihn auf einem Kuchenblech schön gelb backen, und so verfährt man mit allen übrigen Kuchen. Sind nun die Kuchen gebacken, so legt man auf den untersten eine Art eingemachter Früchte, z.B. Johannisbeeren, und auf dieße legt man den zweiten Kuchen. Auf den zweiten Kuchen kommen nun andere eingemachte Früchte und so fort.
Ist nun die Torte aufgesetzt, so nimmt man ein gutes Stück ganz feinen weißen Zucker, stößt ihn und siebt ihn durch, damit er wie Pulver wird, thut ihn in ein Geschirr und zerrührt ihn mit Eyweiß zu einem zähen Teig. Nach Verhältniß des Zuckers muß auch Eyweiß genommen werden, nur nehme man sich in Acht, es nicht zu dünn, doch auch nicht zu dick zu machen. Zu dießem Zucker drückt man einige Tropfen Saft von einer Zitrone und rührt ihn so lange, bis es ganz schön weiß ist. Mit dießer Glasur bestreicht man nun die Torte oben und auch neben, wenn man will, und ziehrt sie nach Belieben mit eingemachten Früchten. Außen am Rand bestreut man sie mit gefärbtem Zucker, welcher auf nachfolgende Weise gefärbt wird:

Zucker grün färben

Man nimmt frischen Spinat, pflückt die Stiele davon ab und nachdem er gewaschen, stößt man ihn in dem Mörser ganz

Bischofsbesuch

fein. Dann wird er durch ein Tuch gepreßt und der Saft an das Feuer gesetzt, bis er ganz hottigt (ausgeflockt, Anm. d. Hrsg.) wie geronnene Milch wird. Dießes Hottigte wird nun wieder so durch ein Tuch gepreßt, daß das Wasser davon abläuft. Nun wird von dem Zurückgebliebenen ein wenig auf ganz fein gestoßenen Zucker gethan und dießes muß trocken werden.

Nun wird der Zucker durcheinander gerieben und abermals einige Tropfen von dem Grünen dazugethan. Solange fortfahren, bis der Zucker so grün ist, als man ihn haben will. Ist die Torte nun fertig, aber noch nicht trocken, so kann sie getrocknet werden, indem man sie in die Röhre oder Kaßrol setzt, welche nur mittelmäßig geheizt und von welcher die Türe offen bleiben muß, weil der Zucker sonst Blasen zieht.

Die Geschichte zum Rezept:
Mein Ur-Ur-Urgroßonkel Johann Friedrich Oesterreicher war von 1825-1835 Bischof von Eichstätt. Seine Schwester Kathon Oesterreicher führte ihm den Haushalt. Ihr Kochbuch habe ich geerbt. Daraus stammt „Eine Torte von Bröselteig mit Mandeln mittelmäßiger Größe". Dieses Rezept lebt in vereinfachter und leicht veränderter Form als „Torte des Onkel Bischof" in unserer Familie weiter und wird nur zu besonderen Anlässen zubereitet.

Anneliese Deutschmann, 80336 München

Register

Vorspeisen und kleine Gerichte   Seite

Begrüßungskuß	20
Fränkischer Kochkäse	22
Frankfurter Grün'Soß	23
Gefüllte Avocados	62
Kalbszunge mit Gemüsesalat	59
Rehleber in Blätterteig	63
Spinatknödel	22
Spinatroulade	77
Tomaten-Spinat-Mousse an Spargelsalat	66
Vietnamesische Frühlingsrolle mit Fischsoße	21
Vollkorn-Nudeln mit Gorgonzolasoße	20

Salate

Käse-Salat zum Gründonnerstag	25
Kopfsalat mit pikanter Soße	69
Madams süßer Heringstopf	24
Möhrensalat	69
Salat "Großmütterchen"	58

Suppen

Abgeschmolzene Fastenbier-Brotsupp´n	31
Agnes Bebels Kerbelsuppe	27
Fastensuppe nach Linsmayerischer Art	29
Feine Spargelsuppe	68
Lüneburger Quappensuppe	31
Milzschnittensuppe	73
Pfarrgarten Kräutersuppe	28
Rhöner Kräuterrahmsuppe	29
Schwammsuppe	28
Sekt-Erbsensuppe	62

Register

Fastenspeisen und vegetarische Gerichte

Apfelmaultaschen	33
Eusebias Germdotsch	44
Falsche Prinzregententorte	42
Gefüllte Teigtaschen	34
Gelberüben-Kohlrabi-Gemüse	51
Grießknopf	41
Grumbierauflauf	64
Leineweber	32
Reisschrot-Backlinge	34
Rohrnudeln	41
Vollkornpfannkuchen „Gemüseallerlei"	35

Fisch

Stockfischgröstl	46
Zanderfilet in Rieslingrahm mit feinen Gemüsestreifen	45
Rotbarsch auf Gemüsebett	47
Seeteufel in Rieslingsoße *	67
Gebackene Forelle mit Petersilienkartoffeln *	68

Fleisch und Aufläufe

Flugentenbrüstchen in Johannisbeer-Schalotten-Sauce	60
Hasenbraten *	77
Hochrippensteak mit Sauce béarnaise	51
Kalbsfilet im Ofen	49
Kalbshaxe nach Frühlingsart mit Eieromeletten	74
Kurpfälzer Spargelauflauf	50
Lammfleischtopf mit Tomaten *	63
Saures Hammelfleisch	50
Versteckter Spinat für Kostverächter	48

Desserts und Marmeladen, Weine und Bowlen

Äpfel mit Meranercreme	78
Aprikosen-Sorbet	59
Flambierte Kirschen	64
Frischer Obstsalat	69

Register

Hausgemachtes Sahne-Eis	64
Holunderbeercreme mit geeister Birnensauce	61
Holunderblütensekt	53
Neugierige Ostereier	54
Rhabarbermarmelade	55
Weinbecher mit Erdbeeren	75
Whiskylikörparfait auf Sauce Cardinal	67
Zimtküchlein (Arme Ritter)	55

Gebäck

Die Torte des Onkel Bischof *	82 – 84
Frankfurter Kranz	70
Hasenohren	57
Hexentorte	80
Laugenbrezel oder Laugenknoten	79
Osterzopf	56
Pfarrhaustorte	71
Pfarrer-Stangerl	81
Warm aufgeschlagener Biskuitkuchen	57

Menüs

Auferstehungsmenü à la Pfarrhaus	62 – 64
Firmungsmenü 1939	73 – 75
Fischmenü zur Firmung	66 – 67
Freitagsmenü zur Firmung	68 – 71
Menü aus Meran	77 – 78
Menü zur Silbernen Hochzeit	58 – 61

Bischofsbesuch

Äpfel mit Meranercreme	78
Die Torte des Onkel Bischof	82 – 84
Feine Spargelsuppe	68
Frankfurter Kranz	70
Frischer Obstsalat	69
Gebackene Forelle mit Petersilienkartoffeln	68
Hasenbraten	77
Hexentorte	80

Register

Kalbshaxe nach Frühlingsart mit Eieromeletten	74
Kopfsalat mit pikanter Soße	69
Laugenbrezel oder Laugenknoten	79
Milzschnittensuppe	73
Möhrensalat	69
Pfarrer-Stangerl	81
Pfarrhaustorte	71
Seeteufel in Rieslingsoße	67
Spinatroulade	77
Tomaten-Spinat-Mousse an Spargelsalat	66
Weinbecher mit Erdbeeren	75
Whiskylikörparfait auf Sauce Cardinal	67

Die mit einem Sternchen gekennzeichneten Gerichte wurden bei dem Rezeptwettbewerb „Gesegnete Mahlzeit" ausgezeichnet.

Gesegnete Mahlzeit

Gesegnete Mahlzeit

Sommer

Die Deutsche Bibliothek – CIP-Einheitsaufnahme
Gesegnete Mahlzeit: die besten Rezepte aus der
Pfarrhausküche / Ursula Goldmann-Posch. – Hamm: Liborius.
ISBN 3-9801261-6-1
NE: Goldmann-Posch, Ursula

Band 2: Sommergerichte – 1995

© Verlag Liboriusblatt GmbH & Co KG, Hamm, 1995
2. Auflage, 1995
Alle Rechte vorbehalten.
Illustrationen: Hedwig Bläsi
Andachtsbild: Dr. Wilfried Bahnmüller
Gestaltung und Titel: Christine Stehling
Gesamtherstellung: W.A.S. Media Productions, 59063 Hamm
Printed in Germany 1995
ISBN 3-9801261-6-1 (4 Bände im Schuber)

Inhalt

Vorspeisen und kleine Gerichte	Seite 9
Salate	Seite 11
Suppen	Seite 15
Fastenspeisen und vegetarische Gerichte	Seite 19
Fisch	Seite 26
Fleisch und Aufläufe	Seite 29
Desserts und Marmeladen, Weine und Bowlen	Seite 48
Gebäck	Seite 54
Menü	Seite 63
Bischofsbesuch	Seite 64
Register	Seite 76

Die Abkürzungen in diesem Buch

EL = Eßlöffel (gestrichen)
TL = Teelöffel (gestrichen)
ml = Milliliter (= 1/1000 l)
l = Liter
g = Gramm
kg = Kilogramm
Msp. = Messerspitze
Pck. = Päckchen
ca. = circa
kcal = Kilokalorie
cm = Zentimeter

Zu den Rezepten

Temperaturangaben:
Die genannten Grade beziehen sich auf Elektrobacköfen. Bei Heißluftherden verringert sich die Hitze um etwa 20 Grad.
Mengenangaben:
Sofern nicht ausdrücklich erwähnt, sind die Rezeptzutaten immer für 4 Personen berechnet.
Zutatenangaben:
Unter Sahne (Rahm) ist grundsätzlich süße Sahne zu verstehen. Saure Sahne (Sauerrahm) wird gesondert bezeichnet. Alle weiteren mundartlich gefärbten Ausdrücke sind – wo nötig – in Klammern erklärt.
Statt Vanillinzucker wird Vanillezucker (Bourbonvanille) angeführt, da echte Vanille dem künstlichen Aromastoff vorzuziehen ist.
Werden Eier bei den Zutaten als getrennt ausgewiesen, wird die Eiweiß- und Eigelbmenge in der Rezeptbeschreibung nicht nochmals eigens aufgeführt.
Zubereitungsanleitung:
Daß Gemüse, Obst, Salate und Kräuter bereits gewaschen und geputzt sind, wird in der Rezeptbeschreibung nicht erwähnt, es sei denn, wo es die Zubereitung des Gerichtes erfordert.

Die Pfarrhaushälterin

Schneider, Bäcker, Bauersmann,
kurzum: wer was leisten kann,
die Hausfrau und den Schusterjungen
hat der Dichter schon besungen.

Einem Stand – das schlägt mir Wunden -
ist bis heut´ kein Kranz gebunden
und kein Dichter preiset ihn:
es ist – die Pfarrhaushälterin!

Meist schon im kanon´schen Alter
ist sie des Pfarrherrn Sachverwalter,
sorget stets von früh bis spät,
daß alles wie am Schnürchen geht.

Fleißig, emsig wie die Bienen,
muß sie oft zwei Herren dienen,
daß dies schwer ist allerort,
sagt uns schon das Christuswort.

Für des Herren leiblich Wohl
baut im Garten an sie Kohl,
will nicht rasten, will nicht ruhn,
immer hat sie was zu tun.

Blütenweiß sind Meßgewänder,
golden funkeln Kerzenständer,
und selbst die Altweiberbank
macht ihr Staubtuch blitzeblank.

Klopft ein armer Ordensmann,
gerne wird ihm aufgetan,
und aus Küch´ und tiefem Keller
reicht sie Trank ihm, füllt den Teller.

Sie ist gefragt mit Wort und Tat
sogar im Pfarrgemeinderat.
In der Gemeinde – ohn' Verweilen -
hilft sie beim Kommunionausteilen.

Gar nicht selten nebenbei
besorgt sie noch die Mesnerei.
Hat sie gar Musikgefühl,
leitet sie das Orgelspiel.

Oder tut den Blasbalg treten,
lehrt die Nachbarskinder beten.
Kurz: sie ist auf alle Fälle
immer hilfsbereit zur Stelle.

Drum ihr Leut´ in Stadt und Land
ehret diesen wicht´gen Stand,
lobt und preiset fürderhin
die brave Pfarrhaushälterin.

Dieses Gedicht stammt aus der Feder von Luise Hopfgartner, Pfarrhaushälterin bei Dekan Eduard Habicher, Brixen/Südtirol.

Vorspeisen und kleine Gerichte

Rauchfleischröllchen

1. Das Brot der Länge nach in gut 1 cm dicke Scheiben schneiden, die Rinde entfernen.
2. Butter schaumig rühren, einen Schuß Weinbrand hinzufügen und soviel Meerrettich, daß die Butter pikant schmeckt.
3. Jede Weißbrotscheibe mit Meerrettichbutter bestreichen und mit Rauchfleisch belegen. Fest aufrollen.
4. Alle Rollen in ein gut angefeuchtetes Pergamentpapier einwickeln und am besten über Nacht kalt stellen.
5. Vor dem Servieren in dünne Scheiben schneiden und ringförmig auf einer Platte anrichten. Mit Oliven oder Essiggurken verzieren.

1 frisches Kastenweißbrot
125 g Butter
1 Schuß Weinbrand
2 EL Meerrettich
200 g Rauchfleisch oder Katenschinken, in dünne Scheiben geschnitten
Pergamentpapier

Hildegard Greiling, Pfarrei St. Barbara, 47226 Duisburg-Rheinhausen

Vorspeisen

Safran-Nudeln

400 g Nudeln (Maccheroni)
2 große Zwiebeln, feingeschnitten
2 Briefchen Safran
1/4 l Sahne
Salz
schwarzer Pfeffer, frisch gemahlen
1 EL Öl
3 EL Butter
etwa 1 l Brühe
80 g Parmesankäse, frisch gerieben

1. Die feingeschnittenen Zwiebeln in der Öl-Butter-Mischung glasig dünsten.
2. Safran in einer Tasse heißer Fleischsuppe auflösen und den Nudeln beigeben.
3. Immer wieder umrühren, Suppe nachgießen und weiterkochen lassen (die Nudeln dürfen jedoch nie auf dem Trockenen liegen!).
4. Nach 10 Minuten die Sahne dazugeben und weiterkochen lassen. Immer wieder mit Fleischsuppe nachgießen, bis die Nudeln gar sind.
5. In eine vorgewärmte Schüssel geben und mit reichlich Parmesankäse bestreuen. Nicht mehr umrühren, nur durchziehen lassen.

<small>Schwester Maria Bernarda Edler und Schwester Assunta Untermarzoner sind langjährige Küchenchefinnen im Mutterhaus der Tertiarschwestern des Heiligen Franziskus, I-39042 Brixen/Südtirol.</small>

Lothringer Quiche

200 g Mehl
3 EL kaltes Wasser
1/2 TL Salz
150 g Butter
Semmelbrösel
150 g mageren, geräucherten Speck, gewürfelt
250 g Emmentaler
1/8 l saure Sahne
4 Eier
3 EL Petersilie, gehackt
1 TL Paprika

1. Aus Mehl, Wasser, Salz und Butter Mürbeteig herstellen.
2. Teig 60 Minuten ruhen lassen
3. Teig 3 mm dick ausrollen und eine gefettete Springform damit auslegen. Mit Semmelbrösel bestreuen.
4. Saure Sahne mit den Eiern verquirlen, Speck- und Käsewürfel, Petersilie und Paprika hinzufügen und alles vermischen.
5. Masse auf den Teig verteilen.
6. Bei 175 Grad 40 Minuten backen.

<small>Hildegard Reitze, Sekretärin im Pfarrhaus St. Martinus, 78567 Fridingen</small>

Salate

Salattorte

1. Tortenplatte mit einem Tortenring versehen.
2. Mit Salatblättern auslegen, darauf Gurkenscheiben, als nächstes Zwiebelringe, Tomatenscheiben, Lauchringe, Eierscheiben, Schinkenstreifen, Rettichscheiben und zuletzt die Käsescheiben schichten.
3. Alles fest andrücken, mit einem Deckel beschweren und über Nacht kaltstellen.
4. Aus Joghurt, Schmand, Milch, Mayonnaise und Kräutern eine Soße anrühren, mit Salz und Pfeffer abschmecken.
5. Die Salattorte in Stücke schneiden (am besten mit einem Elektromesser), mit Toast oder Baguette anrichten, dazu die Soße reichen.

Brigitte Jacob, Pfarrei St. Ursula, 37308 Geismar

Für 8-10 Personen

Für die Torte:
1 Kopfsalat (Blätter)
1 Salatgurke, in Scheiben
2 Zwiebeln, in Ringen
500 g Tomaten, in Scheiben
1-2 Stangen Lauch, in Ringen
7 hartgekochte Eier, in Scheiben
7 Scheiben gekochter Schinken, in Streifen
1 Rettich, in Scheiben gehobelt
7 Scheiben Gouda oder 12 Scheibletten

Für die Soße:
450 g Joghurt
200 g Schmand
1/4 l Milch
7 TL Mayonnaise
frische Kräuter, kleingehackt
Salz, Pfeffer

Salate

Milchgurken

500 g Kartoffeln, am Vortag gekocht, geschält, in dünnen Scheiben
1 Salatgurke, geschält, gehobelt
1 große Zwiebel, in feinen Ringen
3–4 EL Essig
1–1 1/2 l Milch
2 EL Sahne
Dill und Petersilie, feingehackt

1. Kartoffel-, Gurkenscheiben und Zwiebelringe in eine Schüssel geben, mit Essig, Salz und Pfeffer anmachen, mit Milch aufgießen und einen Schuß Sahne dazugeben.
2. Mit Dill und Petersilie bestreuen und kalt servieren. Dazu gibt es frisches Bauernbrot.

Elfriede Bredtl, Pfarrei St. Jakobus, 93458 Eschlkam

Friséesalat mit Geflügel

1 Kopf Friséesalat
500 g Geflügelbrüste (Huhn oder Pute)
300 g Ananas, gewürfelt
2 Apfelsinen, geschält, filetiert
1 Gläschen (20 ml) Weinbrand
1 kleines Glas Mayonnaise
1/2 Bund Schnittlauch, in Röllchen
1 Becher Sahne
100 g Nüsse, grobgehackt
Salz und Pfeffer

1. Geflügelfleisch kochen oder braten, Knochen entfernen und Brustfleisch in Würfel schneiden.
2. Ananaswürfel und Apfelsinenspalten zum Geflügelfleisch geben, Weinbrand darüberträufeln, vermengen und ziehen lassen.
3. Äußere Blätter und Strunk vom Friséesalat entfernen, die zarten Innenblätter in breite Streifen schneiden.
4. Mayonnaise und Sahne verrühren, mit Salz, Pfeffer und Schnittlauchröllchen abschmecken.
5. Alle Zutaten in einer großen Schüssel locker miteinander vermischen.

Rose Marie Hagemann, Pfarrei St. Antonius, 50226 Frechen/Habbelrath

Salate

Schicht-Salat

1. Sellerie, Mais, Eierscheiben, Schinken, Ananasstücke und zuletzt die Lauchringe Lage für Lage in eine große Glasschüssel geben.
2. Schlagsahne und Miracel Whip vermengen, über die Salatschichten gießen.
Gut durchziehen lassen.

Erika Karl, Pfarrei St. Michael, 97816 Lohr am Main

1 Glas geraspelter Sellerie
1 Dose Mais
4 Eier, gekocht, in Scheiben
200 g gekochter Schinken, kleingewürfelt
Ananasstücke aus der Dose
1 Becher Sahne, steifgeschlagen
1 Glas Miracel Whip
2 Stangen Lauch, in Ringen

„Gesegnete Mahlzeit!"

Man nehme sich Zeit,
mache ein fröhliches Gesicht,
öffne die Tür,
gehe auf die Wünsche der Menschen ein
– auch auf die der „Durchreisenden" –
zeige keine Hektik,
mache das Essen für den, der darum bittet,
nehme die Gottesdienst-Bestellungen an,
höre die Sorgen der Mitmenschen,
freue sich mit ihnen über schöne Dinge,
denke nicht, es ist bald Mittagszeit.
Ist alles erledigt,
schaffe man schnell das „Menü" für die Hausbewohner,
erkläre, warum es heute so „hervorragend" ist,
freue sich über das Verständnis,
so wird es eine „Gesegnete Mahlzeit".
Dieses Rezept gebrauchen wir öfter.
„Auswendig" geht es leider immer noch nicht.

*Hedwig Kremer, Maria Hagemann, Reinhild Feldkamp
sind Pfarrhaushälterinnen des Dekanates
49477 Ibbenbüren.*

Suppen

Erbsensuppe mit Eierschwämmchen

1. Fleischbrühe zum Kochen bringen, Erbsen, Kartoffeln und Sellerie hineingeben, salzen und mit Majoran und einem Lorbeerblatt bei kleiner Hitze 20-30 Minuten kochen lassen.
2. Fett erhitzen. Dörrfleisch und Zwiebeln darin andünsten und in die Erbsensuppe geben.
3. Zur Herstellung der Eierschwämmchen Butter zergehen lassen. Ei, Mehl und Grieß gut darin verrühren und mit Salz und Muskat abschmecken. Teig 10 Minuten ruhen lassen.
4. Klößchen abstechen und in der Erbsensuppe noch 10 Minuten mitgaren lassen (bei Bedarf Wasser nachfüllen).

Hildegard Stegmann, 63500 Seligenstadt, bekam dieses Rezept von ihrer Großmutter Amalia Seebacher, Dienstmädchen in einem Pfarrhaushalt in Hanau.

Für die Erbsensuppe:
500 g frische Erbsen
300 g Kartoffeln, würfelig geschnitten
1 kleine Knolle Sellerie, würfelig geschnitten
1 Lorbeerblatt
1 TL Majoran
Salz
1 l Brühe (Würfel)
100 g Dörrfleisch, würfelig geschnitten
2 Zwiebeln, kleingehackt
3 EL Butter oder Margarine

Für die Eierschwämmchen:
100 g Butter
1–2 Eier
3 EL Mehl
3 EL Grieß
Salz, Muskat

Suppen

Rohe Tomatensuppe

8 Tomaten
3 Tassen Milch
Kräutersalz
schwarzer Pfeffer,
frisch gemahlen

Zum Bestreuen:
Petersilie,
feingehackt
Parmesankäse,
frisch gerieben

1. Tomaten mit kochendem Wasser überbrühen, Haut abziehen und in sehr kleine Würfel schneiden.
2. Milch und Tomatenwürfel langsam erhitzen, jedoch nicht kochen lassen, da die Suppe sonst gerinnt. Mit Kräutersalz und Pfeffer abschmecken.
Kurz vor dem Servieren mit Petersilie und reichlich Parmesankäse bestreuen.

Die Geschichte zum Rezept:
Dieses Rezept stammt aus meiner Schulzeit. Immer, wenn sich bei uns im Pfarrhausgarten der Tomatensegen einstellt, greife ich darauf zurück und ernte höchstes Lob. Eines Tages servierte ich diese Suppe einem Pfarrer, der künftig des öfteren unser Gast sein sollte. Um mich beim Kochen auf ihn einstellen zu können, fragte ich ihn nach besonderen Vorlieben und Abneigungen. Zum Beispiel Milch sei überhaupt nicht sein Fall, sagte er, die Suppe löffelnd. Und um Tomaten reiße er sich auch nicht besonders. Nun konnte ich es mir doch nicht verkneifen, ihn auf die Zutaten in der Suppe aufmerksam zu machen. Erst war er verblüfft, dann lachte er laut heraus und meinte lakonisch, ja, so ist das Leben.

Maria Kiefer, Pfarrei St. Johannes Evangelist, 88279 Amtzell

Paradeissuppe

1 kg Paradeiser
(Tomaten)
2 kleine Zwiebeln,
gehackt
2 Karotten,
gewürfelt
1 Stange Lauch,
kleingeschnitten
1 Knoblauchzehe,
gepreßt
1 Bund Petersilie,
feingehackt
1 EL Thymian,
feingehackt
1 Lorbeerblatt
20 g Butter
1 EL Mehl
Salz, Pfeffer, Zucker

Zum Verfeinern:
1 Stück Butter oder
1 EL saure Sahne

1. Paradeiser in Viertel schneiden, mit Zwiebeln und Suppengemüse weichkochen und durchpassieren.
2. Aus Butter und Mehl eine Einmach (helle Einbrenne) herstellen, Tomatenmasse zufügen, mit Wasser oder Suppe verdünnen und Gewürze zugeben. Unter Rühren langsam zum Kochen bringen.
3. Suppe pikant abschmecken und vor dem Servieren mit einem Stückchen Butter oder saure Sahne verfeinern.

Elvira Wallner, Pfarrei St. Johannes, A-6033 Arzl bei Innsbruck/Österreich

Suppen

Meerrettichsuppe mit Rindfleisch

1. Rindfleisch in das kochende Wasser einlegen, Suppengrün und Brühwürfel dazugeben und 2 Stunden sachte sieden lassen.
2. Fleisch aus dem Topf nehmen, abkühlen lassen und in kleine Streifen schneiden.
3. Butter und Mehl kurz anschwitzen, mit Brühe und Wein ablöschen, 10 Minuten köcheln lassen.
4. Möglichst frisch geriebenen Meerrettich und Sahne zugeben, mit Pfeffer, Salz und Zucker gut abschmecken.
5. Rindfleischstreifen in der Suppe heiß werden lassen, ohne daß sie kocht.
Mit Petersilie bestreut servieren.

Liesel Stief, Pfarrei St. Josef, 66424 Homburg-Jägersburg

500 g Rindfleisch
2 l Wasser
1 Bund Suppengrün, kleingeschnitten
1 Brühwürfel
80 g Butter
60 g Mehl
1/8 l Weißwein
150 g Meerrettich
1/4 l Sahne oder Crème fraîche
weißer Pfeffer
Salz
1–2 TL Zucker
Petersilie zum Bestreuen

Vater
im Himmel,
segne
Speis und Trank,
die Frucht der Erde und
der menschlichen Arbeit.
Laß uns geborgen bleiben
in deiner Liebe,
durch Christus,
unseren Herrn.
Amen.

Hildegard Reitze, 78567 Fridingen

Fastenspeisen und vegetarische Gerichte

Fastenknödel in Fisolensuppe
(Papacieni)

1. Zwiebel im Fett goldgelb anrösten.
2. Mit Mehl bestauben und eine dunkle Einbrenne (Mehlschwitze) machen. Langsam mit kaltem Wasser aufgießen und dabei kräftig mit dem Schneebesen rühren.
3. Würzen, zudecken und ca. 30 Minuten bei mittlerer Hitze kochen lassen.
4. Zur Hälfte der Kochzeit gekochte Bohnen hinzufügen und weitergaren.
5. In die fertige Fisolensuppe Fastenknödel hineingeben und etwa 15 Minuten leicht köcheln lassen.
6. Zur Herstellung der Fastenknödel Knödelbrot in Butter leicht anrösten. Milch mit den Eiern versprudeln und über das Brot gießen. Salz, Petersilie und eine Prise Muskatnuß zugeben.
7. Zwiebel in Butter anrösten, zum Brot geben. Alles 30 Minuten rasten lassen.
8. Mehl untermischen, mit nassen Händen kleine Knödel formen und in der fertig gekochten Fisolensuppe garen.

Mathilde Haas, Pfarrei Zur Erscheinung des Herrn, I-39046 St. Ulrich/Südtirol

Für die Suppe:
200 g Fisolen (Bohnenkerne), am Vortag eingeweicht und gekocht
1 Zwiebel, feingehackt
3 EL Butter oder Butterschmalz
3 EL Mehl
1 l Wasser
Salz, Pfeffer
1 Lorbeerblatt
Knoblauch, gepreßt
Petersilie, feingehackt

Für die Knödel:
300 g altbackenes Weißbrot, würfelig geschnitten
60 g Butter
1/8-1/4 l Milch (je nach Bedarf)
3 Eier
1 EL Petersilie, gehackt
Salz
1 Prise Muskatnuß
1 kleine Zwiebel, gehackt
1 EL Butter
1 EL Mehl

Fastenspeisen

Dinkelbratlinge Sankt Hildegard

150 g Dinkelschrot
300 ml Brühe
aus Gemüse
1 große Zwiebel,
in feine Würfel
geschnitten
1 EL Butter
3 EL Kerne von
Sonnenblumen
2 Eier
50 g Bergkäse,
gerieben
3 EL Basilikum,
feingehackt
Salz, Pfeffer
Dinkelbrösel zum
Panieren
Butterschmalz zum
Ausbacken

1. Dinkelschrot in die kochende Gemüsebrühe einrühren, einmal aufwallen und 20 Minuten ziehen lassen.
2. In der Zwischenzeit Zwiebelwürfel in Butter glasig dünsten und Sonnenblumenkerne ohne Öl in einer Pfanne rösten. Beides unter die gequollene Dinkelmasse rühren.
3. Eier, Bergkäse, Basilikum und Gewürze zum Dinkelteig geben und mit nassen Händen Küchle formen.
4. Dinkelbratlinge in Bröseln wälzen und in Butterschmalz ausbacken.
Dazu gibt es Salat oder Gemüse in Sahnesoße.

Agnes Menzinger, Pfarrei Heilig Geist, 86163 Augsburg

Dinkelsemmeln

600 g Dinkel,
fein geschrotet
1 Würfel Hefe (42 g)
1 kleiner Becher
saure Sahne (125 g)
1 EL Öl
1 TL Honig
1 EL Salz
lauwarmes Wasser
(etwa 200 ml)
Fett für
das Backblech

Varianten:
125 g Käse,
gerieben, oder
1 Zwiebel, gehackt,
gedünstet, oder
3 Knoblauchzehen,
gehackt, oder
125 g Speck, gewürfelt, gedünstet

1. Dinkelmehl in eine Rührschüssel geben, salzen und die saure Sahne dazugeben.
2. Hefe und Honig in einem Teil des lauwarmen Wassers sorgfältig auflösen, nach und nach zum Mehl gießen, unter Zugabe des restlichen Wassers zu einem Teig zusammenfügen und diesen mindestens 10 Minuten kneten (von Zeit zu Zeit die klebrigen Hände mit kaltem Wasser abspülen). Der Teig soll gut feucht sein. Mit einem warmfeuchten Tuch bedecken und den Teig 15-20 Minuten an einem warmen Ort gehen lassen.
3. Sonnenblumenöl unter den Teig kneten und zugedeckt nochmals 30 Minuten warm gehen lassen.
4. Das Backrohr auf 210 Grad vorheizen.
5. Wenn man den Dinkelsemmeln eine ganz besondere Geschmacksnote geben möchte, sollte man jetzt eine der oben angegebenen Zutaten unterkneten.
6. Mit nassen Händen runde Brötchen formen, auf ein gefettetes Backblech setzen und bei 210 Grad auf der mittleren Schiene backen. Nach 5 Minuten auf 190 Grad zurückschalten und noch etwa 25 Minuten fertigbacken.

Agnes Menzinger, Pfarrei Heilig Geist, 86163 Augsburg

Fastenspeisen

Fräulein Liesbeths Blinde Fische

1. Micken auseinanderbrechen und in Milch einweichen.
2. Einen Eierteig aus Milch, Mehl, Salz und Eiern herstellen.
3. In einer großen Pfanne Schmalz zerlassen. Zuerst eine Schicht Eierteig, dann die eingeweichten Micken und zuletzt wieder eine Schicht Eierteig hineingeben. Zugedeckt langsam von beiden Seiten goldbraun backen.
Dazu gibt es eingelegte Rote Bete.

Die Geschichte zum Rezept:
Es war im Jahr 1940. Ich hatte meine acht Jahre Volksschule beendet und blieb im Elternhaus, da ich bei der Versorgung unserer Landwirtschaft helfen mußte. Unser Herr Pastor hatte seine Schwester als Haushälterin bei sich. Fräulein Liesbeth war nicht mehr so jung und hatte eine Putzhilfe, die regelmäßig ins Pfarrhaus kam. Als diese mal einige Tage ausfiel, wurde ich gebeten, für sie einzuspringen. Ich sagte zu, da es für mich eine Ehre war, im Haus des Pastors zu sein. So lernte ich verschiedene Alltags- und Festtagsrezepte aus der Pfarrhaustradition kennen. Eines freitags, es war kurz vor Mittag, schickte mich die Haushälterin zum Bäcker, der nebenan wohnte. Ich sollte eine Reihe „Micken" für „Blinde Fische" holen. Mir war das Ganze schleierhaft, aber der Bäcker gab mir ohne Zögern dieses Vorgebäck von Zwiebäcken, die noch geröstet werden mußten, mit.
So lernte ich „Blinde Fische" kennen, die es auch heute noch bei mir zu Hause gibt. Dazu essen wir wie damals Rote Bete aus dem Glas. Aber bei Pastors Fräulein Liesbeth hat es mir am besten geschmeckt.

Marika Althoff, 59555 Lippstadt

Eine Reihe Micken
(= Einback, ersatzweise Toastbrot)
Milch zum Einweichen

Für den Eierteig:
200 g Mehl
5 Eier
Salz
Milch zum Anrühren
Butterschmalz zum Ausbacken

Brot-Ei

1. Beliebige Brotscheiben in Butter von beiden Seiten leicht anrösten.
2. Eier in einer Schüssel mit Milch verquirlen, über das geröstete Brot in der Pfanne geben, zudecken und bei mäßiger Hitze fest werden lassen.
3. Mit viel Schnittlauch bestreut anrichten.

Agnes Weiland, Pfarrhaushälterin bei Pastor Rudolf Laub, Pfarrei St. Laurentius, 54320 Waldrach/Diözese Trier

4 Scheiben Brot
2 EL Butter
4 Eier
8 EL Milch
etwas Salz
Schnittlauch in Röllchen

Aller Augen
warten auf Dich,
o Herr,
Du gibst uns Speise
zur rechten Zeit.
Du öffnest
Deine Hand
und erfüllst alles,
was lebt,
mit Segen.
Ehre sei dem Vater
und dem Sohn
und dem Heiligen Geist,
wie im Anfang,
so auch jetzt
und alle Zeit
und in Ewigkeit.

Amen.

*Hildegard Berghammer,
82256 Fürstenfeldbruck*

Fastenspeisen

Oberpfälzer Erdäpfelbrösl

1. Mehl auf die Arbeitsplatte sieben. Die Kartoffeln durch den Fleischwolf drehen oder mit einer Reibe zerkleinern und auf das Mehl geben.
2. Kartoffeln und Mehl zwischen den Fingern zerbröseln und sofort in einer Pfanne mit heißem Butterschmalz so lange ausbacken, bis die Erdäpfelbrösl goldgelb bis braun sind und eine Kruste haben.
Dazu gibt es Mangold-Gemüse (siehe nachstehendes Rezept).

1,5 kg Kartoffeln, am Vortag gekocht, geschält
350 g Mehl
80-100 g Butterschmalz
Salz, Pfeffer

Mangold-Gemüse

1. Mangold in heißem Wasser blanchieren, herausnehmen und durch den Fleischwolf drehen.
2. Aus Butter, Mehl und Milch eine helle Mehlschwitze herstellen, den Mangoldbrei hineinrühren und mit Fleischbrühe aufgießen. Mit Gewürzen abschmecken und 10 weitere Minuten köcheln lassen.
3. Vor dem Servieren saure Sahne unterziehen.

1 kg junger Mangold
2 l Salzwasser
30 g Butter
1-2 EL Mehl
1/4 l lauwarme Milch
1/8 l Fleischbrühe
Muskat, Salz, Pfeffer
3 EL saure Sahne

Die Geschichte zum Rezept:
An unser Pfarrhaus grenzt das Kloster der Mallersdorfer Schwestern. Eine der Nonnen begleitet meine Pflanzaktivitäten im Garten stets mit großem Interesse. Eines Tages sah sie mich im Garten werkeln und glaubte, mir einen gutgemeinten Rat aus dem Fenster zurufen zu müssen: „Bei dir wächst der Salat aus, den mußt du dringend abschneiden!" Dabei war es der Mangold, den ich angebaut hatte. Und der wächst nun mal so hoch in den Himmel!

Monika Zollner, Pfarrei St.Jakobus, 92256 Hahnbach

Fastenspeisen

Zucchini-Lasagne

200 g Lasagne (Nudelblätter)
Salzwasser
50 g Käse, gerieben

Für die Fleischsoße:
2 EL Olivenöl
400 g Hackfleisch, gemischt
150 g Zwiebeln, gewürfelt
2 Knoblauchzehen, gehackt
1/2 kg Tomaten, enthäutet, kleingewürfelt
1/8 l Rotwein
1/8 l Wasser
Salz, Pfeffer, Paprika
1 EL Oregano
1 EL Pizzagewürz

Für die Zucchinisoße:
2-3 kleine Zucchini
40 g Butter
40 g Mehl
etwas Wasser oder Brühe
150 g Gouda, gerieben
Salz, Pfeffer

1. Lasagnenudeln in leicht gesalzenem Wasser bißfest kochen.
2. Öl erhitzen, Hackfleisch darin anbraten, Knoblauch, Zwiebel- und Tomatenwürfel unterrühren, mit Wasser und Rotwein aufgießen, salzen und pfeffern, Paprika, Oregano und Pizzagewürz zugeben, 15 Minuten schmoren lassen.
3. Zucchini an den Enden abschneiden, schälen, kleinschneiden und im Mixer pürieren.
4. Butter erhitzen, Mehl einstreuen und hellgelb rösten. Zucchinipürée zugeben, verrühren, mit Wasser oder Brühe aufgießen, kurz kochen lassen.
5. Käse unterrühren und zum Schmelzen bringen. Mit Salz und Pfeffer abschmecken.
6. In eine gut gefettete Auflaufform abwechselnd Nudelblätter, Fleischsoße, Nudelblätter und Zucchinisoße einschichten. Die letzte Schicht sollte aus Zucchinisoße bestehen.
7. Im vorgeheizten Backofen bei 200 Grad 40 Minuten garen. Die Lasagne 10 Minuten vor Garende mit 50 g geriebenem Käse bestreuen und im Ofen fertigbacken.

Anna Hagn, Pfarrei St. Laurentius, 92676 Eschenbach, kreierte dieses Rezept, „als wir des Anblicks von Zucchini schon überdrüssig geworden waren".

Fastenspeisen

Gemüsepfanne im Wok

1. Möhren, Zucchini, Lauch, Tomaten und Blumenkohl wie oben angegeben vorbereiten und in Schälchen bereitstellen.
2. Blumenkohlröschen in Salzwasser bißfest kochen.
3. Öl im Wok erhitzen, Möhren mit Zucker hineingeben, umrühren, mit Wasser ablöschen, Topf verschließen und 5 Minuten garen.
4. In die Mitte des Wok Zucchini und Lauch geben, Pfanne bewegen, zuletzt Blumenkohl und Tomaten hinzufügen und noch weitere 15 Minuten garschmoren.
5. Sahne darübergießen, mit Salz, Streuwürze, Kräutern und Sojasoße würzen.
Dazu passen Salzkartoffeln oder Vollkornreis.

Alexa Alteköster, Pfarrei St. Johann Baptist, 37671 Höxter

6 Möhren, gewürfelt
4 kleine Zucchini, gewürfelt
2 Stangen Lauch, in Ringe geschnitten
6 Fleischtomaten, enthäutet, gewürfelt
2 kleine Blumenkohl, in Röschen geteilt
Salzwasser
2 Becher Sahne
2 EL Sesam- oder Erdnußöl
2 TL Zucker
Salz, Streuwürze, Kräuter, Sojasoße nach Belieben

Fisch

Fischnocken in Curryrahm

Für die Nocken:
600 g Kabeljaufilet, gewürfelt
2 EL Zitronensaft
Salz, Pfeffer
150 g Crème fraîche
2 Eier
1 Bund Schnittlauch, kleingeschnitten

Für die Currysoße:
1 große Zwiebel, feingehackt
1 TL Butter
4 TL Curry
1/4 l Weißwein
400 ml Brühe
150 g Crème fraîche
2 EL Zitronensaft
Salz, Pfeffer
1 l Salzwasser

1. Fischwürfel mit Zitronensaft säuern, salzen und pfeffern. Mit Crème fraîche und den Eiern im Mixer pürieren.
2. Schnittlauch unter die Fischmasse mengen, abschmecken und 10 Minuten kaltstellen.
3. Zwiebelhack in Butter glasig dünsten, Curry kurz anschwitzen lassen, mit Wein und Brühe ablöschen, Crème fraîche zugeben und auf 1/3 einköcheln lassen. Mit Salz, Pfeffer und Zitronensaft abschmecken.
4. Von der Fischmasse mit feuchtem Löffel Nocken abstechen, in das schwach siedende Salzwasser gleiten lassen, zugedeckt etwa 8-10 Minuten bei schwacher Hitze ziehen lassen.
Mit Reis und feinem Gemüse servieren.

Agnes Menzinger, Pfarrei Heilig Geist, 86163 Augsburg

Fisch

Seelachs auf Zucchini-Gemüse mit gedünstetem Reis

1. Reis waschen und in Öl leicht andünsten, mit Wasser aufgießen und mit Salz und Pfeffer würzen. Auf großer Flamme etwa 5 Minuten fest kochen. Die Kochplatte ausschalten. Wenn der Reis nur noch leise köchelt, einen gutschließenden Deckel daraufsetzen und 20-30 Minuten ausquellen lassen.
2. Zucchini waschen, in Stücke schneiden und in Öl andünsten. Die Haferflocken oder das Dinkelmehl darüberstreuen und mit Wasser aufgießen. Den Knoblauch dazugeben, umrühren, mit Salz und Pfeffer würzen und die Kräuter darüberstreuen. 10 Minuten bei geschlossenem Topf köcheln lassen. Gut mit Salz und Pfeffer abschmecken.
3. In der Zwischenzeit den Fisch waschen und mit Pfeffer würzen (ohne zu salzen). Auf das köchelnde Gemüse legen, Topf schließen, Hitze auf ein Minimum reduzieren und 5 Minuten ziehen lassen. Fischstücke vorsichtig wenden und weitere 5 Minuten zu Ende garen.
Der Seelachs mit seiner grauen Farbe ist fertig, wenn das Fischfleisch blättrig und milchig-weiß aussieht.

Die Geschichte zum Rezept:
In den ersten Wochen meiner Tätigkeit als Pfarrhaushälterin vor 35 Jahren bat mich mein Pfarrer, einen Karpfen zu besorgen. Der Fischhändler tötete das gewünschte Tier vor meinen Augen mit einem kräftigen Schlag auf den Kopf und wickelte es in Papier. Mit dem schönen Taucher in der Einkaufstasche überquerte ich den belebten Stadtplatz. Plötzlich – ein glitschiger Stoß an meiner Hand. Vor Schreck ließ ich die Tasche fallen. Was war das nur gewesen? Da bemerkte ich den Zappel-Philipp! Der Fisch – der arme Fisch hatte seine Lebensgeister noch nicht ganz aufgegeben!

Elisabeth Linsmayer, Pfarrei Maria Himmelfahrt, 83646 Bad Tölz

Für 2 Personen

Für den Reis:
1 1/2 Tassen Rundkornreis
2 TL Öl
3 Tassen Wasser
Salz, Pfeffer

Für das Gemüse:
1-2 kleine Zucchini
2 EL Öl
1 TL Haferflocken oder Dinkelmehl
1/8 l Wasser
1 Knoblauchzehe, gepreßt
Salz, Pfeffer
Petersilie, Dill, kleingehackt

Für den Fisch:
300 g Seelachsfilet (2 Scheiben)
weißer Pfeffer, frisch gemahlen

Gib denen,
die hungern,
von
Deinem Reis.
Gib denen,
die leiden,
von
Deinem Herzen.
(aus China)

Elfriede Bredtl, 93458 Eschlkam

Fleisch und Aufläufe

Vitello tonnato

1. Das Kalbfleisch mit kleinen Einschnitten versehen. Knoblauchstifte und drei Sardellenfilets in die Fleischeinschnitte stecken.
2. Das Fleisch mit kaltem Wasser ansetzen, bei starker Hitze eine Minute kochen lassen und das Wasser abgießen.
3. Die Fleischbrühe und den Weißwein in eine Kasserolle gießen, das Fleisch einlegen und alle Gemüsestücke und Gewürze hinzufügen.
4. Zugedeckt 1 1/2 Stunden leicht kochen, dann in der Brühe erkalten lassen und in sehr dünne Scheiben schneiden.
5. Von der Brühe 1/8 l abschöpfen und durch ein Sieb gießen. Das Öl mit dem Eigelb, dem zerbröckelten Thunfisch, den restlichen Sardellenfilets und dem Zitronensaft im Mixer pürieren. Mit der Sahne, der Brühe, den Kapern und den Gewürzen verrühren. Die Soße über das Fleisch gießen.

Elisabeth Stülb, Pfarrei St. Augustin, 53123 Bonn

Für 6 Personen

Für das Fleisch:
1 kg Kalbsnuß
1 l Wasser
1 Knoblauchzehe, in Stifte geschnitten
1 Zwiebel, geschält, halbiert
2 Möhren, in grobe Würfel geschnitten
100 g Sellerieknolle, in Stücke geschnitten
3 Sardellenfilets
1 l Fleischbrühe
1/8 l Weißwein, trocken
2 Lorbeerblätter
5 Pfefferkörner

Für die Thunfischsoße:
3/4 Tasse Olivenöl
1 Eigelb
Thunfisch aus der Dose (180 g)
3 Sardellenfilets
2 EL Zitronensaft
4 EL Sahne
2 EL Kapern, feingehackt
2 TL Senf
1 Prise Salz
1 Prise Pfeffer

Fleisch

Falsomagro al sugo
(Kalbsrollbraten in Soße)

700 g Kalbfleisch, in 1 cm dicke Scheiben geschnitten
3 Eier, hartgekocht
300 g Hack vom Kalb
75 g Semmelbrösel
75 g Parmesan, frisch gerieben
1 Bund Petersilie, gehackt
Salz, Pfeffer
50 g Mortadella, in Scheiben
50 g Tuma (Schafskäse), gewürfelt
1 Zwiebel, kleingehackt
1 Karotte, kleingehackt
1 Bleichsellerie, kleingeschnitten
2 EL Tomatenmark
300 g Tomaten aus der Dose
1 Gewürznelke
1 Prise Muskat
1 Glas Rotwein
Olivenöl, Wasser
Bindfaden

1. Kalbfleischscheiben flachklopfen und schuppenförmig so übereinanderlegen, daß eine große Platte entsteht.
2. Von den hartgekochten Eiern 2 in kleine Würfel schneiden und mit Kalbfleischhack, Semmelbröseln, Parmesan, Petersilie, Salz, Pfeffer und etwas Wasser zu einer geschmeidigen Masse vermengen.
3. Diese Masse auf die Fleischscheiben streichen und dabei ungefähr 1 cm Rand freilassen.
4. Mortadellascheiben und Käsewürfel darüber verteilen und das verbliebene Ei als Ganzes in die Mitte legen.
5. Fleischplatte an den Seiten einklappen und mit einem feuchten Küchenhandtuch zu einer festen Roulade zusammenrollen.
6. Das Tuch vorsichtig entfernen und die Roulade straff mit Bindfaden umwickeln.
7. Fleischroulade in heißem Olivenöl rundherum anbraten, herausnehmen und warmstellen.
8. Im gleichen Öl Zwiebelhack, Karotte und Bleichsellerie goldbraun anbraten und mit etwas Wasser ablöschen.
9. Tomatenmark unterrühren und zuletzt die mit der Gabel zerkleinerten Dosentomaten beigeben. Alles ein wenig köcheln lassen.
10. Fleischroulade wieder in die Soße legen, mit Salz, Pfeffer, Nelke und Muskat würzen, mit Rotwein aufgießen und soviel Wasser zugeben, daß das Fleisch ganz bedeckt ist.
11. Auf mittlerer Herdstufe und ohne Deckel 1 Stunde dünsten (gegebenenfalls etwas Wasser nachgießen).
12. Vor dem Servieren den Bindfaden entfernen, Roulade in Scheiben schneiden, auf einer Platte anrichten und mit Soße begießen.

Josefine Königer, 82178 Puchheim, wünscht im Namen von Don Orazio „Buon appetito", aus dessen Pfarrhausküche dieses sizilianische Gericht kommt. Don Orazio ist Seelsorger in der örtlichen Pfarrei St. Josef.

Fleisch

Saltimbocca alla romana

1. Die Schnitzel leicht klopfen, salzen und pfeffern, mit einem Salbeiblatt und einer Scheibe Schinken belegen.
2. Zusammenklappen und mit einem, oder zwei Holzspießchen feststecken.
3. In der Butter auf beiden Seiten goldbraun braten, mit Weißwein angießen (bei Bedarf noch ein wenig Wasser hinzufügen), kurz aufkochen, Hitze reduzieren und einkochen lassen. Kochzeit 7-8 Minuten. Zum Servieren das zweite Salbeiblatt anstecken.

Die Geschichte zum Rezept:
Wie kommt ein römisches Rezept in ein Pfarrhaus im Bistum Trier? Ganz einfach. Durch einen Studiendirektor unserer ehemaligen Pfarrei, der mit seinen Gymnasiasten häufig nach Italien fuhr. Als ich selbst eine Reise nach Rom plante, fragte ich ihn nach den einschlägigen Spezialitäten. Er empfahl mir besonders Saltimbocca alla romana. Ich habe es versucht und nicht bereut. Seit dieser Zeit wird es bei uns im Pfarrhaus gekocht. Selbst unserem Trierer Weihbischof Leo Schwarz hat es geschmeckt!

Brigitte Braun, Pfarrei St. Michael, 55481 Kirchberg

Für 2 Personen
2 dünne Kalbsschnitzel
2 Scheiben Parmaschinken
4 Salbeiblätter
1 EL Butter
1/8 l Weißwein, trocken
Pfeffer und Salz

Letscho-Topf

1. Fleischwürfel in Öl anbraten und die Zwiebelringe darin glasig dünsten. Paprikastreifen hinzugeben, zuletzt die Tomatenstücke, mit ca. 3/4 l Salzwasser auffüllen und alles leicht köcheln lassen.
2. Kurz vor Garende (Paprika müssen noch Biß haben) den Reis zufügen und noch 20 Minuten bei geringer Hitze ziehen lassen (Reis bindet die restliche Flüssigkeit). Mit gemahlenem Paprika, Pfeffer und – bei Bedarf – Salz abschmecken.

Maria A. Brock, Pfarrei Zur Unbefleckten Empfängnis Mariens, 52459 Inden-Pier

500 g magere Rindfleischwürfel
6 EL Olivenöl
2 Gemüsezwiebeln, in Ringe geschnitten
je 2 rote, gelbe und grüne Paprika, halbiert, in Streifen geschnitten
4 Tomaten, gehäutet, geviertelt
3/4 l Salzwasser
2 Tassen Reis
1 Knoblauchzehe
Paprika
schwarzer Pfeffer
Salz

Fleisch

 ## Don Camillo & Peppone

*500 g Zucchini
Kräutersalz,
weißer Pfeffer
2 Portionen
Butterschmalz
zum Anbraten
500 g Putenschnitzel
1 Zweiglein
Rosmarin,
feingehackt
Salz
1 EL Mehl
1/8 -1/4 l Sahne
200 g Emmentaler,
gerieben*

1. Zucchini in fingerlange Stifte schneiden, salzen und pfeffern.
2. Butterschmalz in einer Pfanne erhitzen, Zucchinistifte braun anbraten.
3. Putenschnitzel in fingergroße Stücke schneiden, salzen, mit Rosmarin würzen, in einer separaten Pfanne ebenfalls in heißem Butterschmalz anbraten, mit Mehl bestäuben und braun rösten.
4. Fleisch zur Zucchinipfanne geben, mit Sahne vermengen und mit Reibkäse bestreuen.
5. Zugedeckt noch kurz durchdünsten.
Dazu schmecken am besten Salzkartoffeln.

Helena Meidenstein, Pfarrei St. Nikolaus, 86934 Reichling

Sumatra-Pute

*400 g Putenbrust,
in große Würfel
geschnitten
Pfeffer, Curry
100 g roher,
geräucherter Speck,
in Scheiben
Pfirsichspalten aus
der Dose (150 g)
2 EL Cognac
2 EL Sahne
1/2 TL Curry
50 g Käse, gerieben*

1. Fleischwürfel mit Pfeffer und Curry würzen, mit Speckstreifen umwickeln.
2. In einer Auflaufform Pfirsichspalten mit etwas Saft, Cognac, Sahne und Curry verrühren, die Putenhappen daraufsetzen, mit Käse bestreuen.
3. Bei 220 Grad ca. 30 Minuten backen.
Dazu paßt körniger Reis.

*Die Geschichte zum Rezept:
Altbewährte oder traditionsreiche Rezepte kann ich leider noch nicht auftischen mit meinen 27 Jahren. Außerdem bin ich nicht vom Fach. Ich arbeitete sieben Jahre als Steuerfachgehilfin, bis ich vor einem Jahr Pfarrhaushälterin wurde. Das vorliegende Rezept gab mir meine Mutter mit ins neue „Amt".*

Evi Röhrl, Pfarrei St. Andreas, 85283 Oberlauterbach/Wolnzach

Fleisch

Putengeschnetzeltes in Kräutersauce

1. Streifen aus Putenfleisch in 30 g Butter rundherum bräunen lassen. Die Kräuter antauen.
2. Zwiebel in einer separaten Bratpfanne in 20 g Butter goldgelb dünsten, 1 Päckchen gemischte Kräuter zugeben, alles noch 3 Minuten weiterdünsten.
3. Mit Mehl bestäuben und unter Rühren weitere 2 Minuten dünsten.
4. Zuerst mit warmem Wasser, dann mit Weißwein ablöschen und 5 Minuten kochen lassen.
5. Saure Sahne einrühren und die gebratenen Putenstreifen zugeben, bis kurz vor dem Kochen erhitzen und mit gekörnter Brühe und Pfeffer abschmecken.
6. Eierhack kurz vor dem Servieren mit dem zweiten Kräuterpäckchen in die Sauce geben.
Dazu wird Rösti gereicht (siehe nachstehendes Rezept).

4 Putenschnitzel (je 125 g), in dünne Streifen geschnitten
30 g Butter
2 Pck. gemischte Kräuter (je 25 g), tiefgekühlt
1 Zwiebel, feingehackt
20 g Butter
20 g Mehl zum Bestäuben
1/8 l warmes Wasser
1/8 l Weißwein
1/8 l saure Sahne
gekörnte Brühe zum Abschmecken
schwarzer Pfeffer, frisch gemahlen
4 Eier, hartgekocht, grobgehackt

Rösti

1. Die ungeschälten Kartoffeln in sprudelnd kochendes Salzwasser einlegen, 10 Minuten kochen lassen, kalt abspülen, über Nacht abkühlen lassen.
2. Schälen, auf einer Reibe grob raspeln.
3. Die Hälfte der angegebenen Fettmenge in einer schweren Pfanne erhitzen, Kartoffelraspel hineingeben, salzen und bei schwacher Hitze 15 – 20 Minuten goldbraun backen. Dabei drückt man die Kartoffeln zu einem gleichmäßigen Pfannkuchen zusammen.
4. Wenn die Unterseite braun ist, Kartoffelmasse auf einen Deckel gleiten lassen. Zweite Portion Fett in der Pfanne erhitzen und die andere Röstiseite garen.
Zu diesem Gericht schmeckt knackiger Feldsalat.

1 kg mittelgroße Kartoffeln
Salzwasser
Salz
4 EL Butter
2 EL Öl

Hildegard Kilian, Pfarrei St. Johannes der Täufer, 65396 Walluf

Komm
Herr Jesus,
sei
unser Gast
und
segne,
was Du
uns
gegeben hast.

*Kathi Vedovelli,
I-39012 Meran*

Fleisch

Puten-Röllchen mit Aprikosenmus

1. Putenschnitzel waschen, mit Küchenkrepp abtrocknen und so zurechtschneiden, daß sie sich zu dünnen Fleischscheiben ausbreiten lassen. Mit Salz, Pfeffer und Paprika einreiben.
2. Putenschnitzel mit Aprikosenmus bestreichen, dabei einen ungefähr 2 cm breiten Rand lassen. Die Zucchinischeiben darauf verteilen.
3. Fleischscheiben von der Schmalseite her aufrollen, mit Holzspießchen zusammenstecken.
4. Öl in einer Pfanne erhitzen, Röllchen darin rundum kräftig anbraten. Zucchini- und Zwiebelwürfel dazugeben, kurz schmoren lassen, mit Wasser ablöschen. Zugedeckt etwa 10 Minuten garen.
5. Röllchen warmstellen, die Sauce mit dem restlichen Aprikosenmus verfeinern und würzig abschmecken.

4 Putenschnitzel, (je 200 g)
Salz, Pfeffer, Paprika
1 Glas püriertes Aprikosenkompott
2 kleine Zucchini, in Scheiben (ca. 1/2 cm) geschnitten
4 EL Öl
2 kleine Zucchini, kleingewürfelt
1 Zwiebel, kleingewürfelt
1/4 l Wasser

Rosemarie Degenhardt, Pfarrei St. Bonifatius, 99988 Wendehausen

Hühnerbrust-Röllchen mit Paprikasauce

1. Zunächst Paprikasauce herstellen: Paprikawürfel in Öl andünsten, Sellerie und Knoblauch dazugeben, mit Salz, Pfeffer und ein wenig Peperoncino würzen und bei mittlerer Hitze ungefähr 45 Minuten unter häufigem Umrühren schmoren.
2. Inzwischen Hühnerbrustfilets zu dünnen Schnitzeln klopfen, salzen, pfeffern und mit Schinken belegen.
3. Käse in vier gleich große Streifen schneiden, je einen auf die Schinkenscheiben legen, zusammenrollen, mit Zahnstocher befestigen.
4. Fleischröllchen in der verquirlten Eimasse drehen und in Semmelbröseln wälzen. In nicht zu heißem Fett 10 Minuten backen.
Dazu paßt Kartoffel-Püree.

Für die Sauce:
3 Paprikaschoten (grün, gelb, rot), gewürfelt
6 EL Olivenöl
100 g Sellerie, feingehackt
3 Zehen Knoblauch, feingehackt
Salz und Pfeffer
Peperoncino-Schote, kleingehackt

Für die Röllchen:
4 Hühnerbrustfilets
Salz und Pfeffer
4 Scheiben Kochschinken
100 g Leerdamer am Stück
2 Eier
Semmelbrösel
Backfett
Zahnstocher

Afra Vigl, Pfarrei St. Ulrich, I-39054 Lengmoos am Ritten/Südtirol

35

Fleisch

Putenschnitzel in Curryrahm

4 Putenschnitzel
4 EL Öl
Zitronenpfeffer
Salz
4 Scheiben Ananas

Für die
Curryrahmsauce:
4 weiße Zwiebeln, in Ringe geschnitten
1 Becher
Crème fraîche
100 ml Weißwein
Salz, Zitronenpfeffer
1 EL Curry
2 EL Mustardsauce
3 EL Mandelstifte

1. Öl in einer Pfanne erhitzen, Schnitzel auf beiden Seiten hellgelb anbraten, mit Salz und Zitronenpfeffer würzen.
2. Schnitzel in eine feuerfeste Form geben und mit Ananasscheiben belegen.
3. Im verbliebenen Bratenfond Zwiebelringe hell andünsten.
4. Crème fraîche mit Weißwein verrühren und den Fond damit ablöschen.
5. Sauce mit Salz, Zitronenpfeffer, Curry, Mustardsauce würzen, Mandelstifte dazugeben und über die Schnitzel gießen.
6. Im vorgeheizten Ofen bei 180 Grad 20 – 25 Minuten überbacken (nicht zudecken!) Dazu paßt Apfel-Käsereis {siehe nachstehendes Rezept}.

Apfel-Käsereis

1 EL Margarine
2 Zwiebeln, kleingewürfelt
250 g Reis
1 TL Paprika
1 TL Salz
500 ml heiße Brühe
75 g Frischkäse
1 Schmelzkäse
2 saure Äpfel, grobgeraspelt

1. Margarine im Topf schmelzen und Zwiebelwürfel hellgelb andünsten.
2. Reis, Paprika und Salz dazugeben.
3. Heiße Brühe mit Frischkäse und Kräuterschmelzkäse gut verquirlen und den Reis damit aufgießen.
4. Einmal aufkochen lassen.
5. Äpfel dazugeben, zudecken und ohne Umrühren 20 Minuten ausquellen lassen.

Angela Fröba, 96361 Steinbach-Buchbach, bekam dieses Gericht von ihrer Schwägerin, Haushälterin bei Pfarrer Leo Vetter-Dietz in Stieldorf bei Bonn.

Fleisch

Wiener Backhendl

1. Hähnchen mit der Geflügelschere in vier oder mehrere Stücke teilen und salzen. Nach Belieben kann man vor dem Würzen die Haut entfernen.
2. Die Hähnchenteile nacheinander in Mehl, Eimasse und Semmelbröseln wenden. In heißem Fett schwimmend rundherum goldgelb backen.

Dazu schmeckt ein Erdäpfelsalat, der in der Steiermark so zubereitet wird:

1 Hähnchen (etwa 1300 g), küchenfertig
Salz
Mehl und Semmelbrösel zum Panieren
2 Eier, verschlagen
Fett zum Ausbacken

Erdäpfelsalat

1. Aus Öl, Zwiebeln, Essig, Senf, Salz und Pfeffer eine Marinade anrühren und bereitstellen.
2. Erdäpfel noch heiß schälen, in feine Scheiben schneiden und in eine Salatschüssel geben. Rasch mit warmer Fleischsuppe übergießen und die Marinade dazugeben.
3. Den Salat solange vermischen, bis er sämig wird. Mit Schnittlauchröllchen bestreuen.

Rosa Lehner, Pfarrei St. Margarethen, A-7062 St. Margarethen/Österreich

800 g Erdäpfel (Salatkartoffeln), gekocht
80 g Zwiebeln, feingehackt
1/4 l kräftige Fleischsuppe
5 EL Apfelessig
8 EL Kürbiskernöl
1 TL Estragonsenf
Salz, Pfeffer

Zum Garnieren:
4 EL Schnittlauch, in Röllchen

Fleisch

Hähnchen mit Zitronengras

4 Hähnchenkeulen
2 TL Kurkumapulver
2 EL Zucker
2 Stengel frisches Zitronengras
5 EL Fischsoße
1/2 Peperonischote, gehackt
1 Zwiebel, gehackt
1 Zehe Knoblauch, feingehackt
1 EL Öl
1/8 l Wasser

1. Hähnchenkeulen jeweils in 2 – 4 Stücke schneiden und mit Kurkumapulver, Peperoni, Zucker und Fischsoße 10 Minuten marinieren.
2. Zwiebel, Knoblauch und kleingehacktes Zitronengras kurz in Öl anbraten, die marinierten Hähnchenstücke zugeben.
3. Bei mittlerer Hitze 10 Minuten aufkochen lassen und ab und zu umrühren.
4. Mit 1/8 l Wasser begießen und noch 10 Minuten weitergaren lassen.
Mit Reis servieren.

<small>Nguyen Thi Tuyet Mai, Haushälterin von Vietnamesenseelsorger Pfarrer Dr. Van Lo, 76149 Karlsruhe</small>

Pikanter Fleisch-Gemüse-Topf

Für 6 Personen
500 g Schulter vom Schwein, gewürfelt
5 EL Öl
3 Zwiebeln
3 Karotten, gewürfelt
5 Paprikaschoten (je 2 rote und gelbe, 1 grüne), gewürfelt
1 kleines Weißkraut, grobgehackt
1 Zucchini, gewürfelt
1 Stück Sellerie, gewürfelt
1 Knoblauchzehe
1 Peperoncino, kleingehackt
1 EL Mehl
Petersilie, Basilikum, Paprika, Pfeffer
Salz, Suppenwürze

1. Fleisch in heißem Öl anbraten, grobgehackte Zwiebeln zugeben, nach und nach die Gemüse einstreuen und mitschmoren.
2. Gewürze zugeben, mit Suppenwürze abschmecken und langsam weichkochen. Vor dem Anrichten die Soße mit wenig Mehl binden.
Dazu schmecken besonders Fastenknödel (siehe „Fastenknödel in Fisolensuppe", Seite 19).

<small>Serafine Werth, Pfarrei Heilig Geist, I-39012 Meran/Südtirol</small>

Fleisch

Kasseler überbacken

1. Das Fleisch etwa 20 Minuten im Weißwein dünsten und im Weißwein abkühlen lassen.
2. Paprikastreifen mit gehackter Zwiebel, Lauchringen und den ganzen Champignons in Butter anbraten.
3. Mit Mehl anstäuben. Tomatenmark und den Wein, in dem das Fleisch gedünstet wurde, zugeben. 10 Minuten unter ständigem Rühren kochen und mit Salz, Pfeffer und den frischen Gewürzen abschmecken.
4. Fleisch in Scheiben schneiden und in eine feuerfeste Form legen.
5. Gemüsemischung darüber verteilen und alles mit geriebenem Käse bestreuen.
6. Fleisch im vorgeheizten Ofen bei 220 Grad überbacken, bis der Käse goldbraun ist.
Dazu paßt Reis und Blattsalat.

Brigitte Kraus, Pfarrei St. Heinrich und Kunigunde, 96224 Burgkunstadt

750 g Kasseler, roh, ohne Knochen
2 Gläser Weißwein, trocken
1 rote Paprika, in feine Streifen geschnitten
1 grüne Paprika, in feine Streifen geschnitten
1 Zwiebel, gehackt
1 Stange Lauch, in Ringe geschnitten
250 g kleine frische Champignons
1 EL Butter
2 EL Mehl
1/2 Tasse Tomatenmark
Salz und Pfeffer
frischer Majoran, feingehackt
frisches Basilikum, feingehackt
150 g Gouda, gerieben

Fleisch

Schweinefilet à l'italiana

750 g Schweinefilet
250 g Tomaten, in Scheiben
300 g Kochschinken, in Scheiben
300 g frische Champignons, feinblättrig

Für die Soße:
1 Becher Sahne
1 Becher saure Sahne
Tomatenketchup
Thymian, Rosmarin, Salbei
Salz, Pfeffer
2 Zehen Knoblauch
100 g Parmesan, gerieben
Butterflöckchen
Petersilie, gehackt

1. Am Abend vorher süße und saure Sahne miteinander verrühren, Gewürze und gepreßten Knoblauch hinzufügen und soviel Ketchup einrühren, bis das Ganze eine rosa Färbung bekommt. Im Kühlschrank ziehen lassen.
2. Am Tag darauf Fleisch in dicke Scheiben schneiden, salzen und pfeffern.
3. Eine Auflaufform mit zwei Drittel der Schinkenscheiben auslegen, lagenweise Fleisch, Champignon- und Tomatenscheiben einschichten, die Soße darübergießen, mit dem restlichen Schinken bedecken, Parmesan und Butterflöckchen darüberstreuen, nach Geschmack auch Petersilie.
4. Form verschließen (wichtig!). In den kalten Backofen stellen und bei 200 Grad 60–70 Minuten backen.
Dazu schmecken Reis und grüner Salat.

Roswitha Hambsch, Pfarrei Heilig Kreuz, 76229 Karlsruhe-Grötzingen

O Gott,
von dem wir alles haben,
wir preisen Dich
für Deine Gaben.
Du speisest uns,
weil Du uns liebst;
o segne auch,
was Du uns gibst.
Amen.

Ingrid Müller, 76774 Leimersheim

Fleisch

Pfaffenbauch

Für den Teig:
250 g Mehl
1 Ei
1 Prise Salz
ein paar Tropfen Öl
200 ml Wasser

Für die Füllung:
1 Zwiebel, in Würfel geschnitten
3 EL Olivenöl
300 g Rinderhack
300 g Blattspinat, tiefgefroren
Muskatnuß, gerieben
2 Zehen Knoblauch, gepreßt
Salz, Pfeffer
1 Bund Petersilie, feingehackt
Parmesankäse zum Bestreuen
Butter zum Begießen

1. Mehl mit Ei, Salz, Öl und Wasser vermengen und solange kneten, bis sich der Teig von der Schüssel löst.
2. Nudelteig zugedeckt 30 Minuten ruhen lassen.
3. Zwiebelwürfel in Olivenöl goldgelb anrösten und mit dem Öl auf zwei Bratpfannen verteilen. In der einen Hackfleisch, in der anderen Blattspinat anschmoren. Je eine Knoblauchzehe mitrösten lassen, salzen und würzen.
4. Petersilie unter die Hackfleischmasse mengen. Nun die beiden Massen in eine Schüssel geben und wieder miteinander vermischen. Abschmecken und kurz ruhen lassen.
5. Inzwischen Nudelteig auf einer bemehlten Arbeitsfläche zu einem dünnen Quadrat ausrollen und die Hack-Spinat-Füllung so verteilen, daß in der Mitte eine Erhebung, nämlich der Bauch, entsteht. Teigränder dabei freilassen.
6. Von einer Seite her aufrollen und auf eine vorbereitete Stoffserviette gleiten lassen.
7. Serviette einschlagen und an den Enden mit einem Bindfaden fest zusammenbinden.
8. Salzwasser in einer ovalen Kasserolle zum Kochen bringen, Pfaffenbauch einlegen, Hitzezufuhr reduzieren und 25 – 30 Minuten sieden lassen.
9. Serviettenrolle herausnehmen, öffnen und auf eine vorgewärmte Platte geben. In 2 – 3 cm dicke Scheiben schneiden, mit reichlich Parmesan bestreuen und mit brauner Butter begießen.

Dazu gibt es einen knackigen Eissalat.

Elisabeth Constantin, 82256 Fürstenfeldbruck, erhielt dieses Rezept aus dem Nachlaß der inzwischen verstorbenen Pfarrköchin Rosa Stauder, die lange Zeit im Pfarrhaus von Natz bei Brixen/Südtirol Dienst tat.

Fleisch

Pastors Bohnentopf

1. Bohnenstücke mit dem Bohnenkraut ca. 25 – 30 Minuten in Fleischbrühe gardünsten.
2. Speckwürfel in einer Pfanne auslassen, Fett zugeben, Zwiebelscheiben darin hellbraun rösten und die Tomatenspalten beifügen.
3. Bohnenwasser abgießen, Speck, Zwiebeln und Tomaten vorsichtig unter die Bohnen mischen und mit Salz und Pfeffer pikant abschmecken.

Die Geschichte zum Rezept:
Von meinem verstorbenen Großvater, Johann Textoris, weiß ich eine Geschichte, die sich in seiner Jugendzeit, um 1887, in Kerpen-Horrem zugetragen haben soll. Die Haushälterin des damaligen Pastors, Dechant Simon Sistenich, war auch für das Harmoniumspiel in der Kapelle zuständig. Eines Tages wußte sie nicht, was sie mittags kochen sollte. Und so hat sie die lateinische Litanei kurzerhand umformuliert und gesungen:
„Pastorum, Pastorum, Pastorum,
was soll die Magd koch horum...."
Der Pastor, ein Mann mit Sinn für Humor und Leidenschaft für Bohnen, begriff sofort und sang zurück:
„Bona, Bona, Borum,
das soll die Magd koch horum."

Maria Klein, 50169 Kerpen/Rheinland

1 kg grüne Bohnen, in Stücke geschnitten
1/4 l Fleischbrühe
1/2 TL Bohnenkraut
500 g Tomaten, enthäutet, in Spalten geschnitten
100 g Räucherspeck, gewürfelt
1 TL Butter
2 Zwiebeln, in Scheiben geschnitten
Salz
schwarzer Pfeffer

Fleisch

Capuns

Mangoldblätter,
(etwa 50 Stück)

Für den Spätzliteig:
300 g Mehl
3 Eier
etwa 150 ml Milch-
Wasser-Gemisch
1/2 TL Salz

Außerdem:
150–200 g Speck
und Landjäger,
in feine Würfel
geschnitten
1 Zwiebel,
feingeschnitten
Peterli (Petersilie)
und Schnittlauch,
feingehackt
einige Minzblätter,
feingehackt
Olivenöl
zum Anbraten
Boullion
250 g Reibkäse

Zum Begießen:
2 EL Butter
1 EL Speckwürfel

1. Mangold in Blätter teilen, dicke Stiele und Strünke entfernen.
2. Mehl, Eier, Milch-Wasser-Gemisch und Salz zu einem festen Spätzliteig rühren.
3. Räucherspeck-, Wurstwürfel und Kräuter unter den Teig mischen.
4. Auf jedes Mangoldblatt eine kleine Portion Teig setzen, Blätter an den Seiten einklappen, einrollen und kurz in heißem Öl anbraten.
5. Gefüllte Mangoldblätter in die kochende Bouillon legen und gut 15 Minuten sieden lassen.
6. Mit einer Schaumkelle herausnehmen und abtropfen lassen. Auf eine vorgewärmte Servierschüssel legen und jede Lage mit Reibkäse bestreuen.
7. Speckwürfel in Butter anrösten und die Capuns damit begießen.

Juliana Sievi, Pfarrei St. Johannes, CH-7180 Disentis/Schweiz, serviert diese typische Bündnerspeise ihrem Bruder, dem Pfarrer Sepp Fidel Sievi.

Fleisch

Kalbsrahmgeschnetzeltes

1. Fleischstreifen in Margarine anbraten.
2. Lauchringe zum Fleisch geben und mitschmoren.
3. Mit Brühe aufgießen und etwa 15 Minuten garen.
4. Tomatenwürfel und Erbsen zum Fleisch geben. Mit Mehl binden und aufkochen.
5. Champignons in separater Pfanne in Butter andünsten und zum Geschnetzelten geben.
6. Mit Zitronensaft, Gewürzen, Crème fraîche, frischem Estragon oder Thymian verfeinern.
Dazu paßt besonders gut ein körniger Reis.

Marianne Kessler, Dekanatsleiterin der Berufsgemeinschaft der Pfarrhaushälterinnen in der Erzdiözese Freiburg, Pfarrei St. Josef, 68163 Mannheim.

500 g Kalbfleisch (Schulter), in feine Streifen geschnitten
3 EL Margarine
1 Stange Lauch, in feinen Ringen
1/4 l Brühe
2 Tomaten, kleingewürfelt
1 kleine Dose Erbsen
1 EL Mehl
100 g frische Champignons, feinblättrig
1 EL Butter
2 EL Zitronensaft
1 Prise Zucker
Salz, Pfeffer
1 Becher Crème fraîche
Estragon oder Zitronenthymian, gehackt

Fleisch

Grüne Krapfen

Für die Füllung:
4 Scheiben Toastbrot
2 Eier, mit
2 EL Milch verquirlt
Butter zum Ausbacken
Küchenkrepp
100 g Zwiebelrohr (ersatzweise Frühlingszwiebeln), kleingeschnitten
1 EL Butter
100 g Wurst nach Belieben, kleingewürfelt
1 EL Öl

Für den Pfannkuchenteig:
200–250 g Mehl
2 Eier
etwa 1/4 l Milch
1 Msp. Salz
Butterschmalz zum Ausbacken

Für den Nudelteig:
150–200 g Mehl
1 Ei
1–2 Eischalen heißes Wasser

Zum Kochen:
2 l kräftige Fleischbrühe
1 Ei verquirlt

1. Toastbrot mit Ei-Milch-Masse tränken, ausbacken und auf Küchenkrepp auskühlen lassen.
2. Zwiebelrohrringe in Butter andämpfen.
3. In einem weiteren Pfännchen Wurstwürfel anbraten.
4. Zur Herstellung des Pfannkuchenteiges Mehl, Eier, (eventuell auch noch die verbliebene Ei-Milch-Masse vom Toastbrot) mit etwas Milch zu einem glatten Teig verrühren, angedämpfte Zwiebelrohrringe hinzufügen und mit Salz abschmecken.
5. Zwiebelpfannkuchen in einer Pfanne ausbacken, auskühlen lassen und auf einem Brett in kleine Würfel schneiden.
6. Miteinander vermischte Würfel aus Toastbrot, Pfannkuchen und Wurst ergeben die Füllung für einen Nudelteig, der wie folgt hergestellt wird:
7. Aus Mehl, Ei und Wasser einen geschmeidigen Teig kneten und zugedeckt ca. 30 Minuten ruhen lassen.
8. Nudelteig auf einer bemehlten Arbeitsfläche zu einer sehr dünnen Teigplatte auswellen.
9. Vorbereitete Füllung auf der Teigplatte verteilen. Teig an den Seiten einschlagen, zu einem Schlauch aufrollen und diesen sorgfältig in 6 cm lange Stücke schneiden.
10. Krapfen mit der Füllung nach oben vorsichtig in einen breiten Topf setzen und mit kochender Fleischbrühe bedecken.
11. Die Krapfen etwa 10-12 Minuten sieden lassen und immer wieder etwas Fleischbrühe nachgießen.
12. Das verquirlte Ei kurz vor Garende möglichst in die Mitte der einzelnen Krapfen gießen.
In der Fleischbrühe auf den Tisch bringen.

Die Geschichte zum Rezept:
Pater Anselm, mein Pfarrer, ist Salvatorianer und kommt aus Schwaben. Damit er hier die heimatliche Küche nicht missen muß, haben mich seine beiden Schwestern mit schwäbischen Rezepten eingedeckt. Inzwischen bin ich damit vertraut. Nur bei den Dampfnudeln hatte ich einmal eine zu dünne Kartoffelbrühe, ein andermal einen zu hohen Topf, so daß die Dampfnudeln nicht aufgingen. Die Grünen Krapfen stammen von seiner Schwester Hildegard Strohm aus Tiefenbach/Federsee, die Dampfnudeln auf Kartoffelbett (siehe nachstehendes Rezept) von seiner Schwester Maria Geiselmann aus Meckenbeuren.

Fleisch

Dampfnudeln auf Kartoffelbett

1. Vom Mehl 300 g abwiegen und mit der Trockenhefe, dem Salz, den Eiern und der lauwarmen Milch (ohne Fett!) zu einem Teig verrühren. Zugedeckt warmstellen und gehen lassen.
2. Vom restlichen Mehl so viel dazukneten, bis man einen glatten Teig bekommt (Teig darf nicht klebrig sein). Nochmals zudecken und an einem warmen Ort gehen lassen.
3. Etwa 5 Kugeln (Dampfnudeln) formen und auf einem Blech zugedeckt ruhen lassen.
4. Inzwischen die Kartoffelstückchen in einen mittelgroßen Kochtopf geben und bis zum Rand mit Wasser auffüllen. Zerdrückten Knoblauch beifügen und alles 5 Minuten kochen lassen. Kochplatte ausschalten.
5. Soviel Kartoffelwasser entnehmen, daß die Kartoffeln nur mehr knapp mit Wasser bedeckt sind, und dieses in einem anderen Topf warmstellen.
6. Dampfnudeln direkt auf die Kartoffeln setzen, den Deckel auflegen (und nicht mehr öffnen!) und bei sehr mäßiger Hitzezufuhr etwa 30 Minuten köcheln lassen.
7. Die übrige Kartoffelbrühe dazu servieren.

Regina Strehl, Pfarrei St. Pius, 63820 Schippach

Für den Teig:
500 g Mehl
1–2 Eier
1 TL Salz
25 g Trockenhefe
1/4 l Milch, lauwarm

Für das Kartoffelbett:
5 große Kartoffeln, geschält, in Stückchen geschnitten
2 Knoblauchzehen, auf 1 EL Salz zerdrückt
Wasser für die Kartoffelbrühe

Desserts und Marmeladen, Weine und Bowlen

Dunst-Pudding

140 g Butter
140 g Zucker
140 g Mehl
1/2 l Milch
8 Eier, getrennt
Abgeriebenes von 1 Zitrone
100 g Nüsse, gemahlen
100 g Rosinen
Butter zum Befetten der Form
Semmelbrösel zum Ausstreuen der Form

1. Butter, Zucker, Mehl und Milch zu einem dicken Mus aufkochen, bis sich die Masse vom Topfboden löst. Abkühlen lassen.
2. Eigelb unter die Masse rühren, Zitronenschale dazumischen, Nüsse und Rosinen zugeben.
3. Eiweiß zu festem Schnee schlagen, vorsichtig, aber sorgfältig einarbeiten.
4. Puddingform buttern, mit Bröseln ausstreuen.
5. Masse einfüllen und im Wasserbad 1 Stunde kochen.
Dazu gibt es Weichselkompott.

Helene Marsmann, 81825 München, besitzt aus dem Nachlaß ihrer verstorbenen Taufpatin handgeschriebene Klosterrezepte. In den Jahren 1908-1910 wurde Frau Marsmanns Patin von den Altöttinger Schwestern vom Heiligen Kreuz in die Geheimnisse der Kochkunst eingeführt.

Tiramisù

250 g Mascarpone
2 Eier, getrennt
50 g Puderzucker
1 Likörglas Amaretto
15 Löffelbiskuits
250 ml kalter Espresso
Kakaopulver zum Bestäuben

1. Mascarpone, Eigelb, Zucker und Amaretto zu einer cremigen Masse verrühren.
2. Eiweiß zu festem Schnee schlagen und vorsichtig unter die Creme ziehen.
3. Den Boden einer flachen Form mit Löffelbiskuits belegen und diese mit Espresso tränken. Mascarponecreme darübergeben und glattstreichen.
4. Einen halben Tag kühlstellen, am besten schon am Vortag zubereiten. Vor dem Servieren mit Kakao bestäuben.

Elisabeth Dreiling, Pfarrhaushälterin in 99096 Erfurt, betreut im dortigen „Josefshaus" zwei Theologen mit Lehrauftrag am Philosophisch-Theologischen Studium in Erfurt.

Desserts

Budapester Creme

1. Schlagsahne, 50 g Honig, Naturvanille, Eierlikör und Eigelb zugeben.
2. Eiweiß zu festem Schnee schlagen, restlichen Honig kurz mitschlagen.
3. Den Eiweiß-Honig-Schnee und die abgetropften Sauerkirschen vorsichtig unter die Sahnemischung mengen.
4. Die luftige Creme in eine Glasschüssel füllen und mit Kirschen und Pistazienhälften als Blättchen verzieren.

Ursula Peiter, Pfarrverband St. Martin/St. Michael, 76865 Rohrbach-Steinweiler

1/2 l Sahne, steifgeschlagen
60 g Blütenhonig
etwas Naturvanille (Reformhaus)
4 EL Eierlikör
2 Eier, getrennt
200 g entsteinte Sauerkirschen, frisch oder aus dem Glas

Zum Garnieren:
5 Sauerkirschen
10 Pistazienhälften

Zitronen-Flammeri

1. Wasser mit Zitronenschale 2 Minuten kochen lassen und Apfelwein dazugeben.
2. Stärkemehl mit Zucker vermischen, Eigelb, Salz und Zitronensaft untermengen.
3. Angerührte Stärke in die Flüssigkeit einrühren und 3 Minuten weiterkochen lassen. Zum Abkühlen vom Herd nehmen.
4. Eiweiß zu steifem Schnee schlagen, vorsichtig unter die Creme ziehen und in kalt ausgespülte Gläser füllen. Nach dem Erkalten stürzen und beliebig mit Schlagsahne verzieren.

Schwester Ludmilla, Pfarrei Heilige Familie, 01259 Dresden-Zschachwitz, entnahm dieses Rezept einem alten, handgeschriebenen Kochbuch aus der Klosterküche der Nazarethschwestern von Dresden-Goppeln.

1/4 l Wasser
1/2 Zitronenschale, abgerieben
75 ml Apfelwein
30 g Stärkemehl
3 EL Zucker
3 Eier, getrennt
1 Prise Salz
2 EL Zitronensaft
Schlagsahne
zum Garnieren

Desserts

Pudding in Variationen:

Das Grundrezept

Für 6 Personen
1 Pck. Pudding,
vollgezuckert
(Vanille-oder
Schokolade)
500 ml Milch
1 Becher Sahne,
steifgeschlagen

1. Milch in einem Kochtopf zum Kochen bringen.
2. Topf von der Kochstelle nehmen, Puddingcreme-Pulver auf einmal unter Rühren mit dem Schneebesen in die Milch geben und etwa 1 Minute kräftig weiterrühren, ohne den Topf wieder auf die Kochplatte zu setzen. Pudding kalt werden lassen.
2. Schlagsahne unter den kalten Pudding heben.

Variation 1: Mokkacreme

Zutaten zum
Schokopudding:
1 TL löslichen Kaffee
1 Banane,
in Scheiben

Zum Garnieren:
125 g Schlagsahne
1 EL Kokosflocken

1. Schokoladenpudding nach Grundrezept zubereiten.
2. Während die Sahne steifgeschlagen wird, löslichen Kaffee einrieseln lassen. Unter den kalten Schokoladenpudding mischen.
3. Die so entstandene Mokkacreme abwechselnd mit Bananenscheiben in eine Glasschüssel füllen.
4. Mit Sahnetupfen und Kokosflocken verzieren und erkalten lassen.

Variation 2: Eierlikörcreme

Zutaten zum
Vanillepudding:
3 EL Eierlikör

1. Vanillepudding nach Grundrezept zubereiten.
2. Die Schlagsahne mit Eierlikör vermengen und alles unter den kalten Vanillepudding heben.

Variation 3: Zwetschgensorbet

Zutaten zum
Vanillepudding:
300 g Zwetschgen
4 EL Zucker
1 Msp. Zimt

1. Vanillepudding nach Grundrezept zubereiten.
2. Zwetschgen mit dem Zucker aufkochen lassen, pürieren, mit Zimt abschmecken.
3. In einer Metallschüssel im Gefrierfach etwas anfrieren lassen.
4. Mit dem Pürierstab nochmals durcharbeiten und über den Vanillepudding geben.

Desserts

Variation 4: Sauerkirschen

1. Vanillepudding nach Grundrezept zubereiten.
2. Pudding und Sauerkirschen, ohne Saft, abwechselnd in ein Glas füllen. Mit geraspelter Schokolade und Sahnetupfen verzieren.

Zutaten zum Vanillepudding:
1 Glas Sauerkirschen

Zum Garnieren:
Schokolade, geraspelt
125 g Schlagsahne

Variation 5: Pudding total

Alle oben angeführten Puddingcremen – mit Ausnahme des Zwetschgensorbets – lassen sich auch als Schichtspeise in einer Glasschüssel anrichten. Pudding total wird, wie alle anderen Pudding-Variationen, am besten schon einen Tag vorher zubereitet.

Das Gedicht zum Rezept:
Ich bin eine Nachspeis´, die dein Geld will schonen,
ich bin der Pudding in Variationen.
Ob kalt, ob warm – zu jeder Jahreszeit,
zu jedem Anlaß steh ich bereit.
Egal, ob der Bischof kommt und firmt
oder die Jugend das Haus dir stürmt –
nach Lust und Laune komm ich daher,
mal als Pudding, mal als Dessert.
Ich bin ein Pudding für alle Lagen
an so manchen Pfarrhoftagen.

Rita Hafenbradl, Pfarrei St. Walburga, 93470 Lohberg/Bayerischer Wald

Desserts

Weincreme

0,75 l Weißwein
4 große oder
6 kleine Eier
1 Pck. Pudding
(Vanille)
150 g Zucker
Saft einer Zitrone

Zum Garnieren:
100 g Sahne,
steifgeschlagen

1. Puddingpulver in einer Tasse mit ein paar EL Wein anrühren.
2. In einem Kochtopf Wein und Zitronensaft erwärmen, nach und nach Eier, Zucker und angerührtes Puddingpulver bis zum Kochen zu einer cremigen Masse aufschlagen.
3. In eine Schüssel zum Abkühlen umschütten, ab und zu umrühren (eventuell etwas nachsüßen). In Gläser oder Glasschüsseln füllen und mit geschlagener Sahne verzieren.

Die Geschichte zum Rezept:
Dieses Rezept stammt von Traudchen Eschweiler, einst Pfarrhaushälterin in der Pfarrei St. Peter und Paul in Nettetal/Leutherheide. 1946 stand ich ihr als Mädchen von 13 Jahren im Haushalt zur Seite. Als inzwischen pensionierte Köchin im Akademie-Haus Heydevelthof des Bistums Aachen habe ich von diesem Rezept immer gerne Gebrauch gemacht.

Maria Das, 41334 Nettetal

Errötendes Mädchen

1 l Buttermilch
250 g Zucker
Schale 1/2 Zitrone,
abgerieben
Saft 1/2 Zitrone
20 g rote Gelatine
2 Eiweiß, zu Schnee
geschlagen

1. Buttermilch mit Zucker schaumig schlagen, Zitronensaft vorsichtig unterrühren.
2. Gelatine unter gutem Umrühren in die kalte Milch einrieseln lassen und rühren, bis die Masse anfängt, dick zu werden.
3. Eischnee unterheben und in eine kalt ausgespülte Glasschüssel geben. Im Kühlschrank steif werden lassen.
Mit Vanillesauce servieren.

Maria Soddemann, 48308 Ottmarsbocholt-Senden, fand dieses Rezept im Kochbuch ihrer verstorbenen Tante, Josefine Peters, die 1924 im Pfarrhaus Ostenfelde als Küchenpraktikantin tätig war.

Desserts

Himbeeren in Sherrygelee

1. Himbeeren kurz unter fließend kaltem Wasser abbrausen. Eine Hälfte der Früchte mit Zitronensaft, Sherry und Zucker mischen, etwa 60 Minuten im Kühlschrank durchziehen lassen.
2. Marinierte Himbeeren mit 1/2 Tasse Wasser aufkochen lassen, dabei ständig rühren.
3. Fruchtbrei durch ein Haarsieb gießen, Saft in einer Schüssel sammeln. Früchte mit einem Löffel durch das Sieb passieren, damit möglichst viel Fruchtsaft gewonnen werden kann.
4. In kaltem Wasser eingeweichte Gelatineblätter im heißen Fruchtsaft auflösen und kühlstellen.
5. Vier runde Schälchen mit kaltem Wasser ausspülen, die zweite Hälfte Himbeeren darauf verteilen.
6. Das etwas abgekühlte Gelee über die Himbeeren gießen und etwa 2 Stunden kaltstellen.
7. Für die Creme Dickmilch mit Zucker, Zitronenschale und Sherry mischen.
8. Himbeerschälchen kurz in heißes Wasser tauchen, Inhalt auf Dessertteller stürzen. Auf jeden Teller etwas Creme geben und mit ein paar Himbeerfrüchten und Zitronenschale garnieren.

Rose Marie Hagemann, Pfarrei St. Antonius, 50226 Frechen/Habbelrath

1 kg Himbeeren
6 EL Zitronensaft
1/4 l Sherry, trocken
6 EL Zucker
1/2 Tasse Wasser
8 Blatt Gelatine

Für die Creme:
200 g Dickmilch
2 EL Zucker
1 TL abgeriebene Zitronenschale (unbehandelt)
1 EL Sherry
Himbeeren und Zitronenschale zum Garnieren

Gebäck

Falsche Makronentorte

Für den Teig:
50 g Butter
50 g Zucker
1 Ei
1/8 l Milch
125 g Mehl
1/2 Pck. Backpulver
Fett für die Form

Für den Belag:
125 g Kokosflocken
100 g Zucker
1 Pck. Vanillezucker
2 EL Milch
2 Eiweiß
50 g Speisestärke
50 g Rosinen
1 Pck. Backpulver

1. Butter schaumig rühren, Zucker und Ei, Milch und mit Backpulver vermischtes Mehl zugeben und einen lockeren Teig herstellen. In eine gefettete Tortenform füllen.
2. Kokosflocken, Zucker, Vanillezucker, Milch und Eiweiß gut mischen, bei kleiner Hitze so lange kochen, bis sich die Masse vom Topf löst, von der Kochstelle nehmen, Speisestärke und Rosinen zugeben.
3. Wenn die Kokosmasse abgekühlt ist, das Backpulver unterrühren, alles auf den Kuchenboden in der Form streichen, bei 175 Grad 25 – 30 Minuten hellbraun backen. Mit Puderzucker bestreuen.

Kreszenz Summ, 82395 Untersöchering, weiß dieses Rezept noch aus ihrer Schulzeit in der Haushaltungsschule im Dominikanerkloster zu Polling.

Zucchini-Tassen-Kuchen

*1 1/2 Tassen Öl
2 Tassen Zucker
3 ganze Eier
3 Tassen Mehl
1 1/2 TL Natron
1 1/2 TL Backpulver
2 TL Zimt
1 TL Kakao
2 Tassen Zucchini, geraspelt
Schokokuvertüre
(eine Tasse entspricht 1/4 l)*

1. Öl und Zucker mit dem Handrührgerät verrühren, Eier nach und nach dazugeben, bis eine sehr cremige Schaummasse entstanden ist.
2. Mehl mit Natron, Backpulver, Zimt und Kakao vermengen und mit dem Holzlöffel locker unter den Teig mischen.
3. Zucchini dazugeben.
4. Den Teig in eine gefettete und mit Semmelbröseln bestreute Rührkuchen-Springform füllen. Auf der untersten Schiene des vorgeheizten Ofens 50 – 60 Minuten bei 180 Grad backen.
5. Nach dem Erkalten mit Schokoladenkuvertüre überziehen.

Marianne Krömer, 48161 Münster, holt sich ihre Backideen regelmäßig bei ihrer Freundin Maria Voß. Diese ist Pfarrhaushälterin in der Pfarrei St. Sebastian, Münster-Nienberge.

Gebäck

Buttermilchkuchen

1. Eier, Zucker, Vanillezucker, Kokosflocken und Buttermilch verrühren. Mehl mit Backpulver vermischen und daruntermengen. Teig auf ein gefettetes Backblech streichen.
2. Kokosflocken mit Zucker vermengen und gleichmäßig den Teig damit belegen. Auf gefettetem Blech bei 180–200 Grad im Rohr 15 bis 20 Minuten hellbraun backen.
3. Für den Guß Butter und Sahne erhitzen und über den warmen Kuchen gießen.

Evi Freudenberg, 82178 Puchheim, erhielt dieses Rezept zu Lebzeiten von Fräulein Käthe Doff, Pfarrhaushälterin in St. Christoph, München.

Für den Teig:
3 Eier
375 g Zucker
1 Pck. Vanillezucker
10 g Kokosflocken
400 ml Buttermilch
500 g Mehl
1 Pck. Backpulver

Für den Belag:
190 g Kokosflocken
175 g Zucker

Für den Guß:
180 g Butter
200 ml Sahne

Biachalstrudel
(Biachal = kleines Buch)

1. Erdäpfel reiben, mit Butter, Eier, Mehl und Salz zu einem Teig verarbeiten.
2. Auf einem bemehlten Brett den Teig 1/2 cm dick zu einem Quadrat ausrollen und üppig mit Marmelade bestreichen.
3. Mohn und Zucker vermengen und auf der Marmeladenschicht verteilen.
4. Die Teigplatte in drei Streifen schneiden.
5. Jeden Streifen von den Schmalseiten her zu je einem Drittel nach innen einschlagen, sodaß 3 Teigschichten übereinander liegen.
6. Die nun vorliegenden Schichtstrudel der Breite nach in ungefähr 10 cm große Teile schneiden, die jetzt wie zusammengeklappte Büchlein aussehen. In heißem Fett ausbacken.

Rosa Lehner ist Pfarrhausfrau bei Julius Dirnbeck, Seelsorger der Passionsspiel-Gemeinde St. Margarethen, A-7062 St. Margarethen/Österreich

Für den Teig:
750 g Erdäpfel (Kartoffeln), vortags gekocht, geschält
30 g Butter
2 Eier
250 g Mehl
1 Prise Salz

Für die Füllung:
200 g Mohn, gerieben
200 g Kristallzucker
Marmelade von Marillen (Aprikosen)
Fett zum Ausbacken

Gebäck

Windbeutel-Variationen

1/4 l Wasser
50 g Margarine
150 g Mehl
1 TL Backpulver
3-6 Eier

1. Wasser und Margarine zum Kochen bringen.
2. Topf vom Herd nehmen, das gesiebte Mehl auf einmal in die Flüssigkeit schütten und wieder auf kleiner Flamme so lange rühren, bis die Masse sich vom Topfboden löst und ein Teigkloß entsteht. Abkühlen lassen.
3. Nach und nach Eier darunter mischen (soviele Eier nehmen, bis der Teig sich schwer reißend vom Löffel löst).
4. Mit 2 Kaffeelöffel kleine Häufchen auf ein mit Mehl bestreutes Blech setzen.
5. Bei 200 Grad im vorgeheizten Ofen 25 Minuten goldgelb backen. Die Ofentür während des Backens nicht öffnen.

Und so werden sie gefüllt:

Kaffeecreme

250 g Magerquark
1 Tasse Kaffee
50 g Zucker
2-3 Blatt Gelatine

1. Quark, Kaffee, Zucker und aufgelöste Gelatine verrühren und in die aufgeschnittenen Windbeutel füllen.

Zitronencreme

250 g Magerquark
Saft 1/2 Zitrone
50 g Zucker
2 Blatt Gelatine

1. Alle Zutaten mit der aufgelösten Gelatine verrühren.

Obstcreme

250 g Magerquark
100 g gemixtes Obst
50 g Zucker

1. Quark und Obst mit dem Zucker zu einer lockeren Creme aufschlagen.

Gebäck

Paprikacreme

1. Quark mit Zwiebelhack und Paprika verrühren, nach Geschmack salzen.

250 g Magerquark
1/2 Zwiebel, feingewiegt
1/2 TL Paprika, Salz

Schinkencreme

1. Schinken- und Gurkenwürfel unter den Magerquark mengen und mit Kräutersalz abschmecken.

250 g Magerquark
100 g Schinken, kleingewürfelt
2 Gewürzgurken, kleingewürfelt
Kräutersalz

Waltraud Merkel, 65191 Wiesbaden, Mutter des Pfarrers vom Pfarrverband Sankt. Martin, Gau-Bickelheim

Blitz-Gebet

Für
trocken
und
naß,
Deo
Gratias.
Amen

Tischgebet von
einem eiligen Kaplan

Berta Scholz, 04157 Leipzig

Gebäck

Fünf-Minuten-Teig für Obstkuchen

1. Aus Mehl, Backpulver, Zucker, Salz, Quark, Öl und Milch einen Knetteig herstellen, auf einem gefetteten Backblech verteilen und mit Obst belegen.
2. Zucker, Vanillezucker, Butter und Mehl in einer Schüssel zu Streuseln verarbeiten, gut über dem Obst verteilen und im Backrohr bei 175 Grad 30 bis 40 Minuten backen.

Ursula Saxe, 46047 Oberhausen, bekam dieses Rezept von der Pfarrhaushälterin Maria Goebels, Pfarrei St. Barbara, Mühlheim.

Für den Teig:
400 g Mehl
1 Pck. Backpulver
150 g Zucker
1 Prise Salz
250 g Magerquark
8 EL Öl
8 EL Milch
Obst nach Jahreszeit

Für die Streusel:
100 g Zucker
1 Pck. Vanillezucker
100 g Butter
200 g Mehl

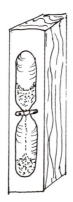

Französische Kirschtorte

1. Margarine, Eigelb und Zucker schaumig rühren, Nüsse, Schokolade, Rum und Zimt zugeben, Mehl und Backpulver mischen und unterrühren.
2. Eiweiß zu Schnee schlagen und vorsichtig unterheben.
3. Masse in eine gefettete Kuchenform füllen, abgetropfte Kirschen leicht eindrücken.
4. Bei 180 Grad 1 Stunde backen.

Renate Schindler, Krankenschwester im St. Vinzenz-Kloster, 64646 Heppenheim, hat dieses Rezept in der Klosterküche entdeckt.

200 g Margarine
180 g Zucker
4 Eier, getrennt
100 g Haselnüsse, gemahlen
125 g Mehl
100 g Schokolade, gerieben
1 TL Zimt
1 TL Backpulver
2 EL Rum
1 Glas Sauerkirschen

Gebäck

Aprikosenkuchen

Für den Mürbeteigboden:
250 g Mehl
125 g Butter oder Margarine
75 g Zucker
1 Ei
2 EL Schnaps oder Weißwein
1 Prise Salz

Für den Belag:
1 große Dose Aprikosen
Aprikosensaft
Saft einer halben Zitrone
3 Äpfel
1 Pck. Pudding (Vanille)

Für den Guß:
3 Eier, getrennt
75 g Zucker
1 Becher saure Sahne

1. Teigzutaten miteinander verkneten und eine Springform damit auslegen. Dabei den Rand nicht vergessen. Zugedeckt kühlstellen, bis der Belag fertig ist.
2. Aprikosen aus der Dose in Stückchen schneiden, Äpfel schälen und grob reiben, mit Zitronensaft beträufeln.
3. Die zum Kochen eines Vanillepuddings nötige Menge Milch (siehe Packung) durch den Aprikosensaft ersetzen, eventuell mit Wasser auffüllen. Dabei eher weniger Flüssigkeit und weniger Zucker als angegeben verwenden, da Äpfel und Aprikosen bereits eigene Flüssigkeit und Süße enthalten.
4. Vanillepudding nach dem Kochen vom Herd nehmen, Aprikosen- und Apfelstückchen daruntermischen und auf den Tortenboden streichen. Bei 190 Grad etwa 30–40 Minuten backen.
5. Für den Guß Eigelb mit Zucker und saurer Sahne cremig rühren. Eiweiß zu Schnee schlagen, unterheben und auf den Kuchen gießen. In weiteren 20 Minuten goldgelb fertigbacken.

Hedwig Bläsi, Pfarrei Herz Jesu, 74906 Bad Rappenau

Pfarrers Kirschkuchen

250 g Butter
250 g Zucker
6 Eier, getrennt
100 g Schokolade, gerieben
125 g Mandeln oder Haselnüsse, gerieben
250 g Mehl
2 TL Backpulver
1 kg Kirschen, entsteint

1. Butter, Zucker, Eigelb schaumig rühren, Schokolade und Nüsse unterrühren, Mehl und Backpulver zugeben.
2. Eiweiß zu steifem Schnee schlagen, vorsichtig unter die Kuchenmasse heben.
3. Backblech mit Backpapier auslegen, Teig gleichmäßig darauf verteilen, mit Kirschen oder Sauerkirschen belegen, bei 175 Grad etwa 50 Minuten backen.
Mit Puderzucker bestreuen.

Maria Diepold, 85139 Wettstetten, bekam dieses Rezept von einer Pfarrhaushälterin in Lenting bei Ingolstadt.

Gebäck

Sattkuchen

1. Butter und Zucker „vier Vaterunser lang" schaumig rühren.
2. Eier nach und nach zugeben und gut einrühren.
3. Zuletzt das mit Backpulver vermischte Mehl untermengen.
4. Masse in eine gefettete, mit Bröseln ausgestreute Kastenform füllen, glattstreichen und bei etwa 200 Grad 45 Minuten backen. Hölzchenprobe!

Anna Danner, 80634 München, erhielt dieses Rezept von der inzwischen verstorbenen Pfarrköchin Philomena, Pfarrei St. Martin, Zorneding.

280 g Butter
280 g Zucker
5 Eier
280 g Mehl
1 Msp. Backpulver
Fett und Brösel für die Form

Joghurtkuchen

1. Joghurt, Öl, Zucker, Eier und Rum schaumig rühren. Das Mehl mit dem Backpulver verrühren und alles zu einem zähflüssigen Teig verarbeiten.
2. Im vorgeheizten Backofen bei 175 Grad 40 bis 50 Minuten backen.

Der Teig kann mit verschiedenen Obstsorten (beispielsweise Kirschen, Pfirsichen oder Aprikosen) belegt und mit Tortenguß überzogen werden.

Luise Hopfgartner ist langjährige Pfarrhaushälterin bei Dekan Eduard Habicher, I-39042 Brixen/Südtirol

1 Becher Joghurt
1/2 Joghurtbecher Öl
1 Joghurtbecher Zucker
2 Joghurtbecher Mehl
2 Eier
2 EL Rum
2 TL Backpulver

Mohnkuchen

1. Butter, Zucker und Eier schaumig rühren.
2. Mohn, Milch und das mit dem Backpulver vermischte Mehl gut darunterrühren (der Teig soll etwas weich sein).
3. In eine gut ausgebutterte Springform geben und 40 Minuten bei 150 Grad backen.

Klara Kristler, Pfarrei St. Vigil, I-39012 Meran, kocht für die dort ansässigen drei Zisterzienser-Patres aus dem Kloster Stams in Tirol.

100 g Butter
200 g Zucker
2 Eier
100 g Mohn, gemahlen
1/4 l Milch
300 g Mehl
1 Pck. Backpulver

Gebäck

Adelholzener Kuchen

7 Eier
250 g Zucker
250 g Mehl
Abgeriebenes von 1/2 Zitrone
160 g Butter, zerlassen

1. Eier mit Zucker auf dem Wasserbad zu einer weißen, schaumigen Masse aufschlagen, vom Herd nehmen und weiterschlagen, bis die Masse abgekühlt ist.
2. Zerlassene Butter untermengen, Zitronenschale unterrühren, Mehl mit Backpulver vermischen und dazusieben.
3. Masse in eine gefettete Tortenform füllen und im vorgeheizten Backofen etwa 50 Minuten bei 170 Grad backen. Boden auf einem Kuchengitter erkalten lassen und nach Lust und Laune füllen.

Helene Marsmann, 81825 München, ist im Besitz der handschriftlichen Aufzeichnungen ihrer verstorbenen Patentante aus der Zeit von 1908-1910. Diese lernte in der Klosterküche bei den Altöttinger Schwestern vom Heiligen Kreuz kochen.

Sankt-Vitus-Mandeln mit Cocktailkirschen

500 g Mehl
2 TL Backpulver
150 g Zucker
2 Eier
1 EL Rum
50 g Mandelblätter
150 g Butter

Zum Bestreuen:
Puderzucker
Vanillezucker

1. Mehl mit Backpulver sieben, Zucker, Eier, Rum, Mandelblätter und Butter zugeben und einen Knetteig herstellen. 60 Minuten ruhen lassen.
2. Teig zu 1 cm dicken Rollen formen, 1,5 cm große Stücke abschneiden, in jedes Stück 1 Cocktailkirsche drücken und zu einer Mandel formen.
3. In siedendem Fett backen und mit Puder- und Vanillezucker-Gemisch bestreuen.

Alexa Alteköster, Pfarrei St. Johannes Baptist, 37671 Höxter 1

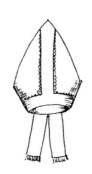

BISCHOFSBESUCH

Bischofsbesuch

Firmung auf italienisch

Salatteller Romana
Gefüllte Forellenfilets mit Salbei und Parmaschinken
Pistazien-Mandel-Parfait

Salatteller Romana

1 Kopf Romana Salat, in Streifen geschnitten
2 Nektarinen, geviertelt, entsteint, in schmale Spalten geschnitten
1 Handvoll Kerbel, ohne Stiele
100 g Edelpilzkäse, in schmale Scheiben geschnitten

Für die Marinade:
1 Schalotte, feingewürfelt
2 EL Essig
2 EL Öl
Salz, Pfeffer
1 Prise Zucker

1. Salat, Früchte und Käse in Form schneiden.
2. Schalottenwürfel, Essig, Öl, Salz, Pfeffer und Zucker zu einer Marinade rühren.
3. Salatstreifen und die Hälfte des Kerbels in der Marinade wenden und dekorativ auf großen Tellern anrichten.
4. Käsestreifen neben den Salat legen, mit Nektarinenscheiben garnieren, die restlichen Kerbelblätter über den Salat zupfen.

Bischofsbesuch

Gefüllte Forellenfilets mit Salbei und Parmaschinken

1. Forellenfilets salzen und pfeffern, mit Schinken und Salbei belegen, der Länge nach einmal zusammenschlagen und mit einer Rouladennadel etwas feststecken.
2. Filets in Mandeln wälzen, sorgfältig andrücken und bei milder Hitze 3 Minuten in Butter braten. Im Ofen warmhalten.
3. Eine Handvoll Mandelblättchen in Butter schwenken, goldbraun rösten und über die Forellenfilets geben.
Kleine Butterkartoffeln und Broccoli dazu servieren.

8 Forellenfilets, enthäutet
Salz, Pfeffer
8 kleine Scheiben Parmaschinken
8 frische Salbeiblätter
200 g Mandeln, gemahlen
100 g Butter

Zum Garnieren:
30 g Butter
Mandelblättchen

Pistazien-Mandel-Parfait

1. Zur Zubereitung des Pistazien-Mandel-Krokants den Zucker in eine trockene, beschichtete Pfanne geben, bei milder Hitze schmelzen und goldbraun werden lassen.
2. Mandeln und Pistazien in den Zucker einrühren, bis sie von einer Zuckerschicht überzogen sind. Anschließend auf Backtrennpapier ausbreiten, abkühlen lassen, mit einem weiteren Bogen Backtrennpapier abdecken und mit dem Nudelholz zerkleinern.
3. Für das Parfait rührt man aus Eigelb, Zucker und Amaretto eine cremige Masse. Mark aus der Vanilleschote herausschaben und unter die Creme rühren.
4. Schlagsahne und Krokant unterheben.
5. Eiweiß zu festem Schnee schlagen und nach und nach Puderzucker einrieseln lassen. Unter die Parfaitmasse ziehen.
6. Kastenform mit Gefrierfolie auslegen und Parfaitmasse einfüllen. 4–6 Stunden gefrieren lassen. In Scheiben schneiden und mit frischen Früchten auf mit Puderzucker bestäubten, großen Tellern anrichten.

Agnes Menzinger, Pfarrei Heilig Geist, 86163 Augsburg

Für den Krokant:
8 EL Zucker
50 g Mandeln, grobgehackt
50 Pistazien, grobgehackt
Backtrennpapier

Für das Parfait:
2 Eier, getrennt
4 EL Zucker
2–3 EL Amaretto
1 Vanilleschote, aufgeschlitzt
200 g Sahne, steifgeschlagen
2 EL Puderzucker
Gefrierfolie

Zum Garnieren:
frische Früchte
Puderzucker

Bischofsbesuch

Pfirsichwunder mit Schinken

*Pfirsichhälften
(1 Dose)
300 g Frischkäse
3–5 EL Sahne
Cayenne-Pfeffer,
Ingwer, Salz
Paprika
zum Bestäuben
100 g Rohschinken
Petersilie
zum Garnieren*

1. Pfirsichhälften gut abtropfen lassen und an den gewölbten Seiten etwas flach schneiden.
2. Frischkäse mit Sahne und Gewürzen aufrühren. In einen Spritzbeutel mit großer Tülle geben und in die Pfirsichhälften spritzen.
3. Mit Paprika bestäuben und zusammen mit dem rohen Schinken auf einer Platte hübsch anrichten. Als Garnitur Petersilie.

Liesel Stief, Pfarrei St. Josef, 66424 Homburg-Jägersburg

Badische Bischofskirschen

*900 g Herzkirschen,
entsteint
0,75 l Weinessig
1 Schnapsglas
Kirschgeist
900 g Zucker
Butterbrotpapier*

1. Kirschen in ein Gefäß legen und mit Weinessig so begießen, daß die Früchte von der Flüssigkeit gerade bedeckt sind. An einem kühlen Ort 24 Stunden ziehen lassen.
2. Früchte in ein Porzellan- oder Plastiksieb schütten und mindestens 4 – 5 Stunden abtropfen lassen. Essig auffangen, aufkochen und für Salatmarinaden weiterverwenden.
3. Kirschen und Zucker vermischen, Kirschgeist zufügen und in Gläser füllen. Mit Butterbrotpapier verschließen und kühlstellen. Zwischendurch immer wieder schütteln. Nach 10 Wochen sind die Kirschen zum Verzehr geeignet.

Evi Freudenberg, 82178 Puchheim, bekam dieses Rezept von der inzwischen verstorbenen Pfarrköchin Käthe Doff, Pfarrei St. Christoph, München.

Bischofsbesuch

Gefüllte Sandwich-Wecken:

Salami-Käse-Kreation

1. Sandwich-Wecken senkrecht in 2 Hälften teilen und aushöhlen.
2. Butter schaumig rühren und mit den Brotkrumen und den anderen kleingewürfelten Zutaten zu einem Brei verkneten.
3. In die hohlen Weckhälften stopfen und darauf achten, daß sich keine Luftlöcher bilden.
4. Wecken mit feuchtem Tuch umwickeln, 2 Tage im Kühlschrank ruhen lassen, vor dem Servieren in Scheiben schneiden.

1 Sandwich-Wecken, 2–3 Tage alt
125 g Butter
200 g Gouda, in kleine Würfel geschnitten
80 g Salami, in kleine Würfel geschnitten
1 Gewürzgurke, in kleine Würfel geschnitten

Schinken-Eier-Kreation

1. Sandwich-Wecken senkrecht in 2 Hälften teilen und aushöhlen.
2. Gekochte Eier trennen. Harte Dotter mit der Gabel zerdrücken, unter die cremig gerührte Butter schlagen, mit Senf und Sardellenpaste abschmecken.
3. Eiweiß kleinhacken und mit den Brotkrumen, der Dotter-Butter-Masse sowie den anderen Zutaten zu einem Brei kneten.
4. In die hohlen Weckhälften stopfen und darauf achten, daß sich keine Luftlöcher bilden.
5. Wecken mit feuchtem Tuch umwickeln, 2 Tage im Kühlschrank ruhen lassen, vor dem Servieren in Scheiben schneiden.
Paßt gut als Appetithäppchen bei einem Umtrunk mit Weißwein oder als Beigabe zu kräftiger Fleischbrühe.

1 Sandwich-Wecken, 2–3 Tage alt
125 g Butter
3 Eier, hart gekocht
100 g Schinken, in kleine Würfel geschnitten
2 EL Petersilie, feingehackt
1 EL Schnittlauch, in feine Röllchen geschnitten
3 TL Senf
1 TL Sardellenpaste
Salz
weißer Pfeffer

Erna Gogl, Haushälterin bei Wilhelm Egger, Bischof von Bozen-Brixen, I-39100 Bozen, hat die erste Variante dieses Rezeptes von ihrer Vorgängerin übernommen. Schwester Edelberta war über 30 Jahre Köchin bei Bischof Josef Gargitter. Das zweite Rezept ist Erna Gogls persönliche Kreation.

Bischofsbesuch

Schweinefilet im Blätterteigmantel

1 Schweinefilet (ca. 600 g)
Salz, Pfeffer
Butterschmalz zum Anbraten
200 g Pilze, feinblättrig
1 Zwiebel, feingehackt
Petersilie, feingehackt
1 Tiefkühl-Blätterteig
2 geschälte Tomaten aus der Dose
50 g Schafskäse, kleingewürfelt
Salz, Pfeffer
1 Ei, verquirlt

1. Filet enthäuten, salzen und pfeffern, in Butterschmalz kurz anbraten und auskühlen lassen.
2. Zwiebelwürfel in Butterschmalz glasig dünsten, Pilze und Petersilie zugeben und mitschmoren. Auskühlen lassen.
3. Aufgetaute Blätterteigscheiben aufeinanderlegen und leicht auswellen.
4. Tomaten mit einer Gabel zerdrücken und mit den Käsewürfeln unter die Pilz-Zwiebel-Mischung mengen.
5. Mit Salz und Pfeffer abschmecken und das Ganze auf der Teigplatte verteilen.
6. Filet darauflegen, den Blätterteig darüberschlagen, mit verquirltem Ei bestreichen.
7. Im vorgeheizten Rohr 30 Minuten bei 200–220 Grad backen. Dazu schmeckt ein Salatteller.

Elfriede Bredtl, Pfarrei St. Jakobus, 93458 Eschlkam

Himmelstorte

Für den Teig:
1 Ei
3 Eigelb
100 g Zucker
100 g Mehl, gesiebt
1 Msp. Zimt
1 Pck. Backpulver
Butter zum Ausfetten der Form

Für den Belag:
3 Eiweiß
5 EL Zucker
100 g Mandelblätter

Für die Füllung:
1/4 l Sahne, steifgeschlagen
1 Glas Kirschen oder Stachelbeeren
etwas Fruchtsaft
1 EL Speisestärke

1. Ei, Eigelb und Zucker sehr schaumig schlagen, Mehl, Zimt und Backpulver unterheben. Teig in eine gefettete Springform füllen.
2. Für den Belag Eiweiß zu einem festen Schnee schlagen und dabei 5 EL Zucker einrieseln lassen. In kleinen Häufchen auf den Teig setzen und Mandelblätter darüberstreuen.
3. Im vorgeheizten Ofen 30 Minuten bei 160-170 Grad backen. Torte auf einem Gitter auskühlen lassen und einmal in der Mitte durchschneiden.
4. Für die Füllung Früchte mit der Speisestärke und ein wenig Fruchtsaft aufkochen.
5. Schlagsahne mit den abgetropften Früchten vermengen und die Torte damit füllen.

Hedwig Jürgens, 48282 Emsdetten, bekam diesen himmlischen Tortentraum bei einem Besuch im Pfarrhaus Beckum-Vellern serviert und das Rezept prompt zur Nachahmung mitgeliefert.

Bischofsbesuch

Zwei edle Bowlen:

Weißer Kardinal

1. Aus Arrak, Zucker und den angegebenen Aromastoffen eine Mischung ansetzen, 3 Tage ziehen lassen, abseihen und in eine Flasche füllen.
2. Bei Gebrauch 2 EL daraus entnehmen und mit Rheinwein auffüllen. Kühl servieren.

Für den Extrakt:
60 g Zimt
2 Gewürznelken
1/2 Vanilleschote, aufgeschlitzt
Orangenschale, unbehandelt, geschnitzelt
3/4 l Arrak
80–100 g Zucker

Zum Aufgießen:
0,75 l Rheinwein

Roter Bischof

1. Bitterorangenschalen zuckern, mit Rotwein und Zimt erhitzen und 10 Minuten ziehen lassen.
2. Durchseihen, kaltstellen und kühl servieren.

Magdalena Hollweck, Pfarrhaushälterin i.R., 85051 Ingolstadt, „braut" diese beiden Bowlen nach einer Rezeptur der Eichstätter Bischofsschwester Maria Brems.

Schalen von
2 Pomeranzen
(Bitterorangen)
1 l Rotwein
200 g Zucker
5 g Zimt

Bischofsbesuch

Götterspeise

Für den Teig:
3 Eier, getrennt
120 g Zucker
60 g Speisestärke
60 g Mehl
1 TL Backpulver

Für die Creme:
1/4 l Milch
3 Eier, getrennt
1 EL Mehl
2 EL Zucker
1 Pck. Vanillezucker
Zucker

Zum Garnieren:
geschälte Mandeln,
in Stifte geschnitten

Zum Beträufeln:
1 Gläschen Arrak

1. Eidotter mit Zucker schaumig rühren, Speisestärke und Mehl mit Backpulver unterrühren, Eiklar zu Schnee schlagen und vorsichtig unter die Masse heben. Auf einem mit Backpapier ausgelegtem Blech im vorgeheizten Rohr 10 Minuten bei 175 Grad backen.
2. Biskuitmasse nach dem Erkalten in Würfel schneiden, in eine Auflaufform geben, und mit Arrak beträufeln.
3. Für die Creme Milch mit Eidottern, Mehl, Zucker und Vanillezucker verrühren, aufkochen und über die Biskuit-Würfel gießen, über Nacht kühl stellen.
4. Eiklar mit soviel Zucker zu Schnee schlagen, bis dieser schnittfest ist. Über die Kuchenmasse verstreichen, mit Mandelstiften verzieren und im Rohr 5–10 Minuten bei 250 Grad backen (nicht zu braun werden lassen!).

Marianne Zierer, Pfarrei Maria Himmelfahrt, 90584 Allersberg, kocht diese „Götterspeise" aus einem alten Kochbuch um 1900 auch heute noch gerne in ihrer Pfarrküche.

Bischofsbesuch

Propheten-Kuchen

1. Butter und Eidotter gut schaumig schlagen. Zucker, Sahne, Salz und Zitronenschale dazurühren.
2. Mehl auf ein Backbrett schütten und die Butter-Ei-Masse dazugeben. Unter Zugabe von Rum zu einem geschmeidigen Teig zusammenkneten. Drei Kugeln formen und 1 Stunde zugedeckt im Kühlen ruhen lassen.
3. Auf einer bemehlten Arbeitsfläche drei runde Teigböden austreiben.
4. Eine Springform mit Butter ausstreichen und die Böden nacheinander in der mittleren Einschubleiste des Backofens jeweils 10–15 Minuten bei 175 Grad hell backen. Auf einem Kuchengitter auskühlen lassen.
5. Inzwischen die Creme für das Innere des Prophetenkuchens vorbereiten: Dotter, Staubzucker, Vanillezucker und Stärkemehl im heißen Wasserbad zu einer dicken Masse aufschlagen. Schokolade im Backrohr aufweichen und unter die Creme rühren. Topf von der Kochstelle nehmen und die Creme bis zum Abkühlen weiterschlagen. Butter flaumig rühren. Die abgekühlte Creme mit dem Schneebesen nach und nach vorsichtig unter die Butter ziehen.
6. Zwei Kuchenböden damit bestreichen und zusammensetzen.
7. Zur Zubereitung des Belags Staubzucker 15 Minuten mit dem Eiklar verrühren. Wenn er schön dick wird, Zitronensaft und Zitronenschale dazugeben. Kuchendeckel mit der Glasur bestreichen und die Ränder reichlich mit gerösteten Mandelstiften anstreuen.

Margret Kanigowski, 81377 München, hat diesen Kuchen einem Rezept nachempfunden, das im Jahr 1900 von der Südtiroler Propsteiköchin Creszenz Trebo aus Innichen in ihrem „Tiroler Kochbuch" veröffentlicht wurde.

Für den Teig:
140 g weiche Butter
2 Eidotter
140 g Zucker
2 EL Sahne
1 Prise Salz
abgeriebene Schale von 1/2 Zitrone
280 g Mehl
2 EL Rum
Butter für die Form

Für die Füllung:
8 Eidotter
100 g Staubzucker, gesiebt
1 Pck. Vanillezucker
1 Msp. Stärkemehl
100 g Schokolade
120 g Butter

Für den Belag:
140 g Staubzucker
1 Eiklar
1 El Zitronensaft
abgeriebene Schale von 1/2 Zitrone
150 g Mandelstifte, geröstet

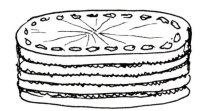

Der Herr
ist mein Hirte,
nichts wird mir fehlen.
Er läßt mich lagern
auf grünen Auen
und führt mich
zum Ruheplatz am Wasser.
Er stillt mein Verlangen,
er leitet mich auf rechten Pfaden,
treu seinem Namen.
Du deckst mir den Tisch
vor den Augen meiner Freunde.
Du salbst mein Haupt mit Öl
und füllst mir reichlich den Becher.
Lauter Güte und Huld
werden mir folgen mein Leben lang,
und im Haus des Herrn
darf ich wohnen für lange Zeit.
Ehre sei dem Vater
und dem Sohn
und dem Heiligen Geist.
Wie im Anfang
so auch jetzt
und alle Zeit
und in Ewigkeit.

Amen.

Liesel Stief, 66424 Homburg

Bischofsbesuch

Apostelküchlein

1. Zur Herstellung des Hefeteiges Mehl in eine Teigschüssel geben, in die Mitte eine Mulde drücken und die Hefe hineinbröckeln. 2–3 EL vom lauwarmen Wasser nehmen und so lange mit der Hefe verrühren, bis sie sich vollkommen aufgelöst hat. Etwas Mehl vom Rand darübergeben und den Vorteig zugedeckt 15 Minuten an warmer Stelle gären lassen.
2. Mehl und restliches Wasser in den Vorteig einarbeiten. Kneten, bis der Hefeteig geschmeidig ist und sich vom Schüsselrand löst.
3. Teigkugel formen, in die Schüssel zurücklegen, mit Mehl anstauben und mit einem Tuch bedeckt an einem warmen Ort weitere 15–30 Minuten gehen lassen.
4. In der Zwischenzeit Knetteig zubereiten: Mehl auf eine Arbeitsfläche sieben, in die Mitte eine Vertiefung drücken. Zucker, Vanillezucker, Salz und Eier hineingeben und mit der Gabel zu einem dicken Brei verrühren, dabei einen Teil des Mehls einarbeiten.
5. Butterflöckchen darüberstreuen, mit Mehl bedecken und alle Zutaten von außen nach innen rasch zu einem glatten, mittelfesten Teig verkneten.
6. Teigkugel in Folie gewickelt 30 Minuten kühl stellen.
7. Knetteig und Hefeteig auf bemehlter Arbeitsfläche gut ineinander verarbeiten. Diesen Teig mit Mehl bestäuben und mit einem Tuch bedeckt noch einmal gehen lassen.
8. Hefe-Knetteig zu einer langen Rolle formen, diese in etwa 30 gleich große Stücke teilen und mit bemehlten Händen Teigkugeln formen.
9. Teigkugeln in gefettete Briocheförmchen (ersatzweise nicht gefettete Papierbackförmchen) setzen und im vorgeheizten Backofen auf der zweiten Schiene von unten bei 220 Grad ungefähr 15–20 Minuten backen.
10. Für die Glasur Puderzucker mit Orangenlikör, Orangensaft und Orangenschale zu einer dickflüssigen Masse verrühren und die abgekühlten Apostelküchlein damit bestreichen. In die Mitte einen kleinen Orangeatwürfel setzen.

Elisabeth Constantin, 82256 Fürstenfeldbruck, fand dieses aufwendige Rezept im Küchennachlaß der Tante ihres Mannes. Die inzwischen verstorbene Pfarrköchin Rosa Stauder führte einen vorbildlichen Haushalt im Pfarrhaus von Natz bei Brixen/Südtirol.

Für den Hefeteig:
125 g Mehl
25 g Hefe
100 ml lauwarmes Wasser

Für den Knetteig:
500 g Mehl
30 g Zucker
1 Pck. Vanillezucker
1 Prise Salz
7 Eier
375 g kalte Butter, in Flöckchen geschnitten
Frischhaltefolie

Für die Glasur:
250 g Puderzucker, gesiebt
1 EL abgeriebene Orangenschale
2 EL Orangensaft
3–4 EL Orangenlikör

Zum Garnieren:
Orangeatwürfel

Außerdem:
Papierbackförmchen

Bischofsbesuch

Herzhaftes Terzett zum Aperitif:

Käseplätzchen

150 g Vollkornmehl vom Weizen
90 g Margarine
70 g Mandeln, gemahlen
1 TL Paprika
1/2 TL Salz
2 EL saure Sahne
2 Eigelb
70 g Reibkäse
1 Eigelb zum Bestreichen
Reibkäse zum Bestreuen

1. Aus Mehl, Margarine, geriebenen Mandeln, Gewürzen, saurer Sahne, Eigelb und geriebenem Käse einen Knetteig bereiten.
2. Plätzchen ausstechen, mit Eigelb bestreichen und mit Reibkäse bestreuen.
3. Im vorgeheizten Backofen bei 200 Grad etwa 15 Minuten backen.

Saure-Sahne-Stangen

150 g Vollkornmehl vom Weizen
125 g Margarine
1/2 Becher saure Sahne
4 Tropfen Essig
1 Eigelb zum Bestreichen
Sesam, Kümmel, Mohn, Koriander, grobes Salz
Klarsichtfolie

1. Knetteig aus Mehl, Margarine, saurer Sahne und Essig herstellen.
2. In Klarsichtfolie 30 Minuten im Kühlschrank ruhen lassen.
3. In drei Stücke teilen und in Rechtecke auswellen.
4. Mit verquirltem Eigelb bestreichen.
5. Je ein Teil mit Sesam, Kümmel, Mohn oder Koriander bestreuen.
6. In 10 cm lange und 2 cm breite Streifen schneiden.
7. Bei 200 Grad hellgelb backen.

Bischofsbesuch

Paprikaherzen

1. Mehl, Salz, Paprika und Reibkäse vermischen.
2. Fett in Flöckchen mit dem Eigelb und der Sahne dazugeben.
3. Verkneten, in Klarsichtfolie wickeln und über Nacht in den Kühlschrank stellen.
4. Teig 0,5 cm dick ausrollen und Herzen ausstechen.
5. Bei 200 Grad hellgelb backen.

Waltraut Merkel, 65191 Wiesbaden, Mutter des Pfarrers vom Pfarrverband St. Martin, Gau-Bickelheim

150 g Vollkornmehl vom Weizen
1/4 TL Salz
1/2 TL Paprika
60 g Reibkäse
60 g Margarine
1 Eigelb
2 EL Sahne
Klarsichtfolie

Register

Vorspeisen und kleine Gerichte   Seite

Badische Bischofskirschen	66
Gefüllte Sandwich-Wecken	67
Lothringer Quiche *	10
Pfirsichwunder mit Schinken	66
Rauchfleischröllchen	9
Safran-Nudeln	10

Salate

Friséesalat mit Geflügel	12
Milchgurken	12
Salatteller Romana	64
Salattorte	11
Schicht-Salat	13
Erdäpfelsalat	37

Suppen

Erbsensuppe mit Eierschwämmchen	15
Meerrettichsuppe mit Rindfleisch	17
Paradeissuppe	16
Rohe Tomatensuppe	16

Fastenspeisen und vegetarische Gerichte

Apfel-Käsereis	36
Brot-Ei	21
Dinkelbratlinge Sankt Hildegard	20
Dinkelsemmeln	20
Fastenknödel in Fisolensuppe	19
Fräulein Liesbeths Blinde Fische	21
Gemüsepfanne im Wok	25

Register

Mangold-Gemüse	23
Oberpfälzer Erdäpfelbrösel	23
Rösti	33
Zucchini-Lasagne	24

Fisch

Fischnocken in Curryrahm	26
Gefüllte Forellenfilets mit Salbei und Parmaschinken	65
Seelachs auf Zucchini-Gemüse mit gedünstetem Reis	27

Fleisch und Aufläufe

Capuns	44
Dampfnudeln auf Kartoffelbett	47
Don Camillo & Peppone *	32
Falsomagro al sugo	30
Grüne Krapfen	46
Hähnchen mit Zitronengras	38
Hühnerbrust-Röllchen mit Paprikasauce	35
Kalbsrahmgeschnetzeltes	45
Kasseler überbacken	39
Letscho-Topf	31
Pastors Bohnentopf	43
Pfaffenbauch	42
Pikanter Fleisch-Gemüse-Topf	38
Puten-Röllchen mit Aprikosenmus	35
Putengeschnetzeltes in Kräutersauce mit Rösti	33
Putenschnitzel in Curryrahm*	36
Saltimbocca alla romana	31
Schweinefilet à l'italiana	40
Schweinefilet im Blätterteigmantel	68
Sumatra-Pute	32
Vitello tonnato	29
Wiener Backhendl	37

Desserts, Marmeladen, Bowlen und Weine

Budapester Creme	49
Dunst-Pudding	48
Errötendes Mädchen	52

Register

Götterspeise	70
Himbeeren in Sherrygelee	53
Pistazien-Mandel-Parfait	65
Pudding in Variationen	50-51
Roter Bischof	69
Tiramisù	48
Weincreme	52
Weißer Kardinal	69
Zitronen-Flammeri	49

Gebäck

Adelholzener Kuchen	62
Apostelküchlein	73
Aprikosenkuchen	60
Biachalstrudel	55
Buttermilchkuchen	55
Falsche Makronentorte	54
Französische Kirschtorte	59
Fünf-Minuten-Teig für Obstkuchen	59
Himmelstorte	70
Joghurtkuchen	61
Käseplätzchen	74
Mohnkuchen	61
Paprikaherzen	75
Pfarrers Kirschkuchen	60
Propheten-Kuchen	71
Sankt-Vitus-Mandeln mit Cocktailkirschen	62
Sattkuchen	61
Saure-Sahne-Stangen	74
Windbeutel-Variationen	56-57
Zucchini-Tassen-Kuchen	54

Menü

Firmung auf italienisch	64-65

Register

Bischofsbesuch

Apostelküchlein	73
Badische Bischofskirschen	66
Gefüllte Forellenfilets mit Salbei und Parmaschinken	65
Gefüllte Sandwich-Wecken	67
Götterspeise	70
Himmelstorte	68
Käseplätzchen	74
Paprikaherzen	75
Pfirsichwunder mit Schinken	66
Pistazien-Mandel-Parfait	65
Propheten-Kuchen	71
Roter Bischof	69
Salatteller Romana	64
Saure-Sahne-Stangen	74
Schweinefilet im Blätterteigmantel	68
Weißer Kardinal	69

* Die mit einem Sternchen gekennzeichneten Gerichte wurden bei dem Rezeptwettbewerb „Gesegnete Mahlzeit" ausgezeichnet.